W0309065

101 FOIS RONALDO

UNE AUTRE HISTOIRE DU FOOTBALLEUR DE TOUS LES RECORDS

© 2021, Éditions Solar
© 2021, *L'Équipe*
Tous droits de traduction, d'adaptation et de reproduction par tous procédés, réservés pour tous pays.
ISBN : 978-2-263-17383-7
Code éditeur : L17383
Dépôt légal : avril 2021

Retrouvez-nous sur www.lisez.fr

Solar, un département d'Edi8.

RÉGIS DUPONT

101 FOIS RONALDO

UNE AUTRE HISTOIRE DU FOOTBALLEUR DE TOUS LES RECORDS

SOLAR
EDITIONS

INTRODUCTION

RONALDO, CE MYSTÈRE

Qui est vraiment Cristiano Ronaldo, cet intrigant champion installé au plus haut niveau du football depuis bientôt vingt ans ? Faut-il retenir de son personnage sa face agaçante, ses attitudes arrogantes ou au contraire ses réactions attachantes ? Pourquoi exerce-t-il, au-delà de ses performances, une forme de fascination qui irradie la planète entière, à la manière d'un Michael Jordan en toute fin du XXe siècle ? C'est à cet ensemble de questions que tentera de répondre ce livre, divisé en une centaine d'histoires comme autant de facettes du plus grand sportif de l'histoire du Portugal, de ses débuts sur l'archipel de Madère à ses exploits récents en Serie A avec la Juventus Turin. En passant, bien sûr, par sa rivalité avec le Barcelonais Lionel Messi, ses multiples records, sa soif inextinguible de titres comme autant de preuves de ses fêlures intimes.

Depuis ses débuts professionnels à 17 ans, avec le Sporting Portugal, j'ai eu le temps de le voir changer, cet adolescent aux « dents de travers » qui ramait avec les filles dans sa jeunesse. Cette évolution ne se limite pas à l'orthodontie. Cristiano Ronaldo s'est construit un nouveau physique, un nouveau jeu, un nouveau mental. Je l'ai vu grandir avec le Portugal, cette équipe nationale que je « couvre » pour le quotidien *L'Équipe* depuis l'Euro 2000, organisé en Belgique et aux Pays-Bas. À l'époque, la « Seleçao » s'écrivait avec un « c » devant la cédille. Elle disputait une phase finale (Euro ou Coupe du monde) pour la cinquième fois de son histoire, après les Coupes du monde 1966 et 1986 et les Euros 1984 et 1996. Depuis, elle n'en a pas raté une, et Ronaldo, international depuis 2003, a donc disputé plus de la moitié des tournois où son pays a été convié ! Il en a d'abord été le trublion sous la protection de Luis Figo, puis son leader inconstant avant d'en devenir le maître absolu au moment précis où il a empilé les Ligues des champions avec le Real Madrid. Une transformation saisissante pour qui a eu la chance, comme moi, d'assister à tous ses matches d'Euro et de Coupe du monde, à quatre exceptions près.

La personnalité clivante du « capitao » divise aussi la communauté nationale. Et quelques témoins ont évoqué avec nous des épisodes moins glorieux, une autre face de Cristiano Ronaldo, version petite frappe. Mais s'il n'est pas parfait, il est aujourd'hui l'incarnation d'un pays fier de lui-même, une marque à part entière, un élément central du football international pour ce qu'il réalise sur le terrain et ce qu'il représente en dehors. Ce livre est une plongée dans la galaxie CR7, l'homme qui court après le rêve absolu d'être le meilleur de tous les temps.

1

ET RONALDO APPARUT DANS *L'ÉQUIPE*

Le premier article consacré à Cristiano Ronaldo dans les colonnes de *L'Équipe* est publié le 1er novembre 2002. L'ailier a encore 17 ans, il a débuté quelques semaines plus tôt en Championnat portugais, et il a fallu insister, bien sûr, pour que le sujet passe en tête de la page 2 du journal. Pourquoi lui plutôt qu'un autre des grands espoirs fleurissant chaque saison sur la planète football ? Le futur CR7 a heureusement un nom qui accroche l'œil. Ronaldo, à l'époque, c'est Ronaldo « fenomeno », le prodige qui vient de faire gagner au Brésil sa cinquième Coupe du monde et qui obtiendra, quelques semaines plus tard, le second Ballon d'or de sa carrière. Le titre choisi est donc « Ronaldo, l'autre », et les 3 679 premiers signes pour conter son histoire remettent aussi l'apparition du jeune homme dans le contexte troublé d'un club. Au Sporting Portugal, c'est un autre Brésilien enrobé qui est la vedette. Mario Jardel occupe l'essentiel des gazettes pour ses frasques extra-sportives. À l'époque, personne ne connaît la genèse de ce patronyme ni l'histoire de ce gamin fluet. Et l'auteur de ces lignes ne sait évidemment pas qu'il va écrire, par la suite, des milliers de feuillets sur ce personnage. Mais si Ronaldo apparaît si tôt dans *L'Équipe*, c'est que les indices concordent. Il y a eu les appels enthousiastes de quelques confrères, à une époque où il faut encore décrocher son téléphone pour savoir ce qu'il se passe au-delà de nos frontières. Et ce café pris avec l'un deux, qui nous révèle l'argument massue : même Laszlo Bölöni est raide dingue de lui. Le placide entraîneur roumain du Sporting lui a confié : « J'ai dans mon équipe le meilleur joueur de l'histoire du Portugal. Il sera meilleur qu'Eusébio. » Cet avis averti vaut sésame. Dans l'article du 1er novembre 2002, Bölöni n'assure pas en « on » que le futur CR7 deviendra le plus grand. Par prudence vis-à-vis de l'avenir mais aussi des conséquences médiatiques : jamais par exemple Luis Figo, Ballon d'or 2000 et enfant du Sporting, n'a été comparé à l'idole Eusébio.

Alors Bölöni lâche juste qu'il n'a pas dirigé un tel talent depuis Soufiane Koné, un espoir de l'AS Nancy-Lorraine dont la carrière a été brisée par une grave blessure au genou en août 1999, alors qu'il n'avait que 19 ans. Plus tard dans l'hiver, il le qualifiera d' « Eusébio de demain ». Mais, en « off », il nous raconte déjà tout : l'envie de réussir de Ronaldo, ses qualités techniques, physiques et surtout mentales qui l'extraient du commun des footballeurs surdoués. Très au-dessus de ses congénères de formation au sein de la meilleure école de foot du Portugal à l'époque. Lorsque nous osons la comparaison avec Hugo Viana ou Ricardo Quaresma, les deux grands espoirs des Lions qui ont précédé Ronaldo sous ses ordres, il sourit : « Rien à voir, ils ne sont pas dans la même catégorie. » Comme il nous l'avait prédit dès 2002, Hugo Viana, trop lent, n'a jamais confirmé au plus haut niveau, et Ricardo Quaresma, moins complet y compris au niveau mental, a vite touché ses limites au fil d'une carrière irrégulière. Ronaldo, lui, a été tout en haut. Peut-être même plus haut que ne pouvait l'imaginer Laszlo Bölöni.

En 2021, on comptait environ 5 000 articles faisant référence à Cristiano Ronaldo dans *L'Équipe* et *L'Équipe Magazine*.

2

JOSÉ DINIS, UN PAPA INTOXIQUÉ

José Dinis est décédé à 51 ans, le 6 septembre 2005, au bout de longues souffrances. Trop de cigarettes et d'alcool avaient consumé le papa de Cristiano Ronaldo, emporté par la maladie et par des démons qui ont pris le dessus à la fin des années 1970. Dolores Aveiro, son épouse, a raconté cette dégringolade intime. « Je me suis mariée à 18 ans sans rien connaître à la vie. On s'aimait et on a été heureux avant qu'il ne parte faire la guerre en Angola. À son retour, ce n'était plus le même homme. Il était révolté contre la vie, il n'assumait plus ses responsabilités. » L'alcool, beaucoup, les coups, parfois. Mais un lien particulier, forcément, avec le petit dernier de la fratrie, né en 1985 et non désiré mais si doué ballon au pied. Car José Dinis Aveiro était aussi un amoureux transi du football. C'est pour pouvoir disputer une rencontre avec son club qu'il a persuadé le prêtre de procéder au baptême de Cristiano le plus tard possible, après les autres enfants, afin qu'il soit rentré à temps de son match à 35 kilomètres de là avec Fernao Sousa, son capitaine, le parrain du petit. Le futur CR7 sera baptisé trente minutes après les autres.

Fernao n'est pas un proche de José Dinis mais il a une situation, il est une référence à ses yeux, un homme de bon conseil en quelque sorte. Jardinier municipal, homme à tout faire du petit club de son quartier, le CF Andorinha (« l'hirondelle » en portugais), José Dinis emmène son fils voir les matches, assister aux entraînements. Il prend vite conscience du don particulier de son second garçon, le couve, mais l'alcool altère la qualité de la relation entre le papa et l'adolescent. Les premiers salaires de Ronaldo au Sporting Portugal serviront à payer une cure de désintoxication. Parti à 12 ans sur le continent, CR7 sera tenu éloigné des déchirements du couple. Jusqu'au bout ou presque, il ignorera que ses parents ne vivent plus ensemble à Quinta de Falcao, son quartier d'origine sur les hauteurs de Funchal. Jusqu'au bout, il tentera d'arracher son père à ses dépendances. Mais celui-ci refusera de quitter son île. C'est dans un établissement londonien, après un séjour de deux mois à l'hôpital de Funchal, que José Dinis s'éteindra, à la veille d'un match du Portugal en Russie, et avec Hugo, son fils aîné, à son chevet. « Subir un tel choc à l'âge de 20 ans n'est pas normal, a rappelé la veuve de José Dinis. Mon quatrième enfant a vu de près les dangers de la dépendance. Ça l'a endurci. Lui, son unique dépendance était le ballon. Si Cristiano n'était pas devenu footballeur professionnel, il se serait perdu ! Il serait certainement devenu accro à la drogue ou un truc terrible de ce genre. Tant de ses copains du quartier sont tombés dans l'alcool ou la drogue. Malgré mes efforts, vu le contexte, il aurait eu du mal à mener une vie stable… Heureusement, il avait ce don. » Le portrait de son père était partout dans ses maisons de Manchester et Madrid. « Il était tellement fier de ses enfants, de moi, confessa-t-il un jour face caméra et en larmes. J'aurais aimé pouvoir partager plus de choses avec lui… Il est évident que j'aurais voulu un père différent. » Ronaldo mène une existence d'ascète et ne boit de l'alcool qu'en de très rares occasions, il veille à l'éducation de ses enfants comme il aurait aimé que son père soit capable de le faire. En 2007, il admettait : « Ce n'est pas normal de perdre ton père à 20 ans et tu apprends beaucoup sur toi-même dans ces moments-là. J'ai beaucoup changé ces deux dernières années. Maintenant, je ne ressens pas la moindre peur quand je vais jouer. Mon papa était le numéro un dans ma vie, il est toujours dans mon cœur. »

Il voue une profonde admiration à cet homme qui, le premier, l'avait encouragé à s'engager dans cette course aux buts et aux statistiques qui en feraient un multiple Ballon d'or. « Son père a été très important, il était sûr que Cristiano serait le meilleur du monde, a confié Dolores Aveiro au magazine *L'Équipe*. C'était son premier supporter. Quand il a été transféré à Manchester United (en 2003, à l'âge de 17 ans), et alors qu'il jouait sur un côté, il lui répétait sans cesse : "C'est toi qui vas être le meilleur buteur du monde." Ronaldo lui disait : "Je suis peut-être le meilleur joueur, mais je ne suis pas le meilleur buteur." Alors son père lui rétorquait : "Tu paries ?" Il l'a poussé en étant persuadé des qualités de son fils. »

3

UN ENFANT DE LA BALLE

Entre l'alcoolisme de son papa et les absences de sa maman, Dolores, obligée de travailler du matin au soir pour subvenir aux besoins de la famille, Cristiano Ronaldo est souvent livré à lui-même. À l'école, rien ne l'intéresse vraiment, à part le sport. Quand il se rend en cours, c'est son ballon sous le bras. Et son assiduité est assez aléatoire. « J'ai toujours rêvé d'avoir un fils footballeur. J'adore ce sport, témoigne Dolores. Ronaldo ratait parfois l'école pour jouer. Son professeur me disait de le gronder mais je ne le punissais pas. Il fallait qu'il s'entraîne beaucoup pour devenir un grand joueur. »

D'un strict point de vue sportif, il tire de ce mode de vie un immense avantage. « C'est un footballeur de rue, mais c'est surtout un enfant de la rue, qui courait partout, qui grimpait aux arbres, qui sautait au-dessus des obstacles, marchait pour aller à l'école ou à la plage, se souvient Pedro Talinhas, son entraîneur au Nacional Madère. Il a été énormément livré à lui-même dans son enfance, n'allait pas beaucoup à l'école, et il a appris à trouver par lui-même les solutions à ses problèmes. Appliqué au football, ça vous donne les clés mentales pour gérer les un contre un, par exemple. »

Un voisin de l'époque nous a raconté, en 2008 : « Si on voit de moins en moins de joueurs créatifs, c'est précisément parce que le mode de vie des enfants a changé. Un petit garçon ordinaire, qui vient d'une famille stable, passe du temps chez lui et va à l'école, peut s'entraîner une à deux heures par jour. Ronaldo passait dix à douze heures par jour à jouer au ballon. »

Même en club, il retrouve des conditions qui nourrissent ce profil de joueur technique et créatif. Avec ses amis, souvent plus âgés que lui, il dispute de petits matches sur des terrains en pente. À Andorinha, petit club de quartier sans moyens, il n'y a pas de pelouse attitrée. Même le Nacional ne bénéficiait pas, dans les années 1990, des installations actuelles : « On s'entraînait trois fois par semaine sur un terrain de foot à cinq, et on jouait sur un terrain en ciment ou en goudron le week-end », rappelle Pedro Talinhas.

« À côté de sa maison, il y avait un terrain de jeu, il passait tout son temps là-bas, se souvient José Bacelar, l'ancien président d'Andorinha, son premier club. Il ne faisait que jouer au foot. Quand les plus vieux de17-18 ans arrivaient, ils le mettaient dehors. Mais s'il manquait un joueur, Ronaldo faisait le nombre. Évidemment, il réussissait parfois des petits ponts sur eux, et ses victimes s'en sont souvent prises à lui, lui ont mis des coups. J'ai toujours été surpris par sa capacité à se contrôler, à gérer, parce que c'est quelqu'un d'explosif. Une fois, en me promenant, je l'avais vu au milieu de six ou sept garçons beaucoup plus vieux que lui. Il était là, ils essayaient de l'attraper, mais lui continuait à jouer, à dribbler, encore et encore. »

Les carences financières et éducatives de sa famille constituent, paradoxalement, un terreau puissant. D'autant que le clan Aveiro sait être « aidant », rester à sa place. Si le papa assiste à tous les matches de son rejeton, « il était très discret, se souvient Talinhas, ne nous disait rien. Il respectait beaucoup notre travail ».

4

RONALDO, UN NOM À ASSUMER

Quand le plus grand joueur portugais de l'Histoire naît le 5 février 1985 au large des côtes marocaines, Ronald Reagan débute son second mandat de président des États-Unis. C'est un ancien acteur de série B, républicain ultralibéral et grand ordonnateur de la Guerre des étoiles, cette course aux armements qui poussera le bloc de l'Est vers la faillite et l'écroulement. Il bénéficie apparemment d'une image suffisamment porteuse pour que José Dinis et Dolores donnent comme deuxième nom à leur quatrième enfant « Ronaldo », en hommage. « Mon père et ma mère l'admiraient au point de me donner comme deuxième prénom celui du président américain. Mais Reagan, c'était leur héros, pas le mien », expliquera CR7 dans une interview accordée au magazine *L'Équipe*, en 2007. Et quand on lui demandera s'il se reconnaît plutôt dans le président républicain ou dans l'acteur de films des années 1940, il précisera : « Ni dans l'un, ni dans l'autre. Je crois que mon père aimait les deux faces du personnage. Un condensé de rêve américain, sans doute. Il aimait son allure. Sa décontraction. »

Mais quand Ronaldo devient joueur professionnel, ce n'est plus l'origine de ce deuxième nom qui interroge. Plutôt l'homonymie avec Ronaldo « fenomeno », le double Ballon d'or brésilien, héros du cinquième titre mondial de la Seleçao en 2002, au moment des premiers pas du Portugais chez les pros. « Je ne vois pas le problème, je suis très fier du nom que m'ont donné mes parents », nous avait-il rétorqué à l'époque, devant la porte d'un vestiaire de l'académie Sporting, en short et en claquettes mais déjà avec cette pointe d'assurance bien ancrée. « J'aime mon nom. J'aime porter “Ronaldo” sur le dos de mon maillot, avait-il ajouté en 2007, dans la même interview au magazine *L'Équipe*. Cette ambiguïté ne m'a jamais gêné, puisqu'elle n'existe pas pour moi. Je ne suis pas jaloux de l'existence de mon homonyme. D'ailleurs, la question que vous me posez ne m'était jamais venue à l'esprit ! » En 2007, justement, son aîné brésilien a entamé un déclin irrémédiable, il vient d'être écarté par Fabio Capello du Real Madrid et de s'exiler à l'AC Milan. Le Portugais fait comme si le sort du « fenomeno » le laissait de marbre : « Moi, ce que je veux faire, c'est imprimer la marque Ronaldo dans le football. Je veux laisser une empreinte de mon passage dans ce métier. Je ne me définis pas en fonction d'un autre Ronaldo. »

De fait, il a su se démarquer du Ronaldo brésilien en régnant neuf années sur le Real Madrid (de 2009 à 2018), à force d'une hygiène de vie et d'un professionnalisme qui tranchaient avec les habitudes de l'avant-centre de la première équipe des Galactiques. Pour Ronald Reagan, il faudra voir, puisque Cristiano Ronaldo ne cache pas son attrait pour l'univers du cinéma et Hollywood.

5

HUGO, LA RÉSILIENCE DU GRAND FRÈRE

Un frère aîné est toujours un exemple, même pour Cristiano Ronaldo. Longtemps, Hugo a été le trop fidèle reflet d'un destin familial. Comme son papa, il avait le lever de coude alerte, se complaisait dans une petite vie et s'enfonçait doucement dans le confort trompeur des substances prohibées.

Hugo a ramé pour s'affranchir de ses addictions. Il est aujourd'hui une sorte de représentant officiel de la « CR7 company » sur l'archipel de Madère, qu'il n'a jamais quitté. « Il est mon bras droit dans beaucoup de domaines. Je lui ferai confiance pour le reste de mes jours », assure Cristiano Ronaldo. Hugo est à la tête du musée CR7 où travaillent aussi son épouse et Nuno, le cousin qui a vécu quelques années avec la star à Manchester. Le pacte entre les deux frangins est fondé sur ce combat que le papa n'avait pas voulu mener. « J'ai eu des problèmes de toxicomanie, je buvais déjà à 20 ans. Je travaillais depuis longtemps avec mon père dans la construction, un secteur où tout le monde boit, a confié

Hugo dans le film autoproduit sur son frère (*Ronaldo*, sorti en 2015). J'ai replongé. Puis, de moi-même, je me suis dit que ça suffisait si je voulais avoir une vie décente et ne pas mourir jeune. Et depuis le jour où je me suis ressaisi, Ronaldo m'a toujours aidé. »

Hugo est systématiquement associé aux succès de son cadet. C'est lui que Ronaldo était venu chercher en tribunes après son sacre en Ligue des champions en 2014 à Lisbonne, lui qui était assis dans le vestiaire du Stade de France après la victoire portugaise lors de l'Euro 2016. C'est lui, enfin, qui maintient le lien entre la famille et son quartier d'origine. Il n'habite plus Quinta do Falcao mais y revient quasi quotidiennement disputer une partie de cartes sur la terrasse du café tenu par Joel, l'ancien pro du Maritimo Funchal, en contrebas de l'ancienne maison familiale aujourd'hui détruite. Son grand jeu, quand un promeneur le reconnaît, est d'assurer, clin d'œil vers ses amis à l'appui : « Le frère de Ronaldo ? Non, ce n'est pas moi, je ne le connais pas. » Un stratagème de moins en moins crédible tant, au fil des années, la ressemblance entre les deux frangins s'accentue. Autour de lui, les copains de toujours. La plupart galèrent, entre recherche d'emploi et précarité. « On joue ici pour passer le temps, conviennent-ils. Il y a quelques années, Ronaldo venait jouer au billard mais ce n'est plus possible. »

Quelques témoins gardent un souvenir ému de son dernier passage dans le coin avec sa compagne de l'époque, la mannequin russe Irina Shayk. « Il n'y a pas d'endroit où je me sente mieux au monde », rappelle souvent Hugo à propos de son île. Privilège de l'aîné, il aurait encore le dessus sur son frangin dans quelques domaines. « Aux cartes et au billard, il ne m'a jamais battu », rigole Hugo, qui résume ainsi cette histoire : « J'ai vécu avec lui les chagrins de la vie, Ronaldo a fait ce qu'il a fait, et la vie a pris un tournant. Il a été un voyage. Il a été un protecteur, tout ce que nous avons, nous le lui devons. »

6

DOLORES, LA MÈRE COURAGE

Juste avant que le confinement de mars 2020 ne fige la planète entière, le temps s'est déjà arrêté pour Cristiano Ronaldo, cette nuit du 3 mars, quand il a débarqué à Madère en jet privé pour accourir au chevet de sa maman, victime d'un AVC quelques heures plus tôt. Le Portugais devait disputer le lendemain un match de Coupe d'Italie face à l'AC Milan (finalement reporté). Mais le même qui, en 2005, avait joué en sélection au lendemain du décès de son papa, n'a cette fois pas hésité. Cet empressement illustre bien la force du lien entre le champion et cette femme forte, à laquelle il ressemble tellement. Cristiano a appris à l'adolescence que son existence était un accident de la vie, qu'il était un enfant non désiré (voir chapitre 8). Dolores a déjà trois enfants (un garçon, Hugo, et deux filles, Katia et Elma). Elle a 30 ans quand elle tombe enceinte, et le mariage avec José Dinis n'est plus, depuis longtemps, le conte de fées des jeunes années : « Je suis devenue sa victime, même s'il n'a jamais maltraité ses enfants. »

Sa vie ressemble alors à une succession d'épreuves, de Caniçal, son village d'enfance, à Quinta do Falcao, le quartier où le couple s'est installé dans une petite maison. À 6 ans, elle perd sa mère, décédée d'une crise cardiaque et qui laisse quatre enfants orphelins. Dolores est l'aînée. Elle est placée dans une institution catholique par un père alcoolique et violent qui a pris soin de disséminer sa progéniture dans deux structures d'accueil différentes. Chez les sœurs, elle subit les mauvais traitements des mères supérieures, les coups de règle. Quand elle retrouve son père défaillant, elle doit composer avec une nouvelle belle-mère qui privilégie ses six enfants. Battue, parfois attachée à son lit ou à la table par cette femme acariâtre. « Ma jeunesse était une souffrance, mais jamais je n'ai cessé de croire en Dieu », assure celle qui reste une catholique fervente. Elle grandit dans une maison sans eau ni électricité, où cinq enfants partagent une seule chambre, et doit arrêter l'école à 13 ans pour travailler : elle fabrique des paniers en osier, embauche à 5 h 30 du matin, six jours sur sept.

Elle a à peine 18 ans quand elle rencontre José Dinis, alors poissonnier plutôt drôle et enjoué. Elle voit un gentil garçon, son père y voit une occasion. Il la pousse à convoler pour l'éloigner une seconde fois de sa maison. Le mariage lui offrira un répit passager : elle emménage chez ses beaux-parents, où les deux couples partagent la même chambre, leurs lits seulement séparés par un rideau. Elma naît une année après les noces et Dolores tombe à nouveau enceinte très vite. Mais José est envoyé en Angola, où le Portugal mène une guerre anachronique contre les forces indépendantistes. Hugo naît pendant qu'il sert en Afrique, d'où il reviendra marqué pour toujours (voir chapitre 2). À 20 ans, Dolores s'exile quelques mois à Paris comme femme de chambre. L'expérience ne va pas aller au-delà d'un gros trimestre. « Mon mari devait me rejoindre. Il ne l'a pas fait, alors je suis rentrée à Madère car j'avais déjà deux petits. »

Un premier renoncement face à la fatalité, en quelque sorte. « Si nous sommes nés pour être pauvres, nous le serons, lui lance José Dinis. Reviens auprès de tes enfants. » À 22 ans naît sa seconde fille, Katia, et le destin de Dolores semble alors verrouillé pour toujours à Quinta do Falcao, sur cette île qui peut se transformer en prison au milieu de l'océan. Rescapée d'un premier cancer du sein en 2007, puis d'un autre une dizaine d'années plus tard, elle a passé le permis à 52 ans. Dolores a refait sa vie avec José Andrade, un compagnon qui fait partie intégrante du clan, et promène de nouveau sa simplicité à Funchal, après avoir beaucoup bourlingué dans les pas de son fils. Elle s'est installée à Lisbonne quelques mois puis a effectué des séjours réguliers à Manchester avant de déménager à la Finca, un quartier ultrarésidentiel de la grande banlieue de Madrid où sa maison était voisine de celle de CR7 et où elle jouait pleinement son rôle de mamie. « Ah, Ronaldo n'a pas téléphoné, ça veut dire qu'il faut que j'aille chercher Cristiano Junior (le fils aîné de Ronaldo) à l'école », avait-elle souri ce jour de 2016 où nous l'avions croisée sur une terrasse de café de Pozuelo de Alarcon. Avec nous comme avec tous les interlocuteurs qu'elle ne connaît pas, elle s'était déridée lorsque nous avions évoqué Madère. « Ah, alors vous connaissez le plus bel endroit au monde ! » Son archipel, elle l'a retrouvé à temps plein depuis que Ronaldo est devenu père de famille nombreuse (il a quatre enfants) et forme avec Georgina Rodriguez un couple qui lui sied, à Turin. Pour la première fois depuis vingt ans, elle ne vit plus entièrement au rythme de son petit dernier. Mais elle reste fidèle à son image de femme forte, y compris face à un AVC qui l'a laissée sans séquelle apparente. Depuis Funchal, à 66 ans, elle gère sereinement sa petite entreprise. Chaque campagne publicitaire lui rapporterait une centaine de milliers d'euros et elle a ouvert un restaurant pas très loin du musée consacré à son fils, où les touristes peuvent déguster ses « plats de grand-mère ». Des mets également dévoilés dans un livre publié par l'une de ses filles, intitulé *Recettes de ma chère maman*.

Dolores Aveiro est aujourd'hui une célébrité au Portugal, une femme admirée pour son parcours de la misère à l'opulence, à force de talent et de sacrifices. Une mère protectrice, trop envahissante aux yeux des précédentes fiancées du quintuple Ballon d'or, qui sait rappeler qu'elle vient de loin, qu'elle est la madone du clan Ronaldo, son ciment. « Les gens de ma famille ont beaucoup souffert », dit celle dont la moitié de l'existence, au moins, a été un chemin de croix.

7

LES SŒURS, CES DRÔLES DE DAMES

Katia a huit ans de plus que Cristiano. Depuis le Brésil où elle s'est établie depuis plusieurs années avec son compagnon, elle reste la fan numéro un du capitaine de la Seleçao portugaise. Celle, aussi, qui partage le plus son existence sur les réseaux sociaux. Récemment, elle a rappelé son parcours de vie : « J'ai commencé à gagner ma vie à 16 ans. À 20 ans, j'ai émigré en Angleterre, je travaillais dans un hôtel et je faisais des extras comme femme de ménage chez des particuliers. À cette école de la vie, j'ai appris à parler anglais, à servir les clients étrangers à l'hôtel, à servir à table, à aider à la cuisine. Je chantais le week-end. Je pensais que ce serait ma vie pour toujours, mais je savais que même de ce parcours de vie j'avais quelque chose à apprendre. Quelques années plus tard, ma vie a pris un virage inespéré... »

Katia emmenait et ramenait Cristiano de l'école, lui faisait faire ses devoirs. « Mais il n'en avait pas grand-chose à faire de moi, il m'énervait souvent, raconte-t-elle. Ma mère me disait de ne pas le laisser sortir jouer au foot jusqu'à ce qu'il ait fini ses devoirs. Mais il y avait deux portes à la maison. Je lui demandais de faire ses devoirs mais, cinq minutes plus tard, il était parti. Et finalement c'est moi qui prenais, quand ma mère rentrait du travail. »

Une institutrice aura le malheur de lui dire que ce n'était pas ce satané ballon avec lequel il venait tous les jours à l'école qui allait le nourrir plus tard. L'institutrice en question présentera plusieurs fois ses excuses à la tante et à la maman de Cristiano, surnommé « le vermicelle » par ses coéquipiers à Andorinha.

« Lorsqu'il est parti à Lisbonne, tout le monde sur l'île racontait qu'il était un joueur incroyable et qu'il pouvait devenir un des tout meilleurs, se souvient Katia. Je crois que c'est à ce moment-là qu'on s'est rendu compte qu'il n'était pas un garçon comme les autres. » Grâce à son frère, Katia a pu tenter sa chance dans la chanson, sous le nom de Ronalda, en 2005. En 2008, elle a sorti, en duo avec CR7, le titre « Vivo na Esperança de te ver » (Je vis dans l'espoir de te revoir), en hommage à leur père, José Dinis, décédé en 2005. En juillet 2013, son single « Boom sem parar » (Boom sans s'arrêter) a atteint les 750 000 visualisations en quinze jours sur YouTube. Elle a, depuis quelques années, mis de côté sa carrière artistique. Mère de Rodrigo (né en 2000) et Dinis (né en 2010), fruits de ses amours avec José Pereira, un des meilleurs amis de CR7 (il vécut un temps avec lui à Manchester), elle a eu un troisième enfant (Valentina, en 2019), de son compagnon actuel, l'entrepreneur brésilien Alexandre Bertolucci.

Sur les réseaux sociaux, c'est Katia qui vient souvent en défense de son petit frère.

Elle était associée à son aînée Elma quand celle-ci a ouvert sa première boutique CR7 à Funchal, dans un centre commercial à mi-chemin entre le Lido et Santo Antonio, la ville où Ronaldo a grandi.

Comme Hugo et Katia, Elma a quitté tôt l'école pour aller travailler. Elle fut d'abord serveuse dans un hôtel-restaurant alors qu'elle n'avait pas 17 ans. La plus réservée, en tout cas la moins en vue de la famille, elle a longtemps préféré la discrétion de son commerce de vêtements griffés Ronaldo à l'exposition de sa vie privée ou des galères de son enfance, rappelant qu'à la maison Aveiro, au-delà des murs de brique nue et du toit qui fuit les jours d'orage, il y avait toujours du pain sur la table, de la charcuterie toutes les deux semaines, de la viande le dimanche et du poulet quand c'était jour de fête.

La maison a été détruite par les autorités locales, mais oncles et tantes de Ronaldo vivent encore dans les petits immeubles sociaux alentour, à Quinta do Falcao, où a vécu jusqu'à sa mort Filomena Aveiro, la grand-mère paternelle de CR7.

8

CRISTIANO, CET ENFANT DONT ON NE VOULAIT PAS

L'histoire aurait pu s'arrêter avant même de commencer. Au tout départ, le futur Cristiano Ronaldo représente une charge trop lourde pour une femme déjà fatiguée par la vie, les fêlures de son couple et les difficultés pécuniaires. « J'avais 30 ans et j'avais déjà trois enfants, a témoigné plusieurs fois Dolores Aveiro. J'ai pensé : "Qu'est-ce que je vais faire avec un autre enfant ?" J'en ai parlé avec ma sœur, qui était la personne dont j'étais la plus proche. Elle m'a dit que boire une bière brune et plusieurs tasses de thé me ferait du bien. J'ai décidé d'aller chez le médecin, et je lui ai dit que je voulais avorter. Il ne m'a pas soutenue, m'a dit qu'il ne le ferait pas parce que j'étais très jeune et que cet enfant me donnerait beaucoup de joie. »

Au Portugal, l'interruption volontaire de grossesse a été autorisée par la loi en 2007. Dans le cas de Dolores Aveiro, donc, « le médecin ne m'a pas soutenue ». Il a respecté les textes en vigueur dans un pays très catholique, sur un archipel qui ne l'est pas moins. N'a pas accédé à la demande d'une femme en détresse. Alors l'épouse de José Dinis a tenté la méthode artisanale : boire de la bière brune chaude, donc, mais aussi des litres de thé « abortif », et courir jusqu'à l'épuisement. Évidemment, ça ne marche pas.

« Du fait de nos limites financières, cet enfant n'était pas attendu, c'est vrai, reconnaîtra-t-elle dans le magazine *L'Équipe*. Mais quand il est né, c'était le plus beau moment de ma vie. J'ai éprouvé tellement d'amour et de joie que j'ai tout donné pour qu'il soit heureux. Ma mère est morte quand j'avais 6 ans, j'ai été placée dans un orphelinat… Ensuite, j'ai eu quatre enfants dont un qui, effectivement, n'était au départ pas désiré. Donc, tout ça, c'est un don du ciel. Cristiano, c'est une récompense. Quand il est né, il est devenu une force pour tout le monde. C'est comme un petit Jésus qui arrive à la maison. Il a été le moins attendu, mais il est le plus béni. »

Dolores a raconté cet épisode à son fils alors qu'il avait environ 14 ans. Mais Katia, l'aînée de la fratrie (elle a huit ans de plus que CR7), en connaissait l'essentiel : « Ce n'était pas un secret pour nous. Quand ma maman est tombée enceinte de Ronaldo, elle s'est dit : "J'ai déjà trois enfants, c'est déjà difficile de les élever, mon mari n'est plus capable de me soutenir, qu'est-ce que je peux faire d'un quatrième enfant, qu'est-ce que va être ma vie ?" Quand elle (Dolores) dit qu'il est venu pour illuminer notre vie, c'est parce que nous avons beaucoup souffert pendant cette grossesse. C'était une guerre, elle devait accepter cet enfant, et nous, les trois plus vieux, nous avons vécu ça de près. Quand il est arrivé, c'était comme un cadeau, une joie pour toute la maison, y compris pour mon père qui, jusque-là, était resté un peu à l'écart. Ça nous a tous unis. »

Un enfant béni, donc, même si personne ne prêtait une trop forte attention à la prédiction du médecin, ce 5 février 1985 : « Il a des pieds de footballeur », dit alors le praticien, qui savait sans doute que le papa et le grand frère étaient eux-mêmes des licenciés assidus. Une trentaine d'années plus tard, l'intéressé semble assumer cette première feinte de l'existence, selon Dolores. « Il me dit souvent : “Tu vois, maman, tu voulais avorter de moi et maintenant c'est moi qui soutiens toute la maison.” »

9

RONALDO AURAIT PU...

... être africain ou australien

À Madère, l'émigration est une tradition plus fortement ancrée encore que dans le reste du Portugal. Le football en est un exemple. Leonardo Jardim, l'autre célébrité récente de l'archipel, est né au Venezuela, d'où ses parents sont rentrés alors qu'il avait 3 ans. Cristiano Ronaldo, lui, aurait pu naître en Australie. Son grand-père maternel, José Viveiro, s'est exilé avec Angela et ses enfants à Yangebup, dans la banlieue de Perth, mais il refusa d'emmener le reste de la famille, malgré l'insistance de Dolores.

CR7 n'a donc pas vu le jour en Australie mais il a du sang africain : l'une des grands-mères de José Dinis, Isabel Rosa Piedade, est née à Praia, au Cap-Vert, avant d'émigrer à 16 ans à Funchal et d'épouser José Aveiro. Leur fils, Humberto, sera le grand-père de Cristiano Ronaldo.

... signer à Lyon

L'OL est la formation française que la star portugaise a le plus affrontée : cinq succès en dix confrontations et quatre réalisations personnelles (il a inscrit autant de buts contre l'OM, en deux matches de C1, en 2009). Cristiano a même failli signer à Lyon. Dans un entretien accordé à *So Foot* en 2012, Tony Vairelles confiait : « Après ma bonne saison à Bastia, quand je suis revenu à Lyon (été 2002), Laszlo Bölöni a voulu me recruter. Il entraînait alors le Sporting Portugal. Lyon voulait un transfert, mais le Sporting n'avait pas d'argent, donc ils ont proposé un échange : deux joueurs, dont un certain Cristiano Ronaldo, contre moi. Et Lyon a refusé. » CR7 n'était encore qu'un inconnu de 17 ans, et Lyon voulait un transfert sec, pas un prêt.

... marquer son plus beau but contre l'Espagne

Le 17 novembre 2010, quatre mois après leur élimination par leurs voisins ibères en huitièmes de finale de la Coupe du monde (0-1), les Portugais prennent une revanche éclatante sur les champions du monde en titre (4-0), au bout d'une rencontre qui n'est pas si amicale : dès la 8e minute, CR7 est séché par Sergio Busquets alors qu'il amorçait un contre depuis son camp. Le Catalan écope d'un carton jaune comme Cristiano Ronaldo qui, une minute plus tard, se venge du milieu espagnol en venant le tacler grossièrement sur la ligne de touche. À onze jours d'un Clasico, c'est comme si le duel Barça-Real commençait au stade de la Luz, où le match est rythmé, tendu, presque électrique. À la 36e, alors que David Silva vient de mettre à côté une tête, seul face au but, c'est le festival CR7 qui débute. Ce dernier lance un contre, prend de vitesse Piqué puis le met sur les fesses d'une feinte de frappe : il enchaîne sur une louche magique qui plante Casillas sur sa ligne, après une petite roulette. Le but, exceptionnel, est refusé par l'arbitre français, Antony Gautier, pour un hors-jeu de Nani. Une double erreur : quand l'ailier de Manchester United pousse le ballon dans les filets espagnols de la tête, celui-ci a déjà franchi la ligne de but ; surtout, Nani n'était pas en position de hors-jeu quand CR7 a déclenché sa frappe. Cette décision mettra en furie le capitaine portugais. Sur le terrain, il houspille l'arbitre et son coéquipier, coupable de s'être mêlé pour rien à l'action. Et une bonne heure après les faits, le Madrilène est toujours en rage : « Ça aurait été un des plus beaux de ma carrière, même un aveugle aurait vu qu'il y avait but ! » Ronaldo devra attendre la Coupe du monde 2018 pour marquer enfin face à la Roja.

... manquer un concert de U2

Cristiano Ronaldo vient de débarquer à Lisbonne, au centre de formation du Sporting Portugal, le 11 septembre 1997, quand le groupe U2 donne un mégaconcert dans l'ancien stade José Alvalade, où une vingtaine de jeunes du centre de formation sont hébergés. L'occasion est trop belle pour les adolescents. Ils se faufileront dans les coursives pour assister, sans billet, à l'événement, avec la complicité de Leonel Pontes, cet entraîneur originaire de Madère qui a été le tuteur de Ronaldo avant de le retrouver en tant que sélectionneur adjoint du Portugal, en 2010. « J'ai réussi à convaincre un steward de les laisser entrer sur la pelouse, nous a raconté Pontes. Bon, quand il nous a fait entrer, j'étais moi-même tellement impressionné par la masse de spectateurs que je me suis demandé si c'était vraiment une bonne idée (rires). »

10

UN AÉROPORT À SON NOM

Pour les touristes fans de foot, l'atterrissage à Madère est une forme de pèlerinage. Sous l'œil du beau-frère de l'ancien entraîneur de Monaco Leonardo Jardim, chef des autorités sur place, ils débarquent dans le seul aéroport au nom d'une star vivante du ballon rond. Une particularité qui ajoute au décor spectaculaire, avec cette piste où l'approche peut s'avérer agitée : le tarmac est posé à flanc de montagne, sur pilotis, et son exiguïté rend le travail du pilote assez tendu, les jours où le vent souffle.

L'endroit a été officiellement baptisé Cristiano Ronaldo le 29 mars 2017. La veille, le capitaine portugais avait marqué mais perdu contre la Suède en match amical (2-3), dans le stade de Barreiros, l'enceinte du Maritimo Funchal, le club professionnel qui s'entraînait en contrebas de sa maison d'enfance.

« Voir cet aéroport porter mon nom est une chose très spéciale. Tout le monde sait que je suis fier de mes racines », avait avoué le joueur lors d'une cérémonie à laquelle assistaient plus de 5 000 personnes, dont les licenciés et dirigeants de son premier club, Andorinha, en présence de toute la famille de la star, du président de la République, Marcelo Rebelo de Sousa, et du Premier ministre, Antonio Costa. Rien que ça ! « Je n'ai pas demandé ça, mais je ne suis pas hypocrite et je reconnais que ça m'honore et me rend heureux. » La décision avait été prise presque par surprise, en juillet 2016, après la victoire de la Seleçao en finale de l'Euro 2016 contre la France (1-0 après prolongation). Le président du gouvernement régional de l'archipel de Madère, Miguel Albuquerque, avait annoncé sans vraiment consulter ses conseillers que l'aéroport de l'île, fréquenté par 3,1 millions de passagers en 2016, porterait le nom de Cristiano Ronaldo. Sous la plaque au nom de l'idole, dévoilée le 29 mars 2017, un buste assez raté du joueur a fait presque autant polémique que ce choix de M. Albuquerque, habitué de ce type d'initiative personnelle, qui n'a pas renoncé à son projet malgré les nombreuses critiques et les pétitions lancées pour demander qu'on rebaptise l'aéroport en référence à une figure historique plus évidente que Ronaldo. Le président portugais, grand fan de foot, a estimé au cours de cette cérémonie que la décision était légitime puisque prise par une assemblée élue démocratiquement : « Cristiano Ronaldo est un exemple d'excellence qui fait rayonner Madère et le Portugal à travers le monde plus que n'importe qui d'autre. »

Avant Ronaldo, un autre footballeur avait eu droit à cet honneur : en 2006, l'aéroport de Belfast (Irlande du Nord) avait été renommé George Best en l'honneur de l'ancienne légende de Manchester United, décédée à 59 ans, un an plus tôt. Un autre ancien numéro 7 des Red Devils.

11

MADÈRE, SON ÎLE, SA BATAILLE

Après l'aéroport, le touriste en goguette à Madère peut se lancer dans un « Ronaldo Tour » qui brille à tout va, du tarmac à l'hôtel à son nom en passant par le musée attenant et la statue du prodige. Mais tous les jours ou presque, des taxis s'arrêtent à Quinta do Falcao, ce quartier particulièrement modeste de la déjà modeste ville de Santo Antonio, sur les hauteurs de Funchal, pour les curieux désireux de se frotter à la naissance du mythe. Du passé miséreux de Cristiano Ronaldo, il ne reste pourtant rien ou presque. Dans les années 2000, les autorités ont fait raser la bicoque dans laquelle s'entassait la famille Aveiro. À la place, désormais, une petite maison avec un bout de jardin. Il reste cette avancée avec vue plongeante sur la pente et les terrains vagues, en contrebas, où Cristiano Ronaldo s'échappait pour jouer au ballon. Le revers sombre de ce paysage de carte postale n'existe plus que dans le souvenir des voisins. Dans quelques clichés publiés sur les réseaux sociaux par sa famille, aussi. Katia, sa sœur, a ainsi publié l'an passé une photo de l'habitation, sous le soleil, avec le commentaire « bons souvenirs ». Elle a aussi raconté une anecdote jusque-là méconnue : un jour, sa mère avait chassé de son lit un gros rongeur qui était en train de lui grignoter le visage.

« Nous avions un jardin, et comme c'était tout petit, il lui arrivait souvent de jouer dans la rue en face de la maison », a confié Dolores Aveiro au magazine *L'Équipe*. « Quand un autocar arrivait, avec ses copains, ils stoppaient leur activité pour le laisser passer. Puis ils reprenaient leur match. Ils étaient impossibles à arrêter, ils jouaient jusqu'à la tombée de la nuit », expliqua-t-elle dans une des autobiographies de Ronaldo. Le soir, il se nourrissait souvent d'un yaourt et d'une pâtisserie. Au point que les dirigeants du Nacional Madère, où Ronaldo jouera de 10 à 12 ans, s'alarmeront de sa maigreur et lui donneront parfois un bol de soupe et un sandwich après l'entraînement.

Une trentaine d'années plus tard, les fonds européens ont en partie extirpé Quinta do Falcao de cette misère profonde. Restent les souvenirs d'une vie de petits riens. « J'ai beaucoup travaillé pour que mes enfants aient à manger tous les jours, a admis la maman de CR7. Je devais réclamer du ciment et des matériaux à la mairie afin de réparer notre logement. En cas d'orage, il y avait des fuites d'eau. » Trois chambres, une pièce commune, un logement plutôt insalubre que la famille a quitté dès que les revenus de CR7 l'ont permis. « On sait tous comment ça se passait, rappelle José Bacelar, l'ancien président d'Andorinha : tout l'argent que le papa gagnait était englouti dans l'alcool. » Cristiano Ronaldo passait l'essentiel de son temps avec son ballon.

Quand il était consigné dans sa chambre par sa maman, il s'en échappait par la fenêtre. Fernao Sousa, le parrain qui le gâtait avec de jolis cadeaux à Noël, découvrira quelques années plus tard la seule addiction de son filleul, alors qu'il ouvrait son paquet et y découvrait une voiture télécommandée : « Il s'est mis à pleurer. En fait, dès que je ne lui offrais pas un ballon de foot, il pleurait. Comme son papa était magasinier du club, je pensais qu'il avait autant de ballons qu'il voulait à disposition. Mais lui, il voulait son ballon, à lui seul. »

12

ANDORINHA, L'HIRONDELLE ÉTERNELLE

Fernao Sousa découvre aussi presque par hasard le talent du petit Cristiano. En 1993, on lui parle d'un petit phénomène du côté d'Andorinha. « À ma grande surprise, je découvre mon filleul ! Je savais qu'il jouait au foot, mais j'ignorais qu'il était si fort. Il était nettement au-dessus des autres. J'ai tout de suite compris que ce môme pouvait être le salut de sa famille ! » CR7 a commencé le foot dans le club de son quartier, « l'hirondelle » en portugais. Une forme de révélation. « Mon père était le responsable du matériel de l'Andorinha CF et il n'arrêtait pas de me pousser à venir jouer. Je savais que cela le rendrait fier, alors j'y suis allé. Le premier jour, il y avait beaucoup de règles que je ne comprenais pas, mais j'ai adoré. Je me suis accroché à l'organisation et à la sensation de gagner. » Cristiano a 7 ans, il a déjà découvert les deux piliers de son existence : l'amour du jeu et le plaisir de la victoire. Il va se construire autour de ce ballon qui lui permet d'échapper à son quotidien. « Je jouais avec de vieilles chaussures que j'avais héritées de mon frère ou que me prêtaient mes cousins. Mais quand tu es enfant, tu ne te soucies pas de l'argent. »

Ça tombe bien, Andorinha n'a pas le sou, même pas de véritable stade. Le club ne dispose que d'un demi-terrain, au bord de la voie rapide. « Il était petit, poussiéreux, mais c'est sur ces surfaces pelées que j'ai appris à apprivoiser le ballon », a expliqué CR7. « Du matin au soir, on le voyait toujours jouer au foot, confirme Rui Santos, un autre ancien dirigeant du club. Dès son premier jour ici (à 6 ans), j'ai compris que c'était un diamant. Bien sûr, je ne pouvais pas présager qu'il allait devenir ce qu'il est aujourd'hui, mais en plus de son talent, il avait une particularité importante : il ne savait pas perdre. » Le stade où des centaines de jeunes s'entraînent aujourd'hui sous le portrait de l'idole, accroché aux grilles, n'existait pas à l'époque de CR7. Les équipes suivaient leurs séances au gré des équipements disponibles. Mais, très vite il y a eu Ronaldo et les autres. « On lui donnait la balle, et il se débrouillait seul, explique Carlos Faria, un de ses premiers entraîneurs. Il ne la lâchait plus. Ça mettait parfois en furie ses partenaires, qui étaient plus âgés que lui. En même temps, ils se rendaient bien compte de la différence entre eux et lui. Je me rappelle d'un match à Camara de Lobos (une ville voisine de Funchal). On menait 2-0, deux buts de Cristiano. À la mi-temps, l'entraîneur adverse a mis deux grands costauds pour "s'occuper" de son cas. Il a dû sortir, et on a perdu 4-2. Ce qui était impressionnant, c'était bien sûr sa technique. Mais aussi son amour du jeu, son appétit de victoire. » Pour ses copains, il devient vite « Abelinha » (la petite abeille), en raison de son activité inlassable, de cette impression de voler sur le terrain. Plusieurs matches appartiennent à la légende locale. Celui où Andorinha mène 3-0 jusqu'à ce que Ronaldo sorte après un choc front contre front. Son équipe s'inclinera 3-4. Ils font connaissance avec un garçon qui a aussi horreur de la défaite, qu'ils appellent aussi « le vermicelle » en raison de sa maigreur. Chaque revers rend Ronaldo malade, et bientôt un autre surnom l'accompagne : « le pleurnichard ». À la mi-temps d'un match, il rentre aux vestiaires en larmes parce que son équipe est menée 0-2. En seconde période, il réussit un triplé et renverse la partie (3-2). Aujourd'hui, aucun enfant du club ne porte le numéro 7, réservé à la descendance de celui dont le portrait orne les maillots. Une hypothèse peu probable : CR7 s'est éloigné d'Andorinha depuis longtemps, ne s'est jamais montré sur le stade coincé au pied de la falaise où siège le club. Il a refusé de donner son nom aux installations, et quand on prend le temps de discuter avec les habitués, ils se plaignent parfois de l'indifférence du quintuple Ballon d'or à leur égard. L'idole et son entourage auraient mal supporté les déclarations de certains dirigeants sur les valeurs morales de la famille.

13

SON PREMIER TRANSFERT, D'ANDORINHA AU NACIONAL

À 10 ans, Cristiano Ronaldo connaît déjà son premier transfert. Sur l'île, deux clubs d'envergure peuvent constituer un tremplin, le Maritimo Funchal et le Nacional Madère. Le premier semble la destination la plus naturelle : de sa fenêtre, la famille Aveiro peut apercevoir le siège et les terrains d'entraînement de l'équipe la plus populaire de l'île. José Dinis penche ouvertement pour cette option, d'autant que le Maritimo évolue, lui, dans l'élite portugaise (il dispute même en 1994-95 la finale de la Coupe du Portugal). Pourtant, la perle de Madère va atterrir chez le rival, de l'autre côté de la ville, qui vit des heures troublées avec son équipe une (elle sera reléguée en troisième division à l'issue de la saison 1995-96). Pourquoi ? Comme souvent, les versions varient. Ce qui est certain, c'est que Fernao Sousa, le parrain, penche pour le Nacional. « Comme ses parents n'étaient pas d'accord, j'ai organisé une réunion entre eux et les clubs concernés, nous avait expliqué Rui Santos en avril 2007. Mais le dirigeant du Maritimo n'est jamais venu. C'est pour cela qu'il a rejoint le Nacional, tout simplement. » En fait, une petite commission financière aurait forcé la décision. Selon la rumeur, c'est même en offrant un abonnement de bus annuel au prodige (nécessaire pour se rendre au site de la Choupana) que le Nacional aurait infligé à son concurrent l'impair le plus humiliant de son histoire. Andorinha, de son côté, aurait été convaincu par un don de 22 ballons et d'un kit d'équipements sportifs. Pas cher payé pour un tel talent, sur une île où naissent, à l'époque, à peine 5 000 enfants par an, et où le moindre joueur un peu plus doué que la moyenne devient un enjeu important.

Évidemment, la théorie du rendez-vous manqué est combattue par les dirigeants du Maritimo depuis toujours, et la « culpabilité » de son directeur du recrutement des jeunes, Bernardino Rosa, avec. Les dirigeants du club avaient signifié aux parents qu'ils s'aligneraient sur les prétentions du voisin, de l'autre côté de la colline.

Mais, effectivement, Rosa ne put se rendre à un rendez-vous planifié avec Andorinha, en raison d'un déplacement professionnel à Lisbonne. Il proposa de le repousser mais l'entrevue n'eut jamais lieu. À son retour de la capitale, un dirigeant lui répondit : « Ronaldo a signé avec le Nacional. Tu n'es pas venu au rendez-vous lundi, on a tout réglé avec eux. »

En fait, la maman et le parrain, convaincus qu'un petit éloignement du foyer familial pourrait s'avérer bénéfique, ont eu le dernier mot. Pas Ronaldo et son papa, partisans de l'option Maritimo. Aujourd'hui encore, si Cristiano

Ronaldo a donné son nom au centre d'entraînement du Nacional et s'il a sponsorisé un temps, via son musée, l'Uniao Madère, il maintient d'excellentes relations avec l'autre grand club de l'île : en 2019, quand son fils est venu disputer avec la Juventus Turin le tournoi « Maritimo Centenario 7 », organisé à quelques centaines de mètres de la maison natale de son papa, Cristiano Junior s'est vu remettre par Carlos Pereira, le président du Maritimo, en plus du prix de meilleur buteur U9 (25 buts quand même !), un cadeau destiné à CR7. Un cadre avec plusieurs photos où Pereira et Ronaldo sont réunis, notamment lorsque ce dernier a été nommé ambassadeur de Madère. Sous les yeux de Dolores, la mamie.

14

AU NACIONAL, L'APPRENTISSAGE DU COLLECTIF

En blanc et noir, Cristiano Ronaldo entre dans une nouvelle dimension. Le Nacional est un club porté sur la formation, où la première inquiétude des encadrants se situe au niveau physique. Si Ronaldo s'est habitué, dans la rue, à éviter les charges des défenseurs plus costauds que lui, il est fin comme tout, et les entraîneurs recommandent à ses parents un régime alimentaire plus riche : du poisson, de la viande…

Mais sur le terrain, le constat reste identique à Andorinha. Il y a Ronaldo et les autres. Et il joue d'ailleurs tout seul. « Notre premier travail, ça a été de lui faire comprendre qu'il jouait un sport d'équipe, résume Pedro Talinhas, l'un de ses entraîneurs. Des consignes précises : "Tu joues à ce poste, voilà comment tu dois faire quand on a le ballon et quand on ne l'a pas." Il voulait tout faire tout seul, n'était pas connecté avec ses coéquipiers. Il récupérait la balle et fonçait au but, il ne passait presque jamais le ballon. Il ne comprenait pas leurs erreurs et cela créait des tensions. »

« Il était largement au-dessus des autres en taille et en talent, et il ne comprenait pas que ses coéquipiers n'arrivent pas à faire les mêmes choses que lui, détaille Antonio Mendonça, son autre entraîneur au Nacional. En fait, il prenait le ballon dans sa moitié de terrain, dribblait tout le monde et allait marquer en ne faisant pratiquement jamais de passes, on avait l'impression qu'il y avait lui et l'équipe d'en face. Il ne passait jamais le ballon tellement il se sentait supérieur. On lui pardonnait car il marquait beaucoup de buts. Nous gagnions presque tous nos matches par 9 ou 10 à 0, car à Madère, le niveau des équipes de jeunes n'est pas très élevé. »

La solution est, comme dans la rue, de le confronter à des éléments plus âgés. « Il s'entraînait avec des garçons plus vieux de deux ans, et comme il ne supportait pas la défaite, il pleurait souvent, se souvient Talinhas. Quand il se mettait dans cet état, ce n'était pas trop la peine d'aller le voir. Il avait du mal, aussi, à accepter les reproches trop forts. Il ne fallait pas qu'on le voie en position de faiblesse. »

À 11 ans, Ronaldo gagne son premier titre. Il devient champion de Madère de sa catégorie. Déjà, il est temps d'aller voir ailleurs.

15

MAIS POURQUOI LE SPORTING PORTUGAL ?

Comme pour le passage d'Andorinha au Nacional Madère, le parrain Fernao Sousa influe sur le transfert de Cristiano Ronaldo sur le continent. Il prend contact avec le procureur général adjoint de la République, João Marques de Freitas, représentant du Sporting Clube de Portugal à Madère. « Un envoyé du Sporting a rencontré la famille. Peu de temps après, Ronaldo s'est rendu à Lisbonne pour un test. Au bout de deux jours, on m'a dit : "Ce garçon est une merveille !" Vous connaissez la suite… » Dans le détail, l'histoire est évidemment moins limpide. L'homme qui va établir pour de bon la connexion en avril 1997 s'appelle Leonel Pontes, un entraîneur des Lions également natif de Madère. « Mes collègues sur l'île me disaient que c'était le meilleur qu'ils avaient jamais vu. Alors le club m'a envoyé là-bas pour encadrer une équipe de jeunes dans un grand tournoi organisé chaque année sur l'île. En arrivant, on me dit qu'il a un an de trop et que, du coup, il ne joue pas. J'obtiens quand même un rendez-vous, on me présente le garçon et je lui dis : “Viens avec moi.” Il n’y avait que lui, avec un ballon, un petit bout de terrain, mais déjà j’ai vu qu’il faisait des choses différentes. Fin mai, il est venu pour un essai au Sporting. Pour son premier entraînement, j’étais dans un bureau et mes collègues sont venus me trouver : “C’est quoi, ce gamin ? C’est un vrai crack !” » Quelques semaines plus tard, Ronaldo intègre les équipes de jeunes du Sporting Portugal, plus agressif que Boavista ou le FC Porto, deux autres clubs intéressés.

« Il est arrivé chez nous presque par hasard, rappelle Aurelio Pereira, le grand manitou de la formation au sein du club lisboète. Le Nacional avait pris sous contrat un joueur d’Odivelas (Franco) qui avait été formé chez nous, et nous devait une indemnité de formation de 5 000 contos (environ 25 000 euros). Il nous a fait savoir qu’un gamin particulièrement talentueux pouvait nous intéresser. Nous n’avions jamais imaginé un tel investissement pour un joueur de cet âge. Alors nous avons proposé qu’il reste une semaine chez nous pour passer des tests, avant toute décision. »

Deux jours, c’est effectivement le temps qu’il faut au Sporting pour se lancer dans l’opération, puisque Aurelio Pereira ne va observer la perle de Madère que le lendemain de son arrivée à Lisbonne : « Les entraîneurs, Osvaldo Silva et Paulo Cardoso, m’avaient dit que, dès le premier jour, il s’était mis en valeur. Le département juridique et financier du club, de son côté, me demandait de faire vite pour régler ce problème de dette. Alors, le deuxième jour, je suis allé voir la séance et j’ai eu la confirmation de son talent particulier. Ce n'était pas seulement une question d'habileté mais de caractère. Sur une phase où il avait été marqué de très près par un adversaire, et alors qu'il était le plus jeune sur le terrain, il s'est retourné pour lui dire : "Oh, gamin, on se calme, là !" C'est la clé qui a ouvert la porte, définitivement. Ronaldo était timide en dehors du terrain mais il était transfiguré dès qu'il entrait sur la pelouse. C'était un leader. J'ai tout de suite reconnu ce que j'avais déjà observé chez Paulo Futre, Luis Figo, Simao Sabrosa ou Ricardo Quaresma. »

Ronaldo fait l'unanimité, le litige avec le Nacional Madère est soldé. Pour le Sporting, de très loin le meilleur centre de formation du Portugal dans les années 1990, commence alors un nouveau défi : intégrer un enfant des îles à ses équipes de jeunes.

16

IL AURAIT PU ALLER À PORTO OU BENFICA

S'il clame aujourd'hui son amour pour les Lions de Lisbonne, Cristiano Ronaldo se serait bien vu, un temps, passer de l'hirondelle de Santo Antonio aux Aigles de la capitale portugaise. Benfica était son club de cœur. Ce dernier avait été mis au courant de la présence d'un joueur hors normes à Madère. Mais à l'époque, le club, deux fois champion d'Europe avec Eusébio et ses amis, n'avait pas la fibre formatrice qui est aujourd'hui son mantra. En 2014, José Bacelar, l'ancien président d'Andorinha, a raconté dans le quotidien sportif *A Bola* : « On a essayé de contacter le Benfica, mais personne n'a jamais décroché. Nous voulions le Benfica et le Sporting en concurrence pour tenter d'obtenir plus d'avantages pour la famille, très modeste, qui vivait dans la difficulté… »

À la fin des années 1990, Internet n'était pas encore l'autoroute de l'information du XXIe siècle. Les téléphones portables ne permettaient pas d'alerter quiconque de la moindre nouvelle dans la seconde. Cela a constitué la chance du Sporting Portugal, au réseau mieux établi, et qui a toujours été le club d'une certaine élite portugaise. Rappelons d'ailleurs qu'Eusébio, sans une entourloupe légendaire opérée à son arrivée à Lisbonne par les dirigeants de Benfica, était également destiné à intégrer les rangs du Sporting en 1960 (il jouait dans un club filiale des « Lions de Lisbonne » au Mozambique, alors colonie portugaise). Ronaldo, lui, n'effectua jamais d'essai au Benfica, ni à Boavista ou au FC Porto, qui étaient aussi intéressés à l'époque. Le Sporting prit tout le monde de vitesse, grâce à ses connexions à Madère. Et parce que le club courut le risque d'implanter sur le continent un gamin de Madère âgé de 12 ans. Une gageure, à une époque où les conditions d'hébergement et d'entraînement n'avaient rien à voir avec ce qu'un club professionnel peut offrir aujourd'hui.

17

LE DÉPART POUR LISBONNE, CE DÉCHIREMENT

Ronaldo a 12 ans ce jour d'août 1997 où il prend un vol sans retour vers Lisbonne. « Le moment le plus triste de ma vie, ça a été quand j'ai emmené Ronaldo à Lisbonne et que je suis revenue chez moi en le laissant seul là-bas », reconnaît Dolores Aveiro. Un déchirement pour elle et pour le garçon, qui retient ses larmes avant d'embarquer mais ne fait que pleurer une fois dans l'avion. « Quand j'ai vu ma mère pleurer, moi aussi j'ai eu très envie de pleurer. Ça n'a pas été facile de quitter ma famille et mon île de Madère pour rejoindre Lisbonne et le Sporting, témoigne-t-il dans le magazine de *L'Équipe* en 2007. Je venais d'une petite île, pas de Porto ou d'une autre grande ville. Et je suis arrivé seul. Voir un gars débarquer de Madère, ça n'avait rien de normal pour les autres. C'est très rare que des footballeurs de chez moi aient cette opportunité. Parfois, la peur m'a accompagné, mais jamais elle n'a pris le pas sur mes certitudes. J'avais un rêve à accomplir. Je voulais être un grand footballeur. »

Dans la biographie réalisée par Guillem Balague, il assure : « Ma mère m'avait toujours dit : "Mon fils, je ferai en sorte que tu n'aies jamais à me regarder dans les yeux et à me dire que c'est à cause de moi ou de ton père que tu n'es pas devenu footballeur. Bats-toi pour réaliser ton rêve." Je me suis mis à pleurer quand l'avion a décollé [...] C'est la vie. Je ne dirais pas qu'ils m'ont abandonné. Ils m'ont juste laissé me débrouiller tout seul pendant quelque temps [...] C'était la période la plus difficile de ma vie. Si j'ai des regrets ? Ne pas avoir pu plus profiter de mon enfance. »

Sa maman effectue régulièrement des séjours à Lisbonne, avec l'aide du club. Mais elle ne peut laisser sa famille seule plus de quelques jours, puisque ses seuls revenus lui permettent de survivre. Et, dans les années 1990, le Sporting Portugal ne dispose pas d'un centre de formation moderne. Les équipes de jeunes se baladent d'un terrain d'entraînement à l'autre, un jour à Telheiras, l'autre à Odivelas. La plupart des « pensionnaires » rentrent chez eux. Les autres, une vingtaine, dorment dans des logements aménagés sous les tribunes de l'ancien stade José Alvalade. Ils mangent dans des petits restaurants de quartier qui ont signé une convention avec le Sporting. Dont le Magriço, un établissement pratiquement collé à l'enceinte des Lions à l'époque. Il fonctionne toujours, et Antonio José Gonçalves, l'un des serveurs, nous avait raconté en 2016 ce jour où il avait vu arriver un gamin de 12 ans, chétif et mal fagoté, qu'on surnommait alors « Roni ». « Il était tout frêle, je lui avais dit qu'on allait bien s'occuper de lui et que Ronaldo était un joli nom pour réussir dans le football. » Pendant cinq saisons, il viendra presque quotidiennement au Magriço prendre son petit déjeuner et son casse-croûte de fin d'après-midi. Même lorsque le club le logera, plus tard, dans la résidence Dom José, près de la place Marques de Pombal. Au Magriço comme au Tobisbar, un autre café conventionné avec le Sporting, il ne craquera jamais. Les sanglots, il les réservera aux coups de fil quotidiens à sa maman, Dolores, au cours desquels il la suppliera à plusieurs reprises de le ramener à Funchal. Lui qui a cru au Père Noël « jusqu'à l'âge de 10 ou 11 ans » a basculé d'un monde à l'autre sans transition.

Dans le documentaire « Ronaldo », il dira : « J'ai beaucoup pleuré lors des premières semaines à Lisbonne. Madère, c'est tout petit, et je n'arrivais pas à m'habituer au trafic, à tout ce bruit dans la capitale. J'appelais ma famille dès que je pouvais. »

En décembre 1997, un premier compromis est trouvé : il peut rentrer à Madère pendant un mois, mais cela lui coûtera un nouveau redoublement. Évidemment, Ronaldo accepte. Celui qui est surclassé sur le terrain côtoiera, en classe, des élèves qui ont deux ou trois ans de moins que lui. Il s'en moque. Sinon, il ne revoit son île que lorsque les vacances sont assez longues.

Deux fois, au moins, il ne se sent pas la force d'en repartir. Un jour, Fernao Sousa est contacté par le Sporting : Ronaldo est à Madère depuis deux semaines, alors qu'il ne devait y rester que quelques jours. « La séparation était encore plus dure à supporter pour son père, sa mère, son frère et ses sœurs, se souvient le parrain de Ronaldo. Alors, on a fini par s'asseoir tous ensemble dans le salon. Et j'ai réussi à les convaincre que l'avenir de Cristiano n'était pas à Madère. Ici, que serait-il devenu ? Peintre, jardinier ? Comme il n'aimait pas l'école, il n'aurait pas eu le choix. On devait agir pour son bien. Pour le bien de tous. » Comme tous ceux qui veulent avoir du poids sur les décisions du clan, il s'adresse d'abord à la maman : « Vous ne pouvez pas vous permettre d'être trop sentimentale, vous devez être forte si vous voulez que votre fils devienne footballeur professionnel. C'est votre avenir qui est en jeu, pas seulement celui de Cristiano. S'il devient pro, votre vie ne sera plus la même. »

Le principal intéressé ne participe pas forcément aux palabres. Pendant que les grands discutent, il joue au ballon, évidemment. Il souffre mais accepte, soucieux par-dessus tout de réussir. Car pour l'école, les comptes sont vite faits : il ne verra jamais le lycée.

18

L'ÉPISODE DE LA CHAISE

Le premier coup d'éclat de Cristiano Ronaldo à Lisbonne aurait pu être sans lendemain. Ses proches ont fait ce qu'ils pouvaient pour prévenir le choc des mondes. La garde-robe de l'adolescent a été révisée en profondeur par la famille et les amis, qui veulent cacher au mieux son extraction modeste. Mais l'accent très particulier des natifs de Madère le démasque vite. Dès la rentrée des classes, le petit nouveau arrive à la bourre dans le quartier de Telheiras, où se trouve l'établissement où il est scolarisé. Il s'est perdu en route et les élèves sont déjà en rang quand il apparaît dans la cour. « Je me souviens de ce premier jour, avait-il conté au magazine *L'Équipe* en 2007. On fait l'appel par numéro : "Numéro 5." Je me lève et je réponds : "Cristiano Ronaldo." Mon accent déclenche l'hilarité autour de moi. On se moque. Moi, je sens la nervosité monter. Je me sens mal. Et je craque. Mais c'est un mauvais souvenir qui remonte. Je ne veux plus en parler. L'histoire circule toute seule. Je n'ai pas besoin de l'alimenter. » L'histoire, c'est cette chaise qu'il brandit et menace d'envoyer dans le visage de ce professeur qui a eu le malheur de sourire au milieu de l'hilarité générale.

Il sera puni, première sanction d'un parcours lisboète qui sera émaillé de diverses réprimandes. « C'est comme si je parlais une langue étrangère. Au Portugal, les accents divergent d'une région à une autre, mais celui de Madère, ouh là là ! À mon arrivée, absolument tout le monde se fichait de moi. Je sais aujourd'hui que c'est quelque chose de compréhensible. Mais à 11-12 ans, pff ! Je réagissais mal. Ce fut vraiment une sale période. J'étais timide. Et quand on me mettait en boîte, je prenais des tours. Je me mettais salement en colère. Ce n'est pas bien, mais ça m'a servi pour la suite. Aujourd'hui, j'ai un de ces bagages face aux tourments ! Je suis resté quand même cinq ans seul à Lisbonne. Ma famille venait juste me voir de temps en temps. Il m'a donc fallu marquer mon territoire pour me faire accepter. »

Une sorte de cabinet spécial est mis en place autour de la professeure Dina pour assurer le bon développement psychopédagogique de Ronaldo. Il a déjà redoublé avant son arrivée à Lisbonne, et l'école n'est ni sa priorité ni son point fort. Il l'abandonne plus ou moins vers 14 ans, il se « fait » tout seul. C'est en parlant à voix haute qu'il gomme petit à petit son accent, qu'il apprend le portugais du continent.

L'incident de la chaise marque les esprits mais le garçon a compris la leçon du jour. Tous les soirs, pendant des mois, il répète les mêmes phrases, inlassablement.

Plus tard, à Manchester et à Madrid, il se mettra pareillement à l'anglais et à l'espagnol, sans livre, en pratiquant oralement. Encore et encore.

À Lisbonne, Leonel Pontes fait évidemment partie de l'encadrement créé pour veiller sur le phénomène. L'entraîneur est originaire de Madère, il devient le tuteur de Ronaldo, qui passe régulièrement le week-end dans sa famille. Là, il perçoit vite la personnalité étonnante du garçon.

19

UN PREMIER RETOUR À MADÈRE RATÉ

Cristiano Ronaldo vit donc les premiers mois sur le continent, à 12 ans, comme un déchirement. Profondément attaché à son archipel natal, déjà désireux de montrer à la Terre entière et avant tout à ses proches l'étendue de son talent, il scrute la moindre occasion de revoir son île. Si, au fil du temps, la souffrance s'atténue, il envisage comme une fête son premier match à Funchal sous le maillot du Sporting, face au Maritimo. Au point qu'il en perd ses repères. Hugo Pina raconte, dans la biographie de Guillem Balague : « Cristiano était excité à l'idée de voir sa famille et ses amis d'enfance. Mais il ne s'était pas entraîné cette semaine-là. Mentalement, il n'était pas bien et ça perturbait son entraînement. Il jouait tout seul, ne lâchait pas le ballon. Il le prenait et tirait au but, il s'énervait contre tous ceux qui ne lui passaient pas le ballon. Il était très mauvais. » La sanction tombe : il ne fait pas partie des convoqués.

« Cristiano n'y croyait pas. Il a relu la liste quatre fois, continue Hugo Pina. Il s'est mis à pleurer pendant des heures parce qu'il n'aurait pas l'occasion de voir ses proches. Il était bouleversé, il voulait faire un scandale. La leçon de tout ça, c'est que même les joueurs talentueux doivent bien s'entraîner la semaine et tout donner. »

En fait, il ne joue pas parce que son casier disciplinaire commence à déborder, qui va de la cannette de thé glacée volée à un coéquipier à l'entraînement aux deux yaourts chapardés à la cafétéria, ou le déjeuner d'un coéquipier malade qu'il s'est auto-attribué. Sans compter les cours, qu'il sèche allègrement.

« Nous devions jouer contre les jeunes du Maritimo, dans mon quartier d'enfance, nous racontera-t-il en octobre 2008. Tous mes amis, toute ma famille m'attendaient. Mais l'entraîneur m'avait puni, parce que j'avais fait je ne sais plus trop quoi à l'école. J'ai énormément pleuré. Mais j'ai appris à respecter chaque fois un peu plus les gens, les entraîneurs, les professeurs d'école. Et, après, ça a été de mieux en mieux. »

« C'était un enfant qu'on aimait tous, pas seulement parce qu'il était très fort, rappelle Aurelio Pereira, le directeur de la formation du Sporting. Mais nous n'avons jamais transigé sur la rigueur et la discipline. C'est pour cela que nous l'avons privé de match après une bêtise pas si grave, comme en font les enfants de cet âge. » Mais ce match est un rendez-vous attendu par toute la famille, les amis. « Dolores a compris notre point de vue. Ronaldo aussi. Après une discussion avec moi, il a accepté la position de son coach », se souvient Aurelio Pereira.

Luis Martins, son entraîneur, milite pour une sanction, conscient « des problèmes de stabilité émotionnelle ». Il doit l'assumer sur place. Il est accueilli, à son arrivée sur l'île, par une Dolores en quête d'explications. La maman accepte vite le verdict. Pour le papa, c'est moins simple. D'ailleurs, José Dinis viendra assister au match. Il passera les quatre-vingt-dix minutes collé au banc de touche lisboète et fera bien comprendre le fond de sa pensée à Luis Martins.

20

L'AFFIRMATION D'UN CARACTÈRE

Cristiano Ronaldo est sans doute le plus grand compétiteur que le Portugal ait jamais engendré. Leonel Pontes, qui baigne pourtant dans le domaine depuis des années, entre le temps passé à la formation au Sporting Portugal ou dans le staff de Paulo Bento à la tête de la Seleçao, en est resté estomaqué : « À 12 ans, il n'acceptait jamais de perdre, même au baby-foot où il était très fort. Et je n'ai jamais réussi à gagner contre lui au tennis de table. C'est même lui qui m'expliquait comment je devais tenir ma raquette, comment me placer pour obtenir tel ou tel effet. Il avait déjà un langage moteur, en tennis de table aussi il savait placer son corps ! Très peu de joueurs ont une telle maturité, aussi tôt. C'était assez stupéfiant. »

Le gardien international Ricardo, qui a disputé trois phases finales avec Ronaldo (Euro 2004 et 2008, Coupe du monde 2006), confirme : « Que ce soit au tennis de table, au baby-foot, aux fléchettes ou au billard, il n'arrête pas. S'il y a des gens qui naissent pour les matches et la compétition, Cristiano Ronaldo est de ceux-là. »

Durant ses années de formation, sa progression sur le terrain est à l'avenant. Il est le premier joueur de l'histoire du Sporting Portugal à évoluer avec les équipes U16, U17, U18, seniors B et seniors A au cours de la même saison !

Et quand les pros rappellent au jeune homme son statut d'apprenti, Ronaldo affiche son effronterie. À celui qui lui demande de réfréner son engagement à l'entraînement, il rétorque : « On verra si tu me parleras sur ce ton quand je serai le meilleur joueur du monde. »

À l'époque, la punition rituelle, pour les jeunes en formation, était soit de nettoyer le réfectoire, soit de sortir les poubelles, avec une voiturette surnommée la « Ferrari ». Quand ses camarades plus âgés lui lancent : « Alors Ronaldo, elle avance bien ta Ferrari ? », il rétorque : « Un jour, je serai le meilleur joueur du monde, et des Ferrari, j'en aurai plein mon garage ! »

Cristiano Ronaldo est un gamin à maturation rapide, parce que soumis à un apprentissage express : « Je devais me débrouiller tout seul presque tout le temps, rappelle-t-il. Je me levais, je repassais mes vêtements, faisais la lessive, mon lit... Je faisais des choses que les enfants ordinaires ne font pas à cet âge-là. Ils n'ont pas à penser à tout ça, il y a quelqu'un qui le fait pour eux. J'ai beaucoup appris, je suis devenu un homme. »

Il est le plus jeune à jamais avoir intégré l'internat du club, limité à une vingtaine d'éléments vivant trop loin de Lisbonne. Quand il est arrivé à 12 ans, les autres en avaient 14, au moins.

L'affirmation de son caractère était une question de survie sportive. Et si Ronaldo n'a peur de rien sur le terrain, cela vaut aussi en dehors, notamment un soir où il fait face à plusieurs agresseurs. « Une bande nous a attaqués, moi et quelques joueurs de l'équipe. Les autres joueurs ont fui, mais moi je les ai affrontés, je me suis battu, et les voyous ne m'ont rien pris. » À Madère comme à Lisbonne, la légende Ronaldo s'est aussi forgée dans la rue.

21

DES AMIS POUR LA VIE

C'est au centre de formation du Sporting Portugal que Cristiano Ronaldo rencontre ceux qui sont aujourd'hui encore ses meilleurs amis. Il y a d'abord Miguel Paixao, un enfant originaire d'Algarve avec qui il partageait la fameuse chambre 34 de la Résidencial Don José, la petite pension proche de la place Marques de Pombal qui hébergeait certains ados du club. Un modeste arrière gauche qui a officié à Leiria ou Oriental (Lisbonne), entre autres. Il vivra un temps (en 2004) chez Ronaldo à Manchester, et l'accompagnera presque partout, des vacances à Cuba aux galas pour la remise du Ballon d'or. « Pour Ronaldo, j'irais jusqu'au bout du monde », affirme celui qui a aussi été en charge d'un musée itinérant consacré à la star. « Il avait 14 ans quand je l'ai connu. On jouait ensemble, on étudiait à Lumiar et nous étions dans la même chambre. L'amitié n'a fait que grandir, et même quand il est parti à Manchester United, on se parlait tous les jours. C'est un privilège de montrer aux gens l'autre face de Ronaldo. »

José Semedo, lui, est un latéral droit, qui a notamment évolué à Sheffield Wednesday, et qui doit beaucoup à CR7. C'est Ronaldo qui a intercédé pour que Semedo, qui a grandi dans un quartier miné par la pauvreté et la délinquance, soit intégré au sein de l'académie du club et ne retourne pas chez lui chaque soir, lui faisant une place supplémentaire dans le dortoir. Semedo lui en est éternellement reconnaissant : « Je lui dois tout ce que j'ai. L'endroit d'où je viens, à Setubal, n'est pas un bon quartier pour un jeune homme. Beaucoup de mes amis de là-bas ont été impliqués dans la criminalité. Plusieurs sont morts maintenant ou en prison. Si j'y étais retourné, j'aurais volé des voitures avec eux. Cristiano Ronaldo a changé ma vie. Ma famille, mes enfants, ma carrière : tout ça, c'est grâce à lui. »

José Semedo a connu les premières heures difficiles de CR7 à Lisbonne, dont l'épisode de la chaise. « Il était de Madère, et là-bas l'accent est très différent. Tout le monde en rigolait. Il a vécu des moments difficiles à cause de son accent. On aurait dit qu'il n'était pas portugais. On ne pouvait pas le comprendre. Un jour, il a envoyé une chaise sur un enseignant car la classe se moquait de lui. »

Il a aussi vu comment, grâce à son talent sur le terrain, Cristiano Ronaldo avait fini par « retourner » ses partenaires : « C'était le meilleur. Il contrôlait le ballon, il surpassait tout le monde, ne faisait pas de passe et marquait. » Après une carrière de dix ans en Angleterre (Charlton, Sheffield), il évolue désormais au Vitoria Setubal.

L'autre partenaire incontournable de Cristiano Ronaldo s'appelle Ricardo Regufe. Ce Portugais né à Matosinhos, dans la banlieue de Porto, était au départ « sport marketing manager » de Nike en Espagne. Très vite, après l'arrivée de Ronaldo au Real Madrid, il est devenu une sorte de super assistant personnel de CR7, au club comme en équipe nationale (le Portugal est « équipé » par la firme américaine). Il apparaît sur le banc de la Seleçao lors de toutes les grandes compétitions et accompagne Ronaldo partout, sorte d'ombre veillant sur le quintuple Ballon d'or en toute circonstance.

Miguel Marques, son bras droit au niveau financier, complète le tableau de ce noyau dur sur lequel Ronaldo s'appuie pour gérer sa vie, au sens large. Les « socios » de l'entreprise CR7 sont Georgina Rodriguez, sa fiancée, son frère Hugo, Miguel Paixao et Miguel Marques.

22

« L'AUTRE RONALDO », CE RENDEZ-VOUS MANQUÉ

Quand il débarque chez les pros, Cristiano Ronaldo est doté d'un patronyme difficile à porter, quoi qu'il en dise publiquement ou en face-à-face, à ce moment-là : « Je suis fier de porter ce nom », répétera-t-il des années durant, comme un gimmick. Le premier match officiel de Ronaldo avec le Sporting aurait pourtant pu confronter d'entrée le jeune homme avec la légende : en troisième tour préliminaire de la Ligue des champions 2002-2003, le Sporting Portugal du futur CR7 est confronté à l'Inter Milan du « fenomeno ».

En fait, ce dernier est en partance pour le Real Madrid, où il signera le 30 août. Il se repose de sa Coupe du monde éreintante, celle du cinquième sacre planétaire de la Seleçao, le dernier à ce jour. Il n'est pas présent à l'aller, dans l'ancien stade José Alvalade, le 14 août 2002, quand Cristiano Ronaldo effectue sa première apparition officielle chez les pros. Il entre en jeu à la 58e minute, à la place de Tonito. À la fin de la rencontre (0-0), il échange son maillot avec le milieu Luigi Di Biagio.

Stéphane Dalmat était dans le camp italien : « J'étais concentré sur mon jeu et je me souviens vaguement du match de Cristiano, mais j'avais discuté un peu avec Bölöni, qui m'avait dit que c'était un phénomène. Et ça se sentait qu'il avait du talent. »

Au retour en Lombardie, pas de Ronaldo, ni d'un côté ni de l'autre, et cette occasion manquée sera le début d'un drôle de chassé-croisé : les deux homonymes ne se mesureront jamais sur un terrain, en compétition officielle.

En 2003, le Portugais n'a pas encore signé à Manchester United quand le Brésilien sort sous l'ovation d'Old Trafford après une prestation haut de gamme avec le Real Madrid (il réussit un triplé), en quart de finale de Ligue des champions. Le 23 mars, la même année, les champions du monde en titre sont battus 2-1 à Porto, au stade das Antas (qui sera remplacé quelques mois plus tard par le stade du Dragon), par un Portugal en pleine polémique sur les Brésiliens naturalisés : Deco est un des buteurs ; Ronaldo « fenomeno », pas vraiment concerné, sort en cours de partie. L'autre Ronaldo n'est encore qu'international Espoirs. Quand les deux « seleçoes » se croisent de nouveau, en 2007 et 2008 en amical, et en 2010 en Coupe du monde, le Brésilien ne fait plus partie des sélectionnables.

Mais en club aussi, les deux Ronaldo n'ont jamais eu l'occasion de s'affronter. Un drôle de hasard, alors que les contempteurs de Cristiano Ronaldo aiment évoquer son aîné, le « vrai » Ronaldo. Aujourd'hui président de Valladolid, le double Ballon d'or (1997 et 2002), considéré comme l'attaquant le plus fort que la Terre ait jamais porté, a tenté d'élever le débat : « Pour Cristiano Ronaldo, ça doit être lassant d'entendre dire depuis des années que je suis le vrai Ronaldo. On ne peut pas comparer des personnes. Cristiano va rester dans l'Histoire pour ses buts et pour tout ce qu'il a déjà réalisé. Il va rester dans l'Histoire comme un des meilleurs, comme Messi. »

« Mais Ronaldo Nazario a été le meilleur Ronaldo de l'Histoire », a tranché un jour José Mourinho, qui a entraîné les deux monstres (il était adjoint de Bobby Robson au FC Barcelone quand le Brésilien a joué en Catalogne). Sans doute le « Special One » cherchait-il autant à déprécier son compatriote qu'à louer le Brésilien.

Le Portugais a déjà réussi une performance inimaginable en 2002 : aujourd'hui, il faut expliquer à la nouvelle génération que juste avant Cristiano Ronaldo, il y a eu un autre Ronaldo qui a été le meilleur du monde et qui reste un mythe pour ses dons quasi surnaturels. Ce seul constat définit la trace laissée par CR7 dans l'Histoire. La comparaison de l'un avec l'autre a un intérêt, quand même : Ronaldo « fenomeno » fut, en quelque sorte, l'exact contraire de son homonyme. Quand l'un a adapté son jeu, au fil des saisons, à un corps abîmé par les blessures et entamé par une hygiène de vie discutable, l'autre a fait évoluer son football pour gagner plus de titres, de trophées, de gloire. Il a délaissé l'esthétisme pour l'efficacité, le dribbleur fou est devenu une machine à buts. Il a mis son corps au service de son ambition, quand l'autre avait modelé ses ambitions sur le terrain à la mesure d'un corps récalcitrant. « Nous ne jouons pas au même poste sur le terrain, même si Cristiano joue maintenant dans une zone plus axiale, avait expliqué R9 à la *Gazzetta dello Sport* il y a quelques années. Il a une autre façon de se rapprocher du but. » On souhaite quand même bon courage au prochain Ronaldo qui débarquera dans le football pour s'aligner sur ces deux-là. Il lui faudrait au moins l'aplomb du Portugais, imagé par Laszlo Bölöni, son premier entraîneur chez les pros : « Je me rappelle juste d'une fois où quelqu'un lui a fait cette réflexion dans le vestiaire en faisant allusion au Brésilien : "Fais gaffe, parce que tu n'es pas Ronaldo." Il a simplement répondu : "Lui aussi, il doit savoir qu'il n'est pas Ronaldo." Il ne fallait pas y voir de l'arrogance, plutôt une très grande confiance. »

23

MOREIRENSE, SON « VRAI » PREMIER MATCH

Dans nos petits yeux de simples mortels, la légende Ronaldo débute par une talonnade de Tonito qui envoie un gamin de 17 ans vers son premier but avec les professionnels, le 7 octobre 2002 à Lisbonne. Le Sporting Portugal affronte Moreirense en Championnat, il mène déjà 1-0 depuis peu (but de Kutuzov) quand, à la 34e minute, Cristiano Ronaldo reçoit le ballon dans l'axe, légèrement décalé sur la droite, à une quarantaine de mètres du but adverse. Il échappe au premier tacle, prend de vitesse un deuxième adversaire et pétrifie le dernier défenseur d'un double passement de jambes à l'entrée de la surface. Il n'a plus qu'à allonger la jambe droite pour devancer la sortie du gardien, Roberto Tigrao, l'ajuster d'un ballon piqué et croisé dans le petit filet opposé. Un pur moment de classe, de la légèreté, de la vitesse : tout Ronaldo est contenu dans ce premier but en pro. Et, pendant que les caméras filment la joie des supporters dans le vieux stade José Alvalade, un court plan montre la joie de Laszlo Bölöni. L'entraîneur roumain est plus que satisfait de son coup : pour sa première titularisation, Cristiano Ronaldo a justifié sa confiance en une seule action. Cela fait des semaines que le technicien roumain piaffe de le lancer. « À mon arrivée à l'été 2001, il ne jouait même pas avec la réserve, il était chez les juniors. Je l'ai vu en amical et je l'ai pris quelque temps plus tard à l'entraînement… et je ne l'ai jamais plus laissé repartir ! Je ne voyais pas en lui un gamin encore assez maigre mais un joueur déjà mature. Ce qui m'a impressionné, en dehors de sa technique, c'est son implication totale à l'entraînement, sans aucune appréhension ou excès de respect envers nos meilleurs joueurs. Il n'avait peur de rien, surtout pas des contacts. » Début octobre, son secteur offensif est dévasté : Joao Pinto a été suspendu six mois pour son comportement lors de la Coupe du monde 2002, Marius Niculae se remet à peine d'une opération des ligaments croisés et Mario Jardel s'est perdu dans ses addictions extra-sportives. C'est l'heure de Cristiano Ronaldo.

Beto, alors capitaine du Sporting Portugal, racontera des années plus tard, dans les colonnes du *Diario de Noticias* : « Il était parti pratiquement du milieu de terrain et il avait fini en piquant son ballon au-dessus du gardien. Si j'avais été surpris par la qualité de ce but ? D'une certaine manière, nous étions déjà tous habitués à le voir réussir ce type d'action à l'entraînement. Il se déplaçait si vite, il était tellement au-dessus des autres. Je me souviens d'une séance où Rui Jorge s'était retourné vers lui : “Gamin, il vaudrait mieux que tu te calmes”, après que Ronaldo lui avait fait un petit pont. C'était le plus jeune mais il était le premier à donner l'exemple, restant à faire des exercices en salle ou des tours de terrain. »

La saison précédente, celle du doublé Coupe-Championnat, avait été celle des révélations Hugo Viana et Ricardo Quaresma, tous deux décisifs dans la conquête de la dernière Liga emportée par les Lions de Lisbonne à ce jour. Mais en un seul match, Ronaldo démontre combien il est plus fort que ces deux-là réunis. Ce soir-là, il inscrit même un doublé, en déviant de la tête un coup franc indirect de Rui Jorge, l'actuel sélectionneur des Espoirs portugais. Deux mois après sa première apparition officielle chez les pros, en troisième tour préliminaire de la Ligue des champions face à l'Inter Milan, Ronaldo est installé pour de bon. « Ce qui m'avait stupéfié, ce n'était même pas la classe de ce premier but, nous confiera Laszlo Bölöni. Je savais ce qu'il valait techniquement et physiquement. Ce qui me surprenait le plus, à l'époque, c'était son mental. Sur le terrain, il se comportait comme les autres joueurs, bien plus expérimentés que lui. Il n'y a qu'au sein du vestiaire qu'il redevenait un gamin de son âge. » Ce sens de l'adaptation inné sera sa meilleure garantie. C'est l'époque où l'entraîneur roumain fait un pari avec Fernando Seara, son avocat, sympathisant de Benfica : « Il était scandalisé que je dise à la radio que Ronaldo serait aussi bon qu'Eusébio et Luis Figo. Alors j'ai parié avec lui qu'il ne serait pas juste aussi bon mais qu'il serait meilleur qu'eux. Je suis très heureux d'avoir eu le courage de miser sur Ronaldo alors qu'il était encore si jeune. Je suis très fier de ça, mais tout ce qu'il a réussi depuis, il le doit à son talent. » Après Moreirense, Ronaldo brillera, avec l'intermittence de sa jeunesse : cette saison-là, il ne marquera que cinq buts en Liga, en 25 matches. Presque une contre-performance au regard de ses qualités, racontées en 2013 dans *O Jogo* par l'attaquant roumain Marius Niculae : « Un jour, Bölöni est venu nous voir, Mario Jardel et moi, et nous a dit : "Regardez, ce joueur est meilleur que vous deux réunis." Moi, je n'ai rien dit, Jardel s'est mis à rire. Mais ensuite, on a vu Cristiano pendant les entraînements et je suis allé voir Bölöni pour lui dire qu'il avait raison. Il avait des qualités que n'importe qui pouvait déceler. On pouvait déjà voir que ce serait très rapidement un grand joueur. »

Avant le doublé de Moreirense, Ronaldo avait déjà brillé en avant-saison, et Laszlo Bölöni garde au chaud dans sa mémoire le souvenir d'un tournoi amical où son équipe était opposée au Celta Vigo : « Cristiano fait une énorme connerie, perd un ballon, juste devant le banc de touche, et offre un contre à l'adversaire. J'ai à peine le temps de lui crier dessus qu'il sprinte déjà, sauve la situation en taclant dans les 6 mètres et répare son erreur. Je me suis dit : "Tactiquement, il a déjà compris la responsabilité de l'attaquant et le souci du collectif, il a ça en lui." Le second moment, c'est la série de tirs au but. On fait match nul, il faut un vainqueur et je le désigne parmi les cinq tireurs, alors qu'il n'a que 16 ans. Il se retourne vers moi, je revois son visage un peu surpris, mais quand ç'a été son tour, il a pris le ballon tranquillement, presque nonchalamment, et il a marqué son penalty. Il n'avait déjà aucun doute sur lui ou sur son jeu. »

« Les gens n'ont pas encore vu le vrai Ronaldo, ce n'est que le début », dit d'ailleurs le joueur après une prestation aboutie contre Lyon, en juillet 2002. Contre le Betis Séville, toujours en amical, le 3 août, il marque à la dernière minute, un lob magnifique au-dessus d'un défenseur : « Une œuvre d'art », écrira la presse portugaise. Son premier but avec les pros, mais pas en compétition. Le premier, le vrai, intervient donc le 7 octobre 2002 face à Moreirense. Dans les tribunes, Dolores, la maman, se serait alors évanouie.

24

ALI DAEI, LE DERNIER RECORD À BATTRE

Pour battre le record de Ferenc Puskas (84 buts internationaux), vieux de 47 ans, Ali Daei a dû s'y reprendre à deux fois en novembre 2003 contre la Corée du Nord. Au bout de 52 minutes, il marque sur penalty à l'Azadi Stadium et rejoint le Hongrois. Mais dans la foulée, les supporters craquent des fumigènes, dont l'un touche un joueur nord-coréen. L'équipe de Corée quitte le terrain, ne revient pas, est bannie de toute compétition internationale pour un an, et a match perdu (0-3). Mais le but de Daei n'existe plus. Il rejoindra Puskas une semaine plus tard contre le Liban, à Beyrouth, quelques semaines après les débuts internationaux de Cristiano Ronaldo. Il a alors 34 ans.

En club, son total est moins glorieux : 134 buts en tout. Mais il n'a joué qu'une fois en équipe d'Iran durant les deux ans qu'a duré son service militaire (1994-1996). Son plus gros exploit en équipe nationale ? Le quadruplé réussi en 23 minutes contre la Corée du Sud, en Coupe d'Asie. Il a presque 30 ans quand il arrive en Europe, à l'Arminia Bielefeld, en 1997. Il fait la paire avec Karim Bagheri, le compatriote avec qui il détruira les îles Maldives 17-0 : sept buts pour Bagheri, deux pour Daei.

Daei ne marque pas durant la Coupe du monde 98, mais il donne la passe décisive à Mehdi Mahdavikia lors de l'historique succès perse face aux États-Unis. Juste avant la phase finale, il a été transféré au Bayern Munich. Barré par Giovane Elber et Carsten Jancker, il ne marquera que six buts. Il devient le premier joueur du continent asiatique à disputer la Ligue des champions mais ne participe que du banc à la fameuse finale de 1999 perdue par les Bavarois dans le temps additionnel face à Manchester United (1-2). À Munich, sa détermination à disputer les Jeux d'Asie ne plaide pas en sa faveur. Mais elle contribue grandement à son record : il inscrit neuf buts et son équipe gagne la médaille d'or.

Par la suite, il disputera de nouveau la Ligue des champions, avec le Hertha Berlin, signant notamment un doublé contre Chelsea en plus de son but sur la pelouse de l'AC Milan. 2000 est sa meilleure année, sans doute : avec l'Iran, il marque vingt buts !

En 2003, il revient au pays, et c'est lors de la campagne de qualifications pour la Coupe du monde 2006 qu'il devient le premier joueur à atteindre les 100 buts en équipe nationale, grâce à son quadruplé face au Laos ! Son 109e but, lui, intervient trois mois avant la phase finale en Allemagne, lors d'un match amical contre le Costa Rica. L'Iran est éliminé de l'épreuve dès le deuxième match de la phase de groupes, contre le Portugal, sur un but inscrit sur penalty par Ronaldo. Titulaire lors du premier match, Ali Daei observe cela depuis le banc.

L'Iranien a récemment accordé une interview à *TuttoMercato*, dans laquelle il s'honore de devenir, bientôt, l'homme dont le record sera battu par Ronaldo. « Si cela m'affecte ? D'une certaine manière, ce serait un honneur pour moi si c'est un joueur de la classe de Cristiano qui le faisait. Cristiano Ronaldo est un des meilleurs joueurs non seulement de sa génération mais de tous les temps, un phénomène absolu [...] Ce que je ferai quand cela arrivera ? C'est très simple : je lui adresserai mes félicitations, directement. »

Daei a inscrit 109 buts en 149 matches pour l'Iran, soit une moyenne de 0,73 but par match. Statistiquement, il était donc plus efficace que le Portugais. Mais, comme toujours, le chiffre doit être relativisé, replacé dans son contexte. Attaquant moyen au niveau international mais véritable star au pays, il a bénéficié, pendant ses treize années en équipe nationale (de 1993 à 2006), d'une forme de distorsion de concurrence. Si Ronaldo a aussi garni sa collection de buts face à des adversaires de qualité inégale, Daei évoluait dans une nation très forte de l'Asie, où il a croisé plus souvent des sélections du niveau d'Andorre que du niveau de la France. Il a par exemple inscrit un quintuplé contre le Sri Lanka (7-0), des quadruplés contre Guam (19-0), le Népal (8-0), le Laos (7-0) ou la Corée du Sud (6-2), un triplé et un doublé contre les Maldives (17-0 et 8-0), entre autres. Ses 109 buts ont de la valeur, bien sûr, mais ils ne signifient pas qu'il évoluait dans la même cour que Cristiano Ronaldo.

Tout comme Pedro Miguel Pauleta, qui a battu le record de buts en Seleçao d'Eusébio avant d'être dépassé par CR7, ne se situait pas aux mêmes altitudes que deux des trois Portugais à avoir gagné un Ballon d'or. « Quand vous voyez débarquer des joueurs comme ça, de tels phénomènes, vous comprenez que vous n'êtes pas sur la même planète », nous avait rappelé un jour l'aigle des Açores en évoquant Cristiano Ronaldo, qui a surclassé son record de buts en Seleçao en 2013, et Zlatan Ibrahimovic, qui a battu son record de buts avec le Paris SG en 2015.

25

POURQUOI MANCHESTER ?

En août 2003, Cristiano Ronaldo, 18 ans, passe du Sporting Portugal à Manchester United, moyennant 17 millions d'euros. Une somme considérable pour l'époque. Comment les Red Devils ont-ils devancé la concurrence ? Avec un peu de chance, déjà : Phil Thompson, entraîneur adjoint de Gérard Houllier chez les Reds, a expliqué au *Liverpool Daily Echo* qu'un agent, Tony Henry, lui avait proposé Ronaldo quelques semaines plus tôt. La transaction était alors estimée à cinq millions d'euros. Mais la direction du club aurait rechigné face à une telle somme. Gérard Houllier venait d'engager Florent Sinama-Pongolle et Anthony Le Tallec : dur, dans ces conditions, de transférer un autre jeune et de prétendre jouer le titre.

Dans le livre *Cristiano Ronaldo, orgueil, gloire et préjugés*, Gérard Houllier a livré sa version des événements : « On avait pris la décision de le faire signer lors du tournoi de Toulon en 2002, un an avant qu'il ne signe à Manchester United. J'avais été le voir avec les moins de

21 ans du Portugal. Avec mon adjoint Phil Thompson et notre recruteur, on voulait à l'origine faire signer deux joueurs du Sporting : Ronaldo et Quaresma. Ronaldo était ailier gauche et Quaresma jouait à droite. On avait d'abord fait une offre pour les deux joueurs puis on s'était concentrés uniquement sur Ronaldo. Il a été proche de signer à Liverpool durant l'été 2003. On était d'accord sur le prix du transfert, mais ensuite on a hésité parce que le salaire demandé était très, très important, au-dessus de ce qui se faisait à l'époque pour un très bon joueur [...] Pendant les négociations, on n'a jamais eu de contact direct avec Ronaldo. On a réfléchi quelques jours puis il y a eu ce match entre le Sporting et Manchester United. »

À l'époque, une dizaine de clubs suivent de près Ronaldo : Juventus Turin, Parme, Valence, FC Barcelone, Inter Milan, Real Madrid, Liverpool, donc, mais surtout Arsenal. « À un moment, j'ai vraiment cru qu'il rejoindrait Arsenal, a confessé son agent, Jorge Mendes, dans son autobiographie. David Dein (le président du club) était une personne fantastique, mais avec la construction du stade, ils n'avaient plus d'argent et ça n'a pas été possible. » Ronaldo avait même visité les installations des Gunners, avec sa maman, en janvier 2003. Il avait rencontré Arsène Wenger et Thierry Henry, l'idole de CR7 à l'époque. Wenger avouera, des années plus tard : « Mon plus grand regret ? J'ai failli engager Cristiano Ronaldo. Non seulement je ne l'ai pas eu mais, en plus, il a signé à Manchester United. » Wenger est devenu le coach français que le Portugais a le plus affronté (15 matches), le plus battu (7 victoires) et face auquel il a le plus marqué (6 buts).

Alex Ferguson a conclu, dans *The Independent* : « Nous étions derrière Cristiano depuis ses 15 ans, mais sa carrière a tellement accéléré que le Real Madrid, Arsenal et Barcelone aussi lui couraient après, alors on a senti que nous devions agir. » « Il serait faux de dire que nous n'avions pas l'intention de l'engager, a précisé à l'époque Peter Kenyon, le directeur exécutif du MU des grandes années. Son arrivée chez nous était plutôt prévue dans un an. Mais ses performances ont attiré d'autres clubs et nous avons décidé de négocier avec le Sporting pour accélérer le processus. » Le déclic : un match amical perdu (3-1) par MU le 6 août 2003, où Cristiano Ronaldo force la porte de l'Angleterre.

26

LE 6 AOÛT 2003, LE FESTIVAL CRISTIANO

Treize ans après les faits, Mike Phelan, adjoint du moment d'Alex Ferguson, a raconté au magazine *L'Équipe* cette nuit de Lisbonne. En plein été, le Sporting Portugal de Fernando Santos accueille le Manchester United d'Alex Ferguson, son « club partenaire », pour l'inauguration du nouveau stade José Alvalade, à un an de l'Euro. Le public attend une jolie fête. Il va assister à un récital. « Carlos Queiroz, l'assistant portugais de Ferguson, avait dû tuyauter le coach. Ce soir-là, sous la pluie, un gamin de 18 ans avait rendu fou John O'Shea, chargé de le marquer. » Le défenseur subit un supplice, Ronaldo lui impose un traitement infernal et tout y passe : dribbles, feintes, accélérations, la panoplie entière. « Quand vous voyez Ronaldo prendre le ballon et mettre John O'Shea à l'envers, vous souriez presque en vous-même », reconnaîtra des années plus tard Ryan Giggs. À part O'Shea, tous les joueurs de MU sont bluffés et insistent auprès de leur manager : cet attaquant-là, ils le veulent avec eux, plus contre eux. « C'était une performance incroyable, déclare Mikaël Silvestre à *Bleacher Report* en 2017. Ce gamin que personne ne connaissait nous a déchirés pendant tout le match. Personne ne pouvait l'attraper, il était incroyable. Au début, personne n'avait entendu parler de Ronaldo, mais à la fin, tout le monde le connaissait. » « Après le match, Alex Ferguson m'avait demandé de faire patienter les joueurs dans le vestiaire pendant qu'il allait négocier avec les dirigeants du Sporting, continue Mike Phelan. Les joueurs râlaient un peu d'attendre ainsi, ils voulaient rentrer chez eux. » « Nous attendions dans le bus, on voulait juste qu'ils le fassent signer », confirme Rio Ferdinand.

Sir Alex aurait dit dès la mi-temps du match à Peter Kenyon qu'ils ne « sortiraient pas du stade avant d'avoir attrapé le gamin ». Il dira : « Quand nous l'avons vu jouer comme ça contre nous, dans un amical d'avant-saison, oui, à la mi-temps, j'ai compris que nous devions le recruter. »

Il découvre aussi un nouveau partenaire, Jorge Mendes. L'agent de Cristiano Ronaldo fait grimper la transaction à un montant inespéré pour le Sporting. Ces 17 millions d'euros pour un espoir de 18 ans font hurler les concurrents de MU, étonnés d'un tel investissement. « J'ai toujours pensé qu'au final, l'entraîneur est l'élément le plus important dans un transfert, explique Mendes. Le cas de Cristiano en est le parfait exemple. Tous les clubs le voulaient mais ils souhaitaient un prêt par le Sporting. La seule personne qui était prête à le recruter directement, c'était sir Alex Ferguson. Et à ce moment-là, j'étais convaincu que c'était la meilleure solution. Manchester United était le club idéal pour Cristiano. » Six jours après le récital d'Alvalade, Cristiano Ronaldo devient officiellement un joueur de Manchester United. Et, en 2016, l'agent avouait dans *France Football* : « Je peux le dire aujourd'hui. Quand Cristiano a affronté United lors de l'inauguration du stade Alvalade XXI, tout était déjà arrangé depuis la veille afin qu'il joue pour MU cette saison-là. »

Mais il a fait très fort avec le Sporting Portugal de Fernando Santos, le successeur de Laszlo Bölöni, qui n'avait pas gagné le moindre match de préparation. Peu importe si Manchester United rentrait à peine de son stage d'avant-saison aux États-Unis, en plein jet lag.

« Quand Jorge Mendes m'a parlé de Manchester United, j'étais stupéfait, reconnaîtra CR7. C'était un rêve pour moi. Je lui ai dit de foncer. » En fait, son agent a déjà tout ficelé : Ronaldo, qui touchait 2 000 euros par mois, passe à 2 millions d'euros annuels.

27

JORGE MENDES, BIEN PLUS QU'UN AGENT

L'ascension de Cristiano Ronaldo est aussi celle d'un agent portugais qui va devenir, dans les années 2000, le plus puissant de la planète football. Jorge Mendes initie avec le transfert du Madérien à Manchester United un schéma qu'il reproduira fréquemment dans les meilleurs clubs du monde (Chelsea, Barcelone, Real Madrid, etc.). Il réalise une première opération grâce à laquelle il gagne la confiance de ses interlocuteurs, à savoir Alex Ferguson, David Gill et Peter Kenyon dans ce cas précis, puis il élargit son influence, se rend indispensable. À Manchester, viendront d'autres joueurs estampillés « Gestifute » dans la foulée de Ronaldo, comme Anderson et Nani. Aucun ne connaîtra une réussite comparable à celle de CR7, loin de là. Mais Jorge Mendes sait se rendre incontournable, et il l'est avant tout dans la carrière du capitaine de la Seleçao portugaise.

Entre les deux hommes, la complicité a vite dépassé le cadre professionnel. L'un est parrain de l'enfant de l'autre et vice versa, l'un a été le témoin du deuxième mariage de l'autre, en 2015, et l'un ne va pas sans l'autre. Jorge Mendes vend en permanence son joueur au monde entier. Vous ne pouvez discuter avec lui sans qu'il rappelle, au bout de quelques minutes, cette vérité indiscutable à ses yeux : « Ronaldo est le meilleur joueur et même le plus grand sportif de l'histoire. » Son joueur, il l'accompagne vraiment. Un « staff » s'est installé avec CR7 à Manchester United, du cousin Nuno au beau-frère Zé. Et lui-même vivait une bonne partie de l'année dans une maison de la « Finca », à côté de chez Ronaldo et sa maman, quand celui-ci évoluait au Real Madrid.

Mendes fait partie des quatre personnes en qui Ronaldo dit avoir une totale confiance. Il est son meilleur ami. « Je vois en Jorge une des personnes les plus honnêtes que j'ai connues dans le football, dit CR7. Je ne le considère pas comme un agent, je le considère comme un ami, un père, un frère aîné. » Mendes a pris en main la carrière de son protégé à 17 ans en gagnant la confiance de sa maman, au moment où il a bouclé le transfert d'Hugo Viana à Valence. Comme il « volera » plus tard Nani à Ana Almeida, et José Mourinho à John Baideck, il a détourné Cristiano Ronaldo du clan José Veiga, l'agent de Luis Figo, acteur incontournable du paysage portugais.

La rivalité entre les deux hommes éclate pour de bon sur le tarmac de l'aéroport de Lisbonne, en 2002. Ils partagent le même vol, durant lequel ils s'ignorent soigneusement. Dans le bus entre l'appareil et l'aérogare, l'aîné ne peut réprimer quelques sarcasmes envers le plus jeune, la discussion s'engage sur des bases très élevées et dégénère en pugilat. Peu de temps après, Cristiano Ronaldo s'engage avec la Gestifute, la société que Mendes a fondée en 1996. Ce processus, Jorge Mendes l'assume : « Il y a des gens qui ont signé des contrats avec des joueurs et qui attendent un Jorge Mendes pour les envoyer dans de grands clubs. Ils veulent être inclus dans les opérations sans avoir jamais fait quelque chose pour promouvoir leurs joueurs. »

Tout comme le bling-bling qui l'accompagne. Dans la foulée de son passage au sein de l'écurie Mendes, Ricardo Quaresma débarque en Ferrari à l'académie d'Alcochete. Ronaldo commence à se *looker* avec montres, lunettes de soleil de luxe et tout l'attirail imaginable.

En 2012, Jorge Mendes a été décoré par le gouvernement portugais de l'Ordre du mérite sportif, et son entregent semble inoxydable au pays malgré la face sombre de sa réussite. Ses méthodes d'optimisation financière et fiscale ont été au cœur des Football Leaks dévoilés par Rui Pinto en 2016. Mais il est plus que jamais le plus puissant agent du monde et fait partie intégrante de la « famille » Ronaldo, tout en diffusant son empire aux quatre coins de la planète football, des plus grands clubs du monde à Wolverhampton, l'équipe de Premier League où il place ses meilleurs espoirs sous la main de Nuno Espirito Santo, le premier joueur jamais représenté par Jorge Mendes, à l'époque où l'un était gardien remplaçant du FC Porto et l'autre patron de discothèque dans le nord du Portugal.

28

SES PREMIERS PAS À L'INTERNATIONAL, EN U15

Cristiano Ronaldo a revêtu pour la première fois le maillot du Portugal le 24 février 2000, contre l'Afrique du Sud à Torres Vedras. Il avait 15 ans depuis 19 jours et avait marqué un but lors de cette victoire 2-1. Il y a quelques années, Francisco Silveira Ramos, le sélectionneur de cette équipe, avait témoigné sur le site de la Fédération portugaise. « Ronaldo n'était pas du premier rassemblement organisé pour sa catégorie d'âge lors du tournoi interassociations, parce qu'il était blessé. Le Sporting nous avait informés qu'il avait un espoir intéressant, que nous devions voir. Il n'est venu qu'au deuxième stage. Il s'est entraîné comme attaquant côté gauche et comme attaquant de pointe, mais il était à l'aise dans toutes les positions offensives.

« C'était déjà un énorme compétiteur, il voulait toujours s'entraîner et jouer. Il allait déjà très vite. Peu de temps après ce premier match, nous avons participé au tournoi de Montaigu, en France, et nous avons réussi un match fantastique contre le Japon. Nous avons gagné 7-0 et il a marqué trois fois.

« Il était déjà capitaine à l'époque, il avait une influence très positive sur ses collègues. Lors de ce tournoi de Montaigu, il avait fait de grands matches. Il a été élu meilleur joueur du tournoi, ce qui arrive rarement aux joueurs portugais. Je me souviens d'une deuxième mi-temps excellente contre la France. »

Au début de l'année 2001, Cristiano évolue encore en U15. Le sélectionneur de cette équipe, Carlos Dinis, s'est souvenu dans le *Diario de Noticias* d'un « enfant turbulent », peu regardant des « consignes tactiques », qui maltraitait l'hymne national. « La première chose qui me vient en tête de ce match, c'est Ronaldo qui tentait de chanter notre hymne. » Le 11 avril de la même année, lors du tournoi de Montaigu, il marque contre les Bleus (2-2) puis inscrit un triplé contre le Japon (7-0). Il finit deuxième meilleur buteur du tournoi international minimes le plus prestigieux de la planète, derrière le Français Seïd Khiter. Au sein du musée CR7, à Funchal, les plus chauds partisans de la cause vendéenne pourront admirer avec un pincement au cœur le trophée de « 2e super buteur Sodebo » du 29e Mondial de Montaigu.

« Je me souviens juste d'un joueur sur le côté qui allait très vite », a témoigné Michael Allemand, organisateur du tournoi, il y a quelques années, chez nos confrères de *20 Minutes*.

Mais il impressionne les observateurs. Et *France Football*, dans son édition du 17 avril 2001, cite ce Portugais à suivre. Vous ne trouverez pas de trace de Ronaldo dans le bi-hebdomadaire. L'attaquant du Sporting est répertorié sous son nom de famille, Dos Santos Aveiro !

29

LE KAZAKHSTAN, SA PREMIÈRE CAPE PORTUGAISE

Quatre jours après sa première apparition sous le maillot de Manchester United, Cristiano Ronaldo débute aussi en équipe nationale, le 20 août 2003 à Chaves. Il entre à la mi-temps lors d'un match amical face au Kazakhstan : « Ça a été un des moments les plus marquants de ma vie. » Il exhibe le Ronaldo d'alors. Celui qui est si désireux de montrer l'étendue de son talent qu'il en fait trop, parfois. « Il n'arrêtait pas, les joueurs plus âgés lui disaient de respirer un peu parce qu'il était toujours au sprint, toujours à fond, a témoigné Carlos Godinho, le directeur sportif de la Fédération portugaise, dans les colonnes de *O Jogo*. Il s'épuisait parce qu'il voulait montrer sa valeur. »

Quand il arrive en Seleçao en août 2003, les stars du groupe sont Figo, Deco, Pauleta, Fernando Couto, Rui Costa, derniers vestiges de la fameuse « génération dorée » du foot portugais, qu'il va tous dépasser : Ronaldo comptait 50 sélections à 22 ans, contre 26 ans à Figo. Il en était à 100 capes avant ses 30 ans, contre 31 ans pour Figo et 34 pour Couto.

« Je ne doute pas qu'il va battre tous les records. Aujourd'hui, le défi est différent : avec tout ce qu'il s'est passé dans sa vie, avec des moments pas très agréables, quelques failles dans sa personnalité à travers un profil un peu égoïste, il n'a pas seulement marqué l'Histoire, il a fait l'Histoire, analysait alors Antonio Simoes, l'ex-international (46 matches, 3 buts) et star du grand Benfica. Il réajuste son comportement, il est mature. » Contre l'Irlande du Nord, son 100e match en Seleçao se déroule au stade du Dragon, où tout a vraiment commencé pour lui (il y a marqué son premier but en ouverture de l'Euro 2004). Il devient alors le troisième plus jeune joueur européen à atteindre les 100 sélections, derrière l'Allemand Podolski et l'Estonien Viikmäe.

30

MU, UNE AUTRE DIMENSION

Avec le transfert à Manchester United, considéré à l'époque comme le plus grand club du monde, Ronaldo entre dans un nouveau monde. Au Portugal même, ce départ à l'étranger l'installe dans une destinée. « À cet âge, Ronaldo n'est pas seulement un footballeur, il est à l'aube de devenir une icône, prédit Eusébio, le plus grand footballeur portugais du XXe siècle. Il va bonifier n'importe quelle équipe, dans n'importe quel Championnat. Je crois vraiment qu'il est assez bon. » Luis Figo, l'autre Ballon d'or du pays de Camoes (en 2000), ne doute pas plus : « Il est assez bon pour mettre la honte aux défenseurs anglais et je pense qu'il sera beaucoup trop fort techniquement pour la plupart d'entre eux. Il y a des choses qu'il fait avec le ballon qui me font prendre la tête dans mes mains en pensant : “Mais comment est-ce possible ?” »

Lui-même ne doute guère, en apparence. « Il était très confiant, confie Phil Neville à Guillem Balague dans sa biographie du Portugais. Il bombait le torse et nous regardait droit dans les yeux. Il m'a tout de suite fait penser à Cantona. Cristiano est arrivé dans le vestiaire en nous faisant comprendre qu'il était à sa place. »

Il marque son premier but avec les Red Devils en novembre, contre Portsmouth (3-0), sur coup franc. Quand il rentre à Madère quelques heures après le Boxing Day, son bilan est le suivant : il a participé à dix-neuf des trente et un premiers matches de Manchester, onze fois comme titulaire. Il ne réintégrera l'équipe que le 17 février suivant : il passe plusieurs semaines près des siens.

Le 13 avril 2004, Cristiano Ronaldo est désigné *man of the match* pour la première fois par la chaîne Sky Sports, après le succès contre Leicester (1-0). MU n'a pas brillé plus que ça mais la seule présence du Portugais a mis la défense des Foxes en grande difficulté. Et c'est à la suite d'une de ses frappes que Gary Neville a inscrit le but vainqueur.

Sur la pelouse du Millennium de Cardiff, Cristiano Ronaldo dispute le match le plus important de sa jeune carrière, le 22 mai 2004. C'est la finale de la Cup, elle doit valider sa première saison plutôt réussie en Angleterre et lui offrir son premier trophée chez les pros. C'est ainsi, d'ailleurs, qu'Alex Ferguson justifie son choix auprès de ceux qu'il place sur le banc. « Je veux voir ce que ça fait de voir Cristiano soulever un trophée », explique le manager de MU. Juste avant la pause, Ronaldo reprend de la tête un centre de Gary Neville. Il célèbre l'instant en se frappant le torse, maillot relevé. Contre Millwall, une équipe de deuxième division, il réussit le premier grand match de sa carrière anglaise et obtient, donc, son premier trophée chez les pros, récompense d'un printemps solide. Devant les 71 350 spectateurs du Millennium de Cardiff, il réalise son meilleur match de la saison. Certains commentateurs comparent sa performance à celle de Stanley Matthews en finale de la Cup 1953, sous les couleurs de Blackpool, mais Sven-Göran Eriksson, le sélectionneur anglais, désigne comme homme du match Ruud Van Nistelrooy, auteur de deux buts.

Peu importe, il a répondu présent au rendez-vous. C'est tout ce que Ferguson voulait savoir. « Pour être le meilleur joueur du monde, il faut gagner, explique Gary Neville dans la biographie de Guillem Balague. Il faut jouer des grands matches, et il faut un impact dans les grands matches, comme il l'a fait en finale de la FA Cup. »

En tout, lors de cette première saison, CR7 aura joué quarante matches, dont vingt-quatre comme titulaire, et marqué six buts. En fin de saison, il convient avec sa maman qu'elle vienne le rejoindre à Alderley Edge, dans la grande banlieue de Manchester, un petit village où se regroupent la majorité des joueurs de MU et de City. Pour sa maman, il loue une petite ferme rénovée.

Mais elle renonce vite, inapte à s'adapter à la pluie, à l'accent anglais et à l'ennui, loin de son île. Elle restera quand même plus ou moins trois ans à Manchester. En Angleterre, Cristiano s'appuie sur son beau-frère Zé (José Pereira, un ami d'enfance) qui s'installe avec lui à Alderley Edge, avec sa grande sœur, Katia, et son cousin, Nuno. Hugo reste à Funchal, comme sa sœur, Elma, qui vit avec le papa.

31

LE « PLONGEUR » DE MANCHESTER UNITED

À Manchester, Cristiano Ronaldo ne doit pas seulement s'adapter à un nouveau climat et à de nouvelles exigences. À 18 ans et demi, l'adolescent découvre une nouvelle planète, et son arrivée dans le vestiaire de United ressemble à un choc des mondes, comme le rappelait Mike Phelan, entraîneur adjoint d'Alex Ferguson à l'époque, dans le magazine *L'Équipe* en 2016 : « Ronaldo a débarqué tel un martien chez nous cet été-là. Heureusement, sa famille l'accompagnait. On a vite vu qu'il avait un sacré caractère. Il aimait provoquer pour voir où se situaient les limites. Il a commis des erreurs. Jamais de fautes. Son souci, c'est qu'il était amoureux du ballon. Forcément, ça agaçait. Quand Scholes n'en pouvait plus, il allait lui donner une leçon. Un petit tacle sauce "Scholesy"... et hop ! Leçon retenue ! Nous, on n'arrêtait pas de lui expliquer qu'il avait dix coéquipiers. Qu'il n'était pas seul sur le terrain. »

D'entrée, Cristiano Ronaldo énerve également ses adversaires. Chris Perry, le défenseur de Charlton, s'emporte après l'un des premiers matches de CR7 à MU : « C'est normal qu'il tombe une ou deux fois. Mais il s'est laissé tomber cinq ou six fois sans jamais être réprimandé. C'est peut-être habituel à l'étranger, mais si les médias et les fans font pression sur lui, il va changer. »

Rebelote en Ligue des champions, après un match perdu à Stuttgart. Le gardien allemand, Timo Hildebrand, ne digère pas la manière dont Ronaldo a obtenu le penalty de la réduction du score, transformé par Ruud Van Nistelrooy : « On m'avait prévenu que Ronaldo avait la réputation, en Angleterre, de simuler les fautes, et je dois dire qu'après le match de ce soir, je comprends pourquoi. Il a clairement plongé sur cette action du penalty. J'allais vers lui qu'il était déjà tombé au sol, l'arbitre s'est fait avoir. »

« On a dû le corriger pour qu'il arrête de tomber au moindre contact, avoue Mike Phelan. En Angleterre, ça ne passe pas. Il n'aimait pas qu'on le critique, mais il apprenait vite. » Dans ce domaine comme dans tous les autres, il peut compter sur l'appui d'Alex Ferguson, toujours là pour le soutenir face aux médias.

À ce soupçon longtemps présent d'obtenir plus de penalties et de coups francs qu'il ne subit réellement de fautes, il a rétorqué, dans une interview accordée à *L'Équipe* en 2008 : « Je ne suis pas d'accord avec ça. Si nous devons parler de "plongeurs", nous allons parler de tous les meilleurs joueurs du monde. Ce sont ceux qui sont les plus difficiles à arrêter, qui provoquent le plus de fautes. Donc, ils tombent plus que les autres. Le plus grand des héros aussi finit par tomber. Je suis habitué à ces critiques. Je continuerai à être le joueur que je suis, à gagner des titres individuels et collectifs. Ça me rend très fier, au-delà de ce que peuvent penser les gens. »

En fait, Cristiano Ronaldo était un précurseur. Une bonne quinzaine d'années plus tard, sa manière de provoquer les fautes, de s'écrouler au moindre contact, s'est répandue au commun des footballeurs professionnels. Et l'apparition du VAR, l'arbitrage vidéo, n'a fait qu'accentuer cette tendance : aujourd'hui, le moindre contact est une faute potentielle et il vaut souvent sanction.

32

AVEC SCOLARI, L'HISTOIRE N'AVAIT PAS SI BIEN COMMENCÉ

Quand il arrive en Seleçao, à l'été 2003, Cristiano Ronaldo vient de signer à Manchester United. Luiz Felipe Scolari, nommé quelques mois plus tôt à la tête de l'équipe du Portugal, nous explique : « On l'avait vu avec le Sporting Portugal et en équipes de jeunes. On savait qu'il avait une technique incroyable, qu'il allait vite, qu'il était puissant, virevoltant. Qu'il était capable d'être à la hauteur malgré son âge. Et on avait eu un très bon retour des responsables de la formation au Sporting. On a découvert un garçon qui n'avait peur de rien. Il ne va jamais rester face à un problème sans chercher à le résoudre. Tout ce qui vient face à lui, il va l'affronter, le dépasser et, surtout, travailler pour ça. »

Mais le Ronaldo qu'il découvre se caricature lui-même. À l'entraînement, où les anciens lui rappellent qu'il n'est pas obligé d'accélérer sans cesse pour un simple échauffement de tours de terrain. Et dans la vie sociale, avec cette casquette vissée en arrière même pendant les repas, les lunettes de soleil qui lui mangent le visage et les écouteurs à fond dans les oreilles. Sacré champion du monde avec le Brésil un an plus tôt, « Felipao » a la réputation d'être assez rigide sur ses principes. Il envoie assez vite un avertissement à son ailier, via cette phrase balancée aux journalistes : « C'est un bon gamin mais quelqu'un a dû lui dire qu'il était le meilleur joueur du monde. S'il croit ça, ce sera très difficile de travailler avec lui. »

En privé, il est plus amène : quelques minutes après la conférence de presse, le sélectionneur prend à part CR7 et lui explique qu'il sera un jour capitaine du Portugal s'il écoute ses conseils et ceux des grands anciens de la Seleçao, Rui Costa et surtout Luis Figo.

Le Brésilien nous le confirmera en juin 2020 : « Il est différent des autres dans beaucoup d'aspects. Déjà, humainement, il est particulier. Son humanisme, son goût pour aider les autres, pour aller vers les autres, on le voit très peu dans le football finalement. Il y a aussi sa psychologie, cet état d'esprit de se préparer toujours. Il s'investissait tellement à l'entraînement pour développer ses qualités qu'il fallait le freiner. Il travaille comme personne, et parfois on négociait avec lui : "Non, au lieu de faire cet exercice dix fois, tu le feras cinq fois", etc. Il est très, très professionnel. Pour un entraîneur, c'est formidable. Un joueur aussi doué et aussi motivé, on en profite. Il fallait parfois le préserver pour éviter qu'il se blesse. Mais sinon, c'est parfait parce qu'un tel élément inspire tout le monde, les coéquipiers comme les entraîneurs. Ça pousse à devenir encore meilleur. Et je n'ai jamais eu le moindre problème avec lui, je l'ai toujours vu très respectueux vis-à-vis des entraîneurs. »

Scolari est bien aidé par les derniers membres de la « génération dorée » encore en équipe nationale (Rui Costa, Figo, Fernando Couto), qui comprennent vite le bénéfice qu'ils peuvent tirer d'un tel phénomène s'ils le « gèrent » bien. « Ça lui a beaucoup apporté, clairement, continue Scolari. Il y avait des gens pour le mettre à l'aise, dans une situation de confort. Sur le terrain, il créait des situations que les autres ne pouvaient pas créer, et ils l'encourageaient à ça. On avait un groupe de grande qualité et il a été très bien accepté par tout le monde, également parce que c'est une personne simple, agréable. »

Comme toujours avec Ronaldo, il faut aller au-delà de ce masque d'arrogance qu'il porte pour se protéger du monde. « Il n'est rien de cela, assure le Brésilien. Ça, c'est l'image superficielle qu'on croit voir quand il joue ou quand il s'habille en mettant un peu de gomina. Mais c'était vraiment un jeune fantastique, respectueux, une sacrée personnalité. »

Avec Scolari comme avec l'immense majorité de ses entraîneurs et sélectionneurs, CR7 entretiendra une relation respectueuse, surtout quand le technicien adopte une posture paternaliste, comme Alex Ferguson à Manchester, Carlo Ancelotti au Real Madrid ou Fernando Santos en équipe nationale. Une constance qui ne surprend pas Laszlo Bölöni, son guide lors de ses premiers pas en pros. « Évidemment, quand il ratait un geste à l'entraînement, il n'aimait pas ça, a-t-il témoigné dans *France Football*. Quand je le remplaçais en cours de partie, il manifestait souvent de l'agacement aussi : pas contre moi, en tout cas je ne le ressentais pas ainsi, mais davantage envers lui-même. Et quand on perdait, il m'est arrivé de le voir pleurer dans le vestiaire. Mais à chaque fois qu'il était confronté à l'échec, ça ne durait jamais longtemps et cela ne semblait pas l'affecter. Il avait une telle force de caractère, une telle volonté d'y arriver et de gagner, et parfois même aussi un tel courage qu'il surmontait vite les déceptions, passait à autre chose et continuait d'avancer. Il était un peu sauvage et têtu aussi, mais avant tout très sûr de lui, très confiant dans ses qualités et très conscient de sa valeur. Ça n'avait pourtant rien à voir avec de l'arrogance, croyez-moi. Il savait simplement que c'est par le football qu'il s'en sortirait et il a tout fait pour réussir. Sa mentalité et son attitude étaient excellentes, c'était un compétiteur-né, il voulait gagner tout le temps, mais il respectait énormément le collectif et il sentait déjà comment se rendre utile à l'équipe. Il transmettait également beaucoup d'enthousiasme et de joie à travers son comportement, et à l'entraînement, il ne se donnait pas à 100 %, mais à 120 ou 150 %. Toujours. C'est l'une de ses grosses qualités. Jamais je ne l'ai vu traîner les pieds : au contraire, il fallait même le freiner par moments. C'était donc un réel plaisir de travailler avec lui. Et puis, là où le très bon joueur met six mois à comprendre et le joueur moyen deux ans, il ne lui fallait que deux semaines. Comme tous les joueurs d'exception.

Avec lui, je n'ai jamais connu un vrai conflit, jamais un retard, un coup tordu ou un souci important. Pourtant, quand il fallait lui enlever le ballon des pieds et l'envoyer à la salle de gym, ce n'était pas simple. Et puis, qu'est-ce que j'aurais bien pu lui reprocher ? De mettre trop de gel ou de porter un diamant à l'oreille ? »

33

L'EURO 2004, SON BOND EN AVANT

Neuf mois après ses débuts en équipe nationale, Cristiano Ronaldo fait partie des vingt-trois Portugais convoqués par Luiz Felipe Scolari pour disputer l'Euro 2004 à la maison. Pour l'ailier de Manchester United, c'est une délivrance, et c'est vraiment à la maison puisque la Seleçao a établi son camp de base à l'académie Sporting d'Alcochete, ce magnifique centre d'entraînement vieux de quelques mois, construit au sud du Tage, au milieu des chênes-lièges et des élevages taurins.

En équipe nationale, à 19 ans et quatre mois, CR7 est presque timide, en tout cas plutôt en retrait au sein d'un groupe où les grands anciens de la génération dorée côtoient les forces émergentes du FC Porto de José Mourinho, sacré champion d'Europe face à l'AS Monaco (3-0) quelques semaines plus tôt. En préparation, il entre en seconde mi-temps contre le Luxembourg, le 28 mai (3-0), à la place de Luis Figo, et pour les vingt dernières minutes du troisième et dernier match, le 5 juin face à la Lituanie (4-1). Des rencontres faciles qui rassurent le Portugal sur son potentiel, ou plutôt le leurrent. Car l'entrée du pays hôte dans « sa » compétition tourne au cauchemar : face à la Grèce, qui n'a jusqu'alors pas gagné un match de phase finale au cours de son histoire, la Seleçao s'écroule. Elle est menée 1-0 à la pause, après un but de Georgios Karagounis d'une frappe de plus de 20 mètres. Et, sur une de ses premières actions après son entrée en jeu, Cristiano Ronaldo commet une faute sur Giourkas Seitaridis dans la surface, qui provoque le penalty du 2-0, transformé par Angelos Basinas. Cette défaite contre la Grèce, la première d'un pays organisateur en ouverture d'un Euro, est aussi le début de sa belle histoire avec la Seleçao : dans le temps additionnel, il marque de la tête son premier but en équipe nationale.

Ce n'est pas exactement le match dont il rêvait, mais au moins il a créé des différences, apporté son dynamisme. Et s'il débute de nouveau sur le banc le deuxième match face à la Russie, il a déjà gagné un statut de remplaçant numéro un au niveau offensif. Après le succès (2-0) face à ce deuxième adversaire et une nouvelle entrée convaincante, la pression sur Luiz Felipe Scolari, qui a déjà déboulonné trois cadres après la défaite face à la Grèce (Fernando Couto, Rui Jorge, Rui Costa), augmente. Bobby Robson, dont l'aura a toujours été énorme au Portugal, assure avant la troisième partie, décisive, face à l'Espagne : « L'entraîneur du Portugal devrait aligner Cristiano Ronaldo d'entrée. Il a été bon deux fois, il a marqué un but et en a donné un autre. » C'est effectivement sur un de ses centres que Rui Costa a aggravé le score face aux Russes, réduits à dix avant la pause par l'expulsion injuste de leur gardien, Ovtchinnikov. Consultant pour la télévision nationale, José Mourinho appuie : « Cristiano Ronaldo est le meilleur attaquant portugais et il aurait dû commencer les matches depuis le début de cette phase finale. » Pour la rencontre suivante, Ronaldo est bien titulaire à la place du pâle Simao, le Portugal bat l'Espagne (1-0, but de Nuno Gomes) pour la première fois depuis 23 ans et suscite enfin l'enthousiasme. C'est le début d'une nouvelle histoire : le pays répond à l'appel de Luiz Felipe Scolari, les drapeaux portugais fleurissent maintenant partout aux fenêtres, un formidable élan accompagne d'un coup la *Seleçao de todos nos*. Ce match face à la Russie change la perception de l'équipe nationale dans un pays où, traditionnellement, on supporte son club davantage que la sélection. Et où le « clubisme » a longtemps gangréné les actions fédérales. Rappelons que lors du fameux Euro 1984, durant lequel le Portugal avait échoué en demi-finale face à la France de Michel Platini, c'est un trio d'entraîneurs qui gérait l'équipe, pour répartir les forces : un pour Benfica, un pour Porto, un pour le Sporting Portugal. Cette emprise ne s'atténuera qu'au cours des années 1990, mais c'est Scolari qui fait de la Seleçao une « famille », selon son expression, avec cette tradition d'une grande tablée réunissant joueurs et staff technique au sens large (dans les années 1980, les joueurs des trois grands mangeaient sur des tables différentes et, selon les périodes, s'adressaient plus ou moins la parole).

Avec Scolari, le rapport de forces s'inverse. Et Cristiano Ronaldo, parti à Manchester United après seulement une saison avec les pros au Sporting Portugal, incarne ce changement profond.

34

LA GRÈCE, CE CAILLOU DANS SA CHAUSSURE

Cet Euro 2004, pourtant, s'achèvera comme il avait commencé pour le Portugal, avec une défaite en finale contre le même adversaire qui l'avait refroidi lors du match d'ouverture, et un Cristiano Ronaldo en larmes, inconsolable. Mais cette défaite cruelle n'aura pas été vaine. Car après avoir battu le grand voisin espagnol en phase de groupes, la Seleçao a enchaîné sur une qualification arrachée à l'Angleterre, un soir où le stade de la Luz a bouilli comme jamais pour une autre équipe que son cher Benfica. Avant ce quart de finale, CR7 a donné le ton : « Nous n'avons pas peur de l'Angleterre ou de Wayne Rooney. »

Le but de Michael Owen, sur une action où Costinha prolonge malheureusement le ballon de la tête en faveur de l'attaquant anglais, plonge pourtant l'enceinte lisboète dans le silence absolu, d'entrée. Et les fans britanniques se demanderont longtemps ce qu'il serait advenu des espoirs portugais si Wayne Rooney, très entreprenant en début de rencontre, n'avait dû quitter la pelouse, victime d'une blessure à un métatarse.

Sans son meilleur attaquant, l'Angleterre reste à portée d'une équipe qui pousse, portée par un public ragaillardi de minute en minute. La pression sur le but de David James est suffocante quand le sélectionneur portugais ordonne le changement le plus osé de son mandat : à la 75e, il sort la légende et capitaine Luis Figo et non Cristiano Ronaldo. Un choix qui lui aurait sans doute coûté son poste en cas d'échec. Une décision qui peut sembler insensée puisque l'entrant s'appelle Helder Postiga, envoyé au front pour donner du poids à son attaque. L'avant-centre sort d'une saison totalement ratée à Tottenham, c'est pourtant lui qui relance tout, de la tête, à la 83e minute. De la tête, au milieu des colosses anglais (John Terry et Sol Campbell).

Dès lors, la folie s'empare d'un stade, d'une nation entière. À la 110e, Rui Costa donne l'avantage aux Portugais, mais l'Angleterre égalise par Frank Lampard à cinq minutes de la fin de la prolongation.

La séance de tirs au but est tout aussi étouffante. Quand Cristiano Ronaldo s'avance vers la cage pour la quatrième tentative de son équipe, il porte sur ses épaules une pression infernale. Il y a alors 3-2 et s'il échoue, l'Angleterre peut gagner son ticket pour la demi-finale dès le tireur suivant. Évidemment, il réussit, et si Ricardo, le gardien, est le héros de la soirée en stoppant à mains nues la tentative de Darius Vassell avant de marquer lui-même, la force de caractère de CR7 impressionne : « Je suis fier que Cristiano soit venu d'un endroit comme Santo Antonio et qu'il soit allé dans le plus grand club du monde, s'émeut son papa,

José Dinis. N'importe qui ne peut pas sortir d'un petit quartier de Funchal pour représenter un si grand club. »

En demi-finale, Ronaldo inscrit face aux Pays-Bas son deuxième but en Seleçao, dans « son » stade José Alvalade, toujours de la tête. Le Portugal se qualifie presque tranquillement (2-0). « C'est une sensation incroyable, quelque chose d'unique, reconnaît-il. Nous allons tout faire pour que ça se termine bien dimanche prochain. Mais nous devons avoir à l'esprit que dans 20, 30 ou 40 ans, les gens ne se souviendront que du vainqueur, pas du finaliste. »

En fait, il a tort, en partie. Le piège grec se referme sur le pays hôte, cette fois à l'heure de jeu, lors de la première incursion hellène dans la surface, sur un corner repris de la tête par Angelos Charisteas. Le Portugal pousse. Ronaldo, plus jeune joueur à disputer une finale d'Euro, obtient même à la 57e minute l'occasion d'égaliser, mais il est gêné par un coéquipier. Il n'a plus assez d'énergie pour tromper une équipe qui n'aime rien de mieux que défendre, encore et encore.

Les larmes du numéro 17 portugais émeuvent. Il a raté l'occasion unique de remporter un titre majeur sur ses terres, qui accueillaient pour la première fois une compétition de cette envergure. Il pense, alors, que le train ne repassera pas pour le Portugal, qui vient de disputer la première finale de son histoire. Et son été se poursuit sur une deuxième déception : Alex Ferguson et Manchester United s'opposent à sa convocation pour les jeux Olympiques, organisés à… Athènes. Maudite Grèce.

35

LE TSUNAMI DE DÉCEMBRE 2004 : RONALDO L'HUMANITAIRE

Le dimanche 26 décembre 2004, à 7 h 58, heure locale, un tremblement de terre de magnitude 9,3 se produit au large de l'Indonésie, déclenchant un tsunami dévastateur qui fait plus de 220 000 morts. La puissance du séisme (le plus important dans le monde depuis 1960) est telle que la terre se soulève, faisant surgir une vague qui dévaste, trente minutes plus tard, la province indonésienne d'Aceh, dans le nord de l'île de Sumatra. Ce sera la région la plus touchée, car à proximité immédiate de l'épicentre : des dizaines de villages sont rayés de la carte, la puissance de la secousse allant même jusqu'à déplacer des îles. Rien que sur la côte ouest de Sumatra, 131 000 personnes périssent. Au cœur du désastre, l'histoire du petit Martunis, 7 ans, émeut particulièrement Cristiano Ronaldo. Il a perdu sa maman et sa sœur dans la catastrophe, a survécu pendant dix-neuf jours sans nourriture à disposition. Il est retrouvé par miracle vêtu d'un maillot du Portugal floqué Rui Costa, et il est supporter de MU. Le club l'invite à un match à Old Trafford, la Fédération portugaise paye une nouvelle maison à Martunis et aux membres de sa famille qui ont survécu. En 2007, quand *News of the World* publie cette histoire et qu'il apprend que le petit garçon est fan de lui, Ronaldo avoue : « Je n'arrive même pas à imaginer ce qu'il a pu endurer pendant ces dix-neuf jours. Le foot, ce n'est rien, gagner un titre, ce n'est rien par rapport à ça. Martunis a été un véritable héros et il continue à l'être. » Ronaldo ira rencontrer Martunis à Banda Aceh, il passera une journée entière avec lui, puis le fera entrer dans l'école de foot de la fondation Real Madrid à Banda Aceh. Onze ans plus tard, le garçon rejoindra l'équipe U19 du Sporting.

Depuis cet épisode, il est connu comme « Martunis Ronaldo » sur les réseaux sociaux et a le statut officieux d'enfant adopté de Cristiano Ronaldo. « Les gens voudraient que je sois aussi bon au football que lui », sourit aujourd'hui le jeune adulte.

Depuis Martunis, Cristiano a beaucoup œuvré dans le domaine humanitaire, dans des actions pas toujours médiatisées, sur le long terme comme dans l'urgence, par exemple lorsque son île de Madère a été victime d'inondations catastrophiques en 2010 (43 morts). Dernière cause en date ? L'achat de masques et d'appareils respiratoires pour les hôpitaux portugais, lors de la pandémie de Covid-19. Il a enclenché, avec ses coéquipiers de la Seleçao, un mouvement de solidarité à hauteur de 5 millions d'euros.

36

LA MORT DU PAPA

Cristiano Ronaldo a participé malgré lui à l'illusion familiale. Longtemps, le clan Aveiro s'est complu dans l'idée que la réussite du fils adoré apporterait la rédemption. « Cristiano est riche, mon père pourrait aller dans une clinique privée et guérir », reconnaîtra Katia, sa sœur. En fait, José Dinis se laissera emporter par la maladie. Parce qu'il ne voulait pas s'en sortir, ou n'en avait pas la force. Ses derniers mois sont misérables. Malgré tous les efforts de Ronaldo pour le soustraire à l'addiction, son souhait de lui payer les cures dont il a besoin, il reste accroché à son île et à l'alcool. Dolores l'a quitté, il aurait même vendu un maillot porté par son fils pour s'acheter quelques bouteilles de plus. Son rein, son foie fonctionnent mal, il est hospitalisé deux mois à Funchal avant d'être envoyé dans une clinique de Londres où il décède, le 6 septembre 2005. Hugo, le fils aîné, lui-même soumis à l'époque aux affres de l'addiction, est à ses côtés. Pas Cristiano, qui se trouve en Russie. C'est la veille d'un match de qualifications à la Coupe du monde, le capitaine Luis Figo et le sélectionneur Luiz Felipe Scolari sont chargés de porter la nouvelle. « Tout le monde était sous le choc, moi le premier, nous a raconté l'ancien sélectionneur du Portugal, en juillet dernier. Mais il avait l'âge de mon fils, alors quand je suis allé le lui annoncer, je lui ai parlé comme un père à son fils. On a discuté pendant une quarantaine de minutes, il y a eu pas mal de larmes, de mon côté aussi, parce que ça me touchait terriblement qu'il affronte cela si jeune. On lui a donné la possibilité de rentrer directement au Portugal, évidemment. Il m'a répondu: "Non, je joue demain et après je rentre auprès de ma famille." C'était accessoire mais il a réalisé un de ses meilleurs matches en sélection (0-0, le 7 septembre 2005). Ça montre aussi à quel point il est un pro de la plus haute qualité. Évidemment, vivre un moment pareil nous a rapprochés, nous étions encore plus unis après ça. »

« Il a commencé à m'appeler "papa" ce jour-là », expliqua une autre fois Luiz Felipe Scolari. En Russie, CR7 réussit un match très satisfaisant. Le match suivant, il porte le brassard contre le Brésil, à Londres, et si le match lui-même n'est pas une réussite, son entraîneur peut annoncer, confiant, en conférence de presse : « Même s'il n'a que 20 ans, je peux vous dire que ce garçon sera le meilleur joueur de l'histoire du Portugal. »

À Manchester comme à Madrid, Cristiano vivra sous l'œil de ce père parti si tôt : des photos et des peintures de José Dinis seront affichées aux murs un peu partout dans ses maisons.

37

LE PASSAGE D'AILIER À ATTAQUANT

Cristiano Ronaldo s'est révélé au monde comme ailier droit, formidable provocateur capable de feinter la terre entière et d'ouvrir des espaces comme personne. Mais c'était en fait un passage éphémère dans ce couloir, comme l'a plusieurs fois expliqué Laszlo Bölöni, son premier entraîneur chez les pros, au Sporting Portugal : « Chez les jeunes, Cristiano jouait avant-centre et marquait but sur but. Mais comme il n'était pas encore prêt à affronter des défenseurs qui lui imposeraient un défi physique, l'obligeraient aussi à jouer dos en but et en remise, et rivaliseraient dans le jeu aérien – il y avait alors plein de stoppeurs brésiliens, solides, costauds et expérimentés dans le Championnat portugais – j'ai pensé qu'il serait préférable de le mettre sur un côté pour qu'il puisse développer ses qualités. Pas collé à la ligne, car ce n'est pas un ailier et il a besoin de beaucoup de liberté pour s'exprimer. Mais dans une zone où il serait amené à jouer plus souvent des un contre un et pas des un contre deux comme dans l'axe. Où il ferait face au jeu, donc, avec davantage d'espaces. Et où il pourrait apporter plus facilement la profondeur, exploiter sa vitesse et créer des différences. Son jeu, à la base, c'était d'abord provoquer, dribbler, percuter, accélérer et éliminer. Une feinte ou deux, et hop ! Derrière j'accélère. Sauf qu'il avait tendance à exagérer, à multiplier inutilement les passements de jambes ou les grigris, et qu'il pouvait parfois aussi se montrer un peu têtu. C'est tout cela qu'il a fallu gérer, discipliner et gommer, sans pour autant freiner sa créativité. Pour parvenir à trouver le juste équilibre, on était donc en permanence dans le compromis. D'un côté, il fallait lui faire comprendre et accepter la nécessité de se débarrasser de certains gestes superflus pour faire évoluer son jeu, car les adversaires avaient vite compris que si tu sortais sur lui, tu te faisais avoir à tous les coups. Mais de l'autre, il fallait encourager ses dribbles, ses prises de risque, ses initiatives, sa folie dans le jeu et son insouciance. Le contraire aurait été criminel... La première fois qu'il a débuté comme titulaire (le 7 octobre 2002 contre Moreirense), il jouait donc côté droit, avec Jardel avant-centre et Quaresma côté gauche. Et c'est comme ça que je l'ai utilisé par la suite. C'est comme ça aussi qu'Alex Ferguson l'a mis au début à Manchester. »

C'est au printemps 2007 que le manager écossais de MU commence à installer de nouveau Cristiano Ronaldo dans l'axe. Seulement par séquences, pour les grandes occasions, comme ce quart de finale de Ligue des champions contre l'AS Rome, où le Portugais étale sa complicité avec Wayne Rooney, qui revient défendre côté gauche quand CR7 reste dans l'axe après la perte de balle.

« Ce que nous essayons de faire, c'est de placer Rooney et Ronaldo plus souvent en position d'attaquants pour qu'ils puissent nous faire gagner les matches. Pour ça, nous utilisons l'intelligence et l'expérience de Keane et Scholes, et nous profitons aussi de la grande énergie dont disposent les joueurs jeunes – Rooney, Ronaldo et Fletcher », explique alors « Fergie ». Ce dernier repositionne Ronaldo d'abord dans un souci d'équilibre : le replacement aléatoire du Portugais est moins pénalisant dans l'axe que sur un côté, où un milieu devrait sans cesse venir compenser l'espace laissé libre devant le latéral. Cette nécessité de s'adapter, offensivement comme défensivement, au profil de CR7, constituera un défi pour tous ses entraîneurs. Ferguson à Manchester, mais aussi Maurizio Pellegrini ou José Mourinho à Madrid.

Le passage de Ronaldo du côté droit à l'aile gauche constituait, déjà, un renoncement. Une nécessité pour moins s'épuiser dans des actions individuelles et marquer plus, sa nouvelle obsession à partir de 2007. Une adaptation, aussi, au football moderne qui commande de passer par l'intérieur. Jusque-là il devait créer un décalage, une brèche dans le camp adverse. Désormais Ronaldo part de la gauche pour finir dans l'axe. Il navigue dans cet espace, à la fois désireux de se trouver dans la zone de finition et de rester dans cette aire de confort, puisqu'il rechigne aux rugueux combats physiques qui s'imposent aux avants-centres, comme l'avait prévu Carlos Queiroz, adjoint d'Alex Ferguson à Manchester United puis sélectionneur du Portugal.

L'Écossais ne pensait pas qu'il pourrait devenir un buteur. Carlos Queiroz, si : « Ce serait un gâchis de le fatiguer sur le côté. En vieillissant, je suis convaincu qu'il deviendra un vrai buteur, même s'il n'aime pas être le seul avant-centre. »

À mesure que ses jambes lui permettront de moins en moins d'être au départ et à l'arrivée des actions, il sera de plus en plus au centre. En équipe nationale, où Fernando Santos a installé un 4-4-2 à sa mesure lors de son arrivée en 2014. Et au Real Madrid, où l'attelage formé avec Karim Benzema a permis au collectif espagnol de trouver de la fluidité : d'abord sous Carlo Ancelotti, quand l'hyperactivité d'Angel Di Maria au milieu rééquilibrait l'ensemble ; puis sous Zinédine Zidane, quand les coéquipiers de Sergio Ramos attaquaient souvent dans un 4-3-3 théorique mais se repliaient en 4-4-2.

Toujours libre mais mieux connecté au collectif à mesure qu'il prenait de l'expérience, Ronaldo a davantage marqué après la trentaine qu'avant. Il a toujours moins dribblé, aussi. Le CR7 d'aujourd'hui n'est plus du tout le chien fou des années Sporting, encore moins le « poney de cirque » raillé par certains lors de ses débuts à MU. Il s'est réinventé pour rester au sommet, où il se promène depuis plus de quinze ans maintenant.

38

ROONEY ET LUI, L'ORAGE DE 2006

La Coupe du monde 2006 aurait pu marquer une rupture dans son histoire avec Manchester United. En quart de finale, le Portugal affronte l'Angleterre. Au tour précédent, il est sorti vainqueur in extremis de la « bataille de Nuremberg », un des matches les plus détestables de l'histoire de l'épreuve, achevé sur un résultat de 1-0. Mais le score qu'on retient, c'est la distribution par l'arbitre de la rencontre, Valentin Ivanov, de vingt cartons : seize jaunes (neuf pour le Portugal, sept pour les Pays-Bas) et quatre rouges (deux pour chacune des équipes), un record en Coupe du monde. L'affrontement avec l'équipe aux trois lions est tendu, lui aussi, particulièrement à l'heure de jeu. « Ça a l'air plus méchant que ça ne l'est réellement », dira Wayne Rooney à propos de son geste du pied vers l'entrejambe de Ricardo Carvalho. L'attaquant s'excuse mais Cristiano Ronaldo sprinte vers l'arbitre, Horacio Elizondo, réclamant la sanction qui s'impose pour son coéquipier de Manchester. L'arbitre obtempère : Wazza écope d'un carton rouge.

Après l'incident, les caméras montrent Ronaldo effectuant un clin d'œil en direction de son banc. « Mission accomplie », sous-titrent immédiatement médias et supporters anglais. Peu importe si, en première période, Rooney a aussi demandé une sanction pour son coéquipier de club, coupable de s'écrouler au sol trop facilement : « J'ai réclamé un carton jaune pour Ronaldo en disant qu'il plongeait. Ce que j'ai fait est aussi méchant que ce qu'il a fait. » Peu importe si Cristiano a justifié son clin d'œil : « Ils (les membres du staff) m'ont dit de continuer à attaquer pour profiter de notre supériorité numérique. C'était juste une façon de dire que j'avais compris la consigne. »

Aux tirs au but, Ricardo stoppe trois tentatives adverses (Lampard, Gerrard et Beckham), une performance encore jamais vue dans l'épreuve, qui décuple la colère des tabloïds. Luiz Felipe Scolari élimine pour la troisième fois Sven-Göran Eriksson, après la Coupe du monde 2002 avec le Brésil, et l'Euro 2004 avec le Portugal, déjà. Évidemment, c'est Ronaldo qui inscrit le tir au but de la qualification, célébré les mains portées vers le ciel en hommage à son père.

Alex Ferguson comprend illico qu'il doit éteindre l'incendie. « L'arbitre allait de toute façon expulser Rooney. Mais l'intervention de Ronaldo n'a pas arrangé les choses [...] Ronaldo regrette ce qu'il a fait. » De fait, les deux protagonistes échangent dès la fin du match dans les couloirs du stade de Gelsenkirchen, sous le patronage de Rio Ferdinand.

Tout le monde, alors, a conscience de l'orage qui gronde. Dans les semaines qui suivent, les tee-shirts « I hate Ronaldo » se vendent par milliers, les courriers vengeurs arrivent par centaines dans sa boîte aux lettres d'Alderley Edge. Ronaldo lui-même s'interroge. Doit-il continuer à Manchester ?

Alan Shearer, l'ancien capitaine de l'Angleterre, consultant pour la BBC, prévient : « Il y a de grandes chances qu'il (Rooney) lui en mette une bonne à la reprise de l'entraînement de Manchester. »

Après la rencontre, l'intéressé passe de la provocation à l'apaisement au fil de ses déclarations : « Je ne me sens pas peiné pour Rooney. Pourquoi devrais-je l'être ? C'est d'abord l'heure de fêter notre qualification. J'ai juste dit à l'arbitre qu'il y avait faute. Je n'ai jamais réclamé un carton rouge, même si je sais que la presse anglaise va dire que je suis responsable. » Le lendemain, ses chargés de communication assurent que Rooney lui a même souhaité bonne chance par SMS pour la suite du tournoi… « Ce qui s'est dit est incroyable ! Il n'y a aucun problème avec Wayne et il m'a conseillé d'ignorer ce que racontaient les journaux anglais. On raconte que je ne veux pas retourner à Manchester, c'est complètement faux. Je veux toujours y jouer. »

En 2007, dans le magazine *L'Équipe*, il dira : « Après le match et son expulsion méritée, on s'est retrouvés. Il est venu vers moi et m'a dit : "Cristiano, bien joué. Vous avez fait un bon match, vous avez une super équipe, je te souhaite bonne chance pour la suite !" Dans les jours qui ont suivi, on s'est envoyé des textos. Pareil pendant les vacances. Comme des potes. Pendant ce temps-là, on entendait que Rooney était fâché contre moi, qu'il allait "m'accueillir" au retour, des trucs de journaux. Ma relation avec Wayne, c'est le contraire de tout ça. Top. »

Ces fameuses vacances, Ronaldo les passe avec Jorge Mendes, qui milite pour son maintien à MU, persuadé que l'histoire n'est pas finie. Alex Ferguson se déplace pour dîner avec son numéro 7 en Algarve, lui rappelle le calvaire subi par David Beckham, honni un temps par toute l'Angleterre après son expulsion face à l'Argentine, lors de la Coupe du monde 1998, redevenu l'idole d'Old Trafford quelques mois plus tard.

Le manager titille l'orgueil du champion, il profite du scandale pour unir son vestiaire autour de l'idée que le monde entier en veut à Manchester. Ronaldo déclare publiquement, à quelques jours de la reprise : « Je n'ai aucune raison de quitter un club qui m'a toujours soutenu. »

La paire Ronaldo-Rooney sera la base des succès futurs de Manchester, qui attaque la saison sur un rythme incroyable. Pendant les six premiers mois, l'attelage Giggs-Ronaldo-Rooney-Saha rend l'armada mancunienne quasi injouable, et le public se lasse vite des quolibets anti-Ronaldo, tant son entente avec « Wazza » est évidente sur le terrain. CR7 sort plus costaud que jamais de cet épisode. Il dira, plus tard : « Après ce qu'il s'est passé avec Rooney, plus rien ne me surprend. Les gens me parlent à l'aéroport et à l'hôtel, et semblent vraiment m'aimer. Et puis, pendant le match, je suis le diable et ils passent leur temps à m'insulter. J'ai l'habitude, mais parfois, bon… Je me dis qu'ils ne font ça qu'avec les bons joueurs. »

39

LA COUPE DU MONDE 2006, CETTE FRUSTRATION

Cristiano Ronaldo et son illustre homonyme n'ont jamais été aussi près de s'affronter sur une pelouse que lors de cette Coupe du monde 2006 en Allemagne, la seule phase finale qu'ils disputent tous les deux. Au début de l'épreuve, d'ailleurs, c'est du Brésilien Ronaldo qu'il est avant tout question : champion du monde en titre et astre de la précédente édition, le Madrilène espère un troisième sacre planétaire qui en ferait l'égal de Pelé. Lors du dernier match du premier tour, il dépasse d'ailleurs ce dernier et Just Fontaine au nombre de buts marqués. Cinq jours plus tard, contre le Ghana en huitième de finale, il dépasse Gerd Müller : le double Ballon d'or devient le meilleur buteur de l'histoire de la Coupe du monde (15 buts). Il a perdu cinq kilos pendant la préparation et semble en forme ascendante, capable de répéter ses exploits de 2002, quand il avait scoré à huit reprises. Lors des deux premières rencontres, il a été très moyen. En ouverture, face à la Croatie (1-0), il est même sorti sous les sifflets du stade olympique de Berlin. Mais il progresse, et le Brésil aligne un quatuor offensif impressionnant avec Kaka, Ronaldinho, Ronaldo et Adriano (ou Robinho). Avant de croiser l'autre Ronaldo, il doit juste écarter la France de son partenaire madrilène Zinédine Zidane, en quart de finale.

C'est un autre Brésilien du Real, Roberto Carlos, qui provoque indirectement la chute en relaçant sa chaussure au moment où Zinédine Zidane déclenche le coup franc fatal, repris par Thierry Henry. En demi-finale, la France retrouvera le Portugal. Comme lors des Euros 1984 et 2000.

Pour atteindre le dernier carré, la Seleçao a écarté l'Angleterre dans les conditions qu'on connaît (voir chapitre précédent). Elle a bien négocié son premier rendez-vous de l'épreuve face à l'Angola, son ancienne colonie. Un match chargé d'Histoire et d'histoires, quatre ans et demi après des retrouvailles incandescentes au stade José Alvalade de Lisbonne, en novembre 2001. Au bout de 68 minutes, la rencontre avait été interrompue par l'arbitre français : il n'y avait plus assez d'Angolais sur le terrain. « Je n'ai pas compris pourquoi cela s'est envenimé comme cela, car avant la rencontre, rien ne laissait présager un tel déferlement », avait témoigné Pascal Garibian dans les colonnes de *L'Équipe*. Mendonça avait donné l'avantage à l'Angola alors que la première minute n'était pas encore achevée. Mais, dès la 13e minute, un premier gros incident avait fait tout déraper : Asha avait séché Pauleta, qui s'était relevé vivement avant d'en rajouter. L'altercation avait valu un carton jaune à chacun. Quatre minutes plus tard, le défenseur angolais s'était attaqué à Figo. Second carton jaune. À partir de cet instant, l'arbitre avait tenté comme il pouvait de maintenir un semblant d'ordre. Peine perdue. Wilson, hors de lui, avait été averti pour avoir contesté très vivement les décisions de l'homme en noir. Cent vingt secondes plus tard, il avait récidivé et récolté un rouge. Dans la foulée, Franklin avait agressé Joao Pinto : exclusion directe. Le match avait débuté depuis vingt-huit minutes, et il n'y avait plus que huit joueurs d'un côté contre onze en face. Entre-temps, Figo avait égalisé, et le match avait perdu tout sens commun. « Les Angolais ne voulaient plus entendre raison, explique Pascal Garibian. Manifestement, les discours ne portaient pas. J'ai expulsé rapidement trois joueurs, et pourtant j'ai fait le tri ! En compétition officielle, cela aurait pu être plus rapide. » L'aspect symbolique de ce match avait réveillé, au moins chez certains joueurs angolais, de profondes douleurs enfouies. L'Angola a longtemps été au Portugal ce que l'Algérie était à la France. Une colonie phare, un emblème que l'Estado Novo de Salazar se refusa à évacuer, plongeant le pays dans une guerre coloniale qui se prolongea un an et demi au-delà de la révolution des Œillets. Puis dans la guerre civile. Sur le terrain, le Portugal menait 3-1 quand Mario Calado, le sélectionneur angolais, attendit la 60e minute pour sortir cinq éléments d'un coup, après un premier changement au repos. Funeste erreur. À force d'empiler les buts (Nuno Gomes inscrivit le cinquième à la 63e), les coéquipiers de Figo finirent d'user les nerfs adverses. À la 64e minute, Neto récolta son second avertissement. Il ne restait que sept Angolais sur la pelouse. En Championnat de France, la partie aurait été stoppée, pas au niveau international, où on peut aller jusqu'à cinq expulsés. Ce n'était qu'un répit. Car bientôt Helder Vicente se blessa. Comme l'Angola n'avait plus la possibilité d'effectuer le moindre remplacement, la partie s'acheva là, à la 69e minute, dans une confusion totale. Le feu d'artifice final fut évidemment annulé.

Ce précédent douloureux est encore dans toutes les têtes, en 2006, au coup d'envoi d'Angola-Portugal, qui est aussi la première apparition des « Palancas negras » en Coupe du monde. La rencontre se déroule heureusement sans accroc. Le Portugal, invaincu depuis quatorze matches, s'impose 1-0, sur un but de Pedro Miguel Pauleta, son 47e et dernier en équipe nationale. Ronaldo reçoit la note 6 dans *L'Équipe*, la même qu'au match suivant contre l'Iran, durant lequel il marque sur penalty. Ali Daei, son futur concurrent pour le record du nombre de buts en équipe nationale, reste sur le banc durant l'intégralité de la confrontation. Mais ce qui compte alors, c'est un fait : pour la première fois depuis quarante ans, le Portugal atteint le deuxième tour d'une Coupe du monde. Cristiano Ronaldo ne participe pas au troisième match de groupe, sans enjeu, gagné face au Mexique (2-1). Le Portugal finit premier de son groupe. Il a gagné le droit de retrouver les Pays-Bas, l'adversaire qu'il a vaincu en demi-finale de l'Euro, deux ans plus tôt.

40

LA BATAILLE DE NUREMBERG, LA DÉFAITE DE MUNICH

« Rouge de honte », titre *L'Équipe* du 26 juin 2006, au lendemain du huitième de finale de Coupe du monde entre les Pays-Bas et le Portugal. Ce jour-là, pourtant, veille du huitième de finale entre la France et l'Espagne, c'est l'actualité des Bleus qui occupe les esprits et nos colonnes, sur cinq pages entières du grand format de l'époque. Mais l'affrontement entre la sélection de Marco Van Basten et celle de Luiz Felipe Scolari en a vraiment été un. Âpre, violent par instants, terrible pour l'image du football. Un match qui restera connu comme la « bataille de Nuremberg », d'abord en raison du bilan brut(e) : quatre expulsions, seize avertissements distribués par l'arbitre. Valentin Ivanov, qui avait déjà distribué onze cartons jaunes et trois rouges lors de la finale retour de la Coupe Intertoto Marseille-La Corogne (5-1), le 24 août 2005, est certes un habitué. Et il a objectivement perdu la partie. Mais les joueurs l'ont bien aidé, en cette soirée détestable.

En s'attaquant d'entrée à Cristiano Ronaldo, les Néerlandais espéraient faire craquer la perle portugaise, qui s'était montrée nerveuse les mois précédents sur de nombreux terrains. Sur son premier dribble, Ronaldo est attrapé par-derrière par Mark Van Bommel, sanctionné d'un carton jaune. CR7 comprend qu'il est ciblé. Les Néerlandais espèrent faire craquer le joueur le plus déséquilibrant du Portugal, celui qui est considéré comme le plus fragile mentalement. Lors du deuxième duel, il est attaqué crampons en avant par Khalid Boulahrouz, qui récolte également un avertissement pour un acte qui valait le rouge (sa semelle a fini sur la cuisse de l'ailier). L'arrière droit était la doublure de Heitinga en début de Mondial, mais il a brillé lors du troisième match de groupe contre l'Argentine, et a donc été maintenu. Il est le « déclencheur » des hostilités : Ronaldo doit sortir sur blessure à la 34e minute. Il a juste eu le temps de lancer l'action du but de Maniche en provoquant le décalage pour Deco. Dès lors, le sentiment d'injustice devient le moteur des Portugais, qui ont l'impression de revivre le cauchemar vécu par les Girondins en 1988, en quart de finale de la Coupe d'Europe (une agression préméditée de Gilhaus sur Tigana avait « éliminé » l'international français du match). La blessure de Ronaldo avérée, chaque coup de sifflet devient sujet à interprétation, viciant l'atmosphère d'une partie finalement pas si heurtée au sens statistique du terme, puisque vingt-cinq fautes seulement sont comptabilisées, ce qui est bien en dessous de la moyenne des rencontres de ce niveau.

La suite, donc, est une parodie : Da Costa expulsé pour une main volontaire (second jaune) à la 45e+1 ;

puis Deco à la 78e, pour avoir trop vivement réagi à une provocation. Pour les Pays-Bas, c'est Boulahrouz (63e, second avertissement) qui rétablit provisoirement l'équilibre, suivi par Van Bronckhorst (90e+ 5, second avertissement) dans le temps additionnel.

À dix contre onze pendant dix-huit minutes, puis à neuf contre dix pendant dix-huit nouvelles minutes, la Seleçao résiste jusqu'au bout. Et elle passe. Comme elle passera aux tirs au but face à l'Angleterre au tour suivant, gagnant le droit d'affronter les Bleus en demi-finale, à Munich.

À l'Allianz Arena, Cristiano Ronaldo est accueilli par des sifflets nourris à chaque fois qu'il touche le ballon : de nombreux supporters anglais qui avaient acheté leur billet à l'avance sont présents en tribunes et n'ont pas digéré l'expulsion de Wayne Rooney, provoquée selon eux par l'attitude de l'ailier de Manchester United.

Cela ne le perturbe pas. Cristiano réussit une première période de haut niveau : malgré les prises de risque constantes qui sont alors constitutives de son jeu, il perd son premier ballon à la 41e minute seulement, deux minutes après avoir infligé un magnifique petit pont à Willy Sagnol. En seconde période, il se complaît davantage dans la provocation mais fait passer le plus gros frisson sur les nuques françaises sur un coup franc surpuissant (77e). Pas assez pour atteindre la finale. Comme lors des Euros 1984 et 2000, le Portugal bute sur l'obstacle bleu, et se retrouve convoqué pour la petite finale, à Stuttgart, face à l'Allemagne et à celui qui a été désigné meilleur jeune de la compétition, Lukas Podolski. C'est la dernière apparition en équipe nationale de Luis Figo et Oliver Kahn. Cristiano Ronaldo ne marque pas mais, durant ce mois de compétition, il a clairement pris date, comme le prédit Luiz Felipe Scolari : « D'ici à la prochaine Coupe du monde, Cristiano deviendra l'un des tout meilleurs joueurs de la planète. »

41

RONALDO ET LE VESTIAIRE DE MU

Comment le vestiaire de Manchester United, repaire de gros caractères repus de succès, vainqueurs notamment de la Ligue des champions 1999, allait-il accueillir le très jeune Cristiano Ronaldo, recruté à 18 ans pour 17 millions d'euros, une somme presque indécente, à l'époque, pour un si jeune joueur ? Roy Keane, dans sa biographie, en donne une vision éclairante : « Il était beau gosse et il le savait. Il était musclé. On peut penser qu'il était vaniteux quand il se contemplait devant le miroir. Mais quand je le regardais, je me disais : "Tant mieux pour toi." Quand je regardais d'autres gars devant le miroir, je pensais : "Quels connards." Ronaldo, lui, avait une certaine innocence et une vraie gentillesse. Je ne crois pas que ça l'ait distrait ou qu'il ait un jour plus pensé à son look qu'au match. J'ai toujours eu l'impression qu'il aimait le football plus que tout. »

Dans le monde très fermé des clubs anglais, où les centres d'entraînement sont interdits à toute personne extérieure, les journalistes en premier lieu, les informations qui en sortent peuvent être sujettes à caution. Il en va ainsi de la dispute entre Cristiano Ronaldo et Alan Smith, après un nul décevant à Craven Cottage, contre Fulham. « Je n'ai jamais eu le moindre problème avec aucun de mes partenaires, contestera le Portugais. Il ne s'est rien passé après Fulham. J'admets qu'à la fin du match, nous étions énervés parce que nous les avions laissés nous rejoindre alors que nous contrôlions le match, mais tous les joueurs étaient dans le même état. »

Comme au Sporting, Cristiano Ronaldo sait se fondre au sein du groupe. Conscient, aussi, de pouvoir compter sur une protection suprême. Après un match à Everton, Alex Ferguson déclare : « Le petit Ronaldo est un joueur fantastique. Il persiste, n'abandonne jamais. Je ne sais pas combien de fautes il a subies. Mais il se relève et demande encore le ballon, c'est vraiment un joueur fabuleux. »

Toujours dans sa bio, Roy Keane abonde : « J'ai toujours apprécié ce gamin. Il avait une certaine présence et un bon état d'esprit. Après les premiers jours à le voir s'entraîner, je me suis dit qu'il allait devenir l'un des tout meilleurs joueurs du monde. Je ne l'ai pas dit publiquement parce que j'ai toujours peur que ça porte préjudice à un si jeune joueur. Il avait l'allure, le langage corporel… un peu d'arrogance aussi. C'était l'un des joueurs qui bossaient le plus à United. »

En fait, Cristiano Ronaldo finira bien par se battre avec un coéquipier. Lors de la saison 2005-2006, l'attaquant néerlandais Ruud Van Nistelrooy est moins prolifique et trouve vite une excuse : s'il marque moins, c'est parce que les ballons, monopolisés par les dribbles de CR7, arrivent moins vite dans la surface qu'avant, lorsque David Beckham distillait ses centres en première intention, tel un quarterback de football américain.

Il s'énerve régulièrement quand le Portugais s'enferre dans ses actions individuelles. Quelques jours avant la fin de saison, à l'entraînement, les deux hommes s'attrapent et l'aîné a la maladresse de suggérer à son adversaire d'aller pleurer dans les bras de son père. Le Néerlandais pense sans doute plus à Alex Ferguson qu'au papa de Cristiano Ronaldo, José Dinis, décédé quelques semaines plus tôt. Mais c'est la phrase de trop. Il faut séparer les deux hommes et sévir. Le match suivant est aussi le dernier de la saison de Premier League, et Alex Ferguson tranche : Ruud Van Nistelrooy ne figure pas dans le groupe. Il ne jouera plus pour MU. Dans les semaines qui suivent, il sera transféré au Real Madrid, où il sera de nouveau poussé vers la sortie par les arrivées concomitantes de Karim Benzema et Cristiano Ronaldo, en 2009.

Alex Ferguson a pris la défense de Cristiano sur ce coup-là et à d'autres occasions parce qu'il sait le sens de l'histoire, qui pousse à l'émergence du duo Ronaldo-Rooney. Mais aussi parce que le Portugais, sous ses airs de diva, colle sans doute mieux aux valeurs du club que le Néerlandais.

« Physiquement, il a vite compris qu'il devait se charpenter, expliquait Mike Phelan, l'adjoint de Ferguson, au magazine *L'Équipe* en 2016. Alors il s'est mis à bosser.

Sans cesse. À l'entraînement, en salle de gym, chez lui. On devait même faire attention pour qu'il n'en fasse pas trop. Mais le garçon se connaît bien. Jamais blessé. Une hygiène de vie impeccable. Regardez-le à 31 ans. Incroyable. Il voulait devenir le meilleur. Nous étions un instrument dans sa quête d'exception. Il n'avait peur de rien ni de personne. Quand, après le Mondial 2006, il est revenu après l'incident où il avait provoqué l'expulsion de Rooney (lors d'un Portugal-Angleterre), il a assumé. Malgré la férocité des fans adverses et des médias, il a répondu... En fait, il aimait ça. Ça concentrait l'attention sur lui. C'est son truc. Aujourd'hui, quand il sait que sir Alex vient à un de ses matches, il fait tout pour aller le saluer, même si c'est un soir où le Real vient de perdre face au Barça. Cristiano est un type bien. »

C'est en tout cas la trace qu'il a laissée dans le nord de l'Angleterre.

42

LE 1ER AVRIL 2008, À ROME, IL DEVIENT UN EXTRATERRESTRE

La saison 2007-2008 est celle d'une profonde mutation pour Ronaldo, qui n'évolue plus systématiquement dans le couloir droit, est parfois aligné à gauche et même, lors des grands rendez-vous, plein axe. Cela l'extirpe de sa zone de confort, mais ainsi Manchester United garde son équilibre en phase défensive. Le Portugais n'est pas astreint à de longues courses vers son camp pour aider son latéral, un exercice qu'il n'a jamais goûté. Ce nouveau rôle accélère sa transition de footballeur moins clinquant mais plus clinique, porté par une condition physique inégalable. Aux yeux des supporters anglais, le 1er avril 2008 est une date inoubliable. Un an plus tôt, Manchester United avait déjà croisé l'AS Rome en quart de finale de la Ligue des champions. Ronaldo avait été insolent d'aisance à l'aller (1-2) et au retour (7-1), dans ce rôle de faux avant-centre où son entente avec Wayne Rooney avait créé des différences énormes.

Ce 1er avril 2008, donc, la mi-temps approche quand Paul Scholes déclenche un centre qui semble se diriger vers une zone où aucun Mancunien ne traîne. Et là, Ronaldo surgit. « Il s'est élancé pour sauter, les muscles de son cou étaient tous tendus », se souvient Wayne Rooney dans son autobiographie. « Je n'ai jamais vu quelqu'un voler comme ça. Il n'est même pas dans le cadre de l'écran et d'un coup on le voit débouler, cogner le ballon, et c'est au fond », résume Mike Phelan. Ce but, c'est la récompense des heures de travail physique pour améliorer sa vitesse, sa détente, sa force, son explosivité. À l'époque, CR7 saute à 78 cm de haut. Loin de Michael Jordan (qui pouvait atteindre 120 cm), mais 8 cm de plus que la moyenne des joueurs NBA ! Et, comme avec l'ancienne star des Chicago Bulls, cette sensation qu'il reste en l'air plus longtemps que les autres, grâce à son gainage. Ce but d'exception, le 36e cette saison-là, le fait entrer dans une nouvelle catégorie. « C'est une des plus belles têtes que j'aie vues. Un but à la Alan Shearer », complimente Wayne Rooney ce soir-là. « Un coup de tête fantastique qui a changé le match », résume Alex Ferguson.

Sur l'ensemble de la saison 2007-2008, Cristiano Ronaldo inscrira en tout 42 buts, dont 9 de la tête, alors qu'il n'a mis le premier que fin septembre et que, peu après son exploit du Stade olympique, une cheville douloureuse va gâcher ses deux derniers mois de compétition, disputés sous anti-inflammatoires.

Au lendemain de la victoire à Rome, Sébastien Tarrago, envoyé spécial de *L'Équipe*, commente ainsi son récital : « Ferguson dit qu'il mérite le Ballon d'or. Rien ne résiste en ce moment à son numéro 7. Positionné avant-centre, il provoqua sans arrêt les fautes romaines. Sur son premier ballon exploitable, il s'éleva plus haut que Cassetti pour inscrire, d'une tête aux 6 mètres, son septième but en huit matches de Ligue des champions, mais surtout son 36e de la saison. D'une frappe sur le poteau, il manqua d'enfoncer un peu plus les Giallorossi (68e). Sa volée à la Van Basten, tentée en fin de match, témoigne de la confiance qui l'habite. »

« Ronaldo ? Tout ce qu'il entreprend, il le réussit, témoigne Patrice Evra. Il est dans un moment de gloire. »

Le matin de la rencontre, toujours dans *L'Équipe*, Raynald Denoueix, l'ancien entraîneur de Nantes, a annoncé la mue de CR7 dans sa chronique : « En un an, Manchester United a plus que confirmé son potentiel. Il y a évidemment Cristiano Ronaldo. Lors de l'Euro 2004, par exemple, on voyait ses copains qui voulaient parfois lui mettre des claques au bout de deux ou trois dribbles. Maintenant, il a pris conscience du collectif. Il joue juste, efficace. Avant, tu savais qu'il allait garder le ballon, ça donnait presque du temps au défenseur. Maintenant, c'est beaucoup plus difficile de "l'agresser". »

Ronaldo est devenu un immense joueur. Si important qu'il est sur le banc et n'entre pas en jeu au retour, préservé pour les rendez-vous futurs.

43

UN MONSTRE DE TRAVAIL PHYSIQUE...

Le physique est une des obsessions de Cristiano Ronaldo, depuis toujours : « Petit, j'étais très maigre, je n'avais aucun muscle, alors j'ai pris une décision à l'âge de 11 ans. Je savais que j'avais plus de talent que d'autres, alors j'ai décidé que j'allais travailler beaucoup plus dur qu'eux. Je suis devenu plus fort et plus rapide. » C'est l'époque où les voisins de Quinta do Falcao voient courir le préadolescent sur les collines de l'archipel, des poids autour des chevilles. « On se disait tous : “Mais c'est qui, ce taré ?” », sourira des années plus tard Joel Santos, ancien pro du Maritimo Funchal qui reprendra le café où la famille Aveiro a, historiquement, ses habitudes.

Le 18 décembre 2019, quand Ronaldo a marqué avec la Juventus Turin contre la Sampdoria Gênes, il avait la tête à 256 cm du sol. Pas tout à fait à la hauteur des 293 cm enregistrés lors de la saison 2012-2013, mais quand même ! Ce jour-là, en voltigeant très au-dessus de son défenseur, il a rappelé à l'Italie que le footballeur d'exception était d'abord un athlète incroyable. Il y a la génétique, d'abord, qui permet à Ronaldo d'être rapide, endurant, explosif. Mais il y a surtout ce travail presque insensé qui lui permet de rester, à 36 ans, une référence.

Cela fait maintenant vingt-cinq ans que Cristiano Ronaldo modèle son corps à la mesure de ses ambitions. Frénétiquement. L'obsession de la musculation a débuté à Madère, donc. Mais ensuite, tous les clubs qu'il a fréquentés ont appris à composer avec cette manière si absolue d'appréhender son métier. Miguel Paixao, son compère des années de formation au Sporting Portugal, a témoigné en 2005 dans *Publico* : « Dans la rue, il mesurait sa vitesse par rapport aux voitures arrêtées au feu rouge. Il voulait savoir qui était le plus rapide au démarrage. »

Hugo Pina, qui est arrivé au centre de formation quand CR7 avait 14 ans (lui en avait un de plus), raconte dans la biographie signée Guillem Balague : « Il s'entraînait tout seul pour devenir aussi rapide que Thierry Henry : "Laissez-moi deux semaines et je serai aussi rapide que lui." Il y avait un Brésilien, au Sporting, Andres Cruz, qui avait une masse musculaire incroyable. Cristiano l'avait vu soulever 90 ou 95 kilos et avait dit : "Je vais arriver à soulever 90." Son état d'esprit, c'est : "S'il peut le faire, alors moi aussi." Il se réveillait en pleine nuit pour aller à la salle de sport, deux à trois fois par semaine. Il y allait seul ou avec deux ou trois amis. Ils sautaient une barrière, passaient par le toit et entraient par une fenêtre. Il pensait qu'il était trop maigre, alors il faisait de la musculation et courait quarante minutes sur le tapis. Il se faisait prendre très souvent mais il y retournait toujours [...] Ils ont fini par cadenasser la salle. Il me disait : "Quand j'aurai une maison, le premier truc que je ferai, c'est d'installer une salle de musculation." Je crois que personne d'autre au monde ne penserait à ça en premier. »

Valter Di Salvo, préparateur physique à MU, rappelle le facteur génétique du phénomène : « Il peut remercier ses parents. Il a des fibres musculaires à contraction rapide, et ça vient d'eux. Ça ne s'obtient pas en s'entraînant. Il a développé son corps comme un athlète, pas comme un footballeur habituel. Il a des capacités physiques incroyables et de grands talents techniques et tactiques. Si vous ajoutez à cela sa force mentale, vous avez les quatre raisons qui le rendent unique. »

Il y a une part de narcissisme dans cette quête du corps parfait, et ses partenaires de Manchester United avaient noté que Ronaldo s'était installé, dans le vestiaire, pile en face d'une glace où il ne manquait jamais d'inspecter son allure. Ronaldo voulait faire beau. Mais il voulait faire efficace, aussi. « Cette question de la condition physique revenait toujours, reconnaît Leonel Pontes, son tuteur au Sporting Portugal. Il voulait s'améliorer, avoir comme les joueurs plus anciens que lui davantage de pectoraux, des bras plus musclés. » À l'époque, Ronaldo se faufile donc en douce jusqu'à la salle de sport du club, la nuit, pour faire des exercices que ses entraîneurs lui déconseillent. « Avec Laszlo Bölöni, quand on lui disait de faire deux, il faisait quatre, si c'était un, il faisait deux, etc., ajoute Joao Couto, son dernier entraîneur au Sporting avant l'entrée chez les pros. Quand il "descendait" avec moi, il disait qu'il n'avait pas fait de musculation avec les pros, et quand il remontait chez les pros, il leur disait la même chose... On essayait de le freiner, mais il voulait toujours s'entraîner plus que ce que l'on demandait. Il n'était pas raisonnable. Mais la réalité, c'est que c'est un phénomène physique et génétique. »

À Manchester, la légende des 3 000 pompes quotidiennes a eu la vie dure, et cela s'explique : il attaque avec MU un travail spécifique avec Valter Di Salvo, le préparateur physique du club. Jusqu'à la trentaine, Ronaldo s'est contraint à un travail qui a modifié en profondeur sa musculature, aidé à MU par Mike Clegg, un autre préparateur physique, dont deux fils sont haltérophiles. Il se serait présenté à lui ainsi : « Je vais devenir le meilleur joueur du monde et tu vas m'aider. »

En Angleterre comme à Madrid et à Turin, il bénéficiait chez lui d'un vaste espace dédié à la musculation, entre autres. Lors de ses premières années madrilènes, il s'est sculpté un physique de gladiateur. Aujourd'hui, les muscles sont moins épais et saillants, parce qu'avec l'âge, trop de muscle tue le muscle. Mais sa masse graisseuse ne dépasse pas les 7 %, contre 10 à 11 % pour la moyenne des autres footballeurs.

Fabien Richard, préparateur physique de plusieurs joueurs en L1 et ailleurs, résumait en août 2020, dans *L'Équipe* : « Si vous travaillez bien, vous allez moins baisser avec l'âge. C'est l'exemple parfait, plein de joueurs s'identifient complètement à lui dans le travail. Il a

35 ans, ce qu'il réalise est tout bonnement incroyable. Mais trop de joueurs découvrent le vrai travail physique à 25 ou 26 ans. Alors que lui a compris tout de suite que son principal atout était son corps, que tout le reste allait en découler. »

Après la dernière Coupe du monde, une étude du site Soccerment à partir des données officielles de la FIFA sur la performance physique des participants établissait un « indice de performance athlétique » donnant 52 points à CR7. Cela plaçait Ronaldo très au-dessus de la moyenne de ses collègues de 33 ans (37 points), et pile dans la moyenne des attaquants de 29 ans, les plus performants selon ce curseur. CR7 détient même le record de vitesse de la compétition, mesuré lors de son excellent match d'ouverture contre l'Espagne (3-3, triplé) : 34 km/h, comme le Croate Ante Rebic, 24 ans à l'époque !

Lors de l'Euro 2016 en France, il avait marqué de la tête le premier but portugais contre le pays de Galles, en demi-finale, en s'élevant à 2,61 m. Une détente sèche que nous avions fait analyser par Laurent Tillie, le sélectionneur de l'équipe de France de volley-ball, dans *L'Équipe* : « Ce qu'il a réussi, c'est ce que j'appelle le SAA en volley : il Saute, il Attend et il Attaque. Le plus impressionnant, ce n'est pas la hauteur qu'il atteint (2,61 m) mais sa capacité à rester en l'air, ce temps de suspension (0"73). Quand un sportif est en grande forme, il a le sentiment de voler. Cela lui a permis, aussi, de mettre de l'agressivité dans son coup de tête (la vitesse du ballon a été estimée à 71,3 km/h juste après l'impact). Les joueurs moins doués sautent et retombent tout de suite, ils n'ont pas de contrôle. Pour obtenir cette amplitude et ce SAA, il y a la propulsion avec les jambes, mais c'est surtout une question de gainage du tronc. Pour un footballeur, il est plus compliqué de sauter haut. Il peut toujours y avoir un adversaire dans la course d'élan. En foot, comme en basket d'ailleurs, on ne travaille pas spécifiquement la détente sèche. En volley, c'est certes plus facile, car les joueurs disposent de chaussures allégées, plus souples, pour avoir un pied plus libre (et n'évoluent pas sur une pelouse avec des crampons) mais c'est vital de la travailler. Dans cette optique, les volleyeurs font du squat, de l'haltérophilie, des bondissements répétés, des montées d'escalier. En moyenne, cette détente se situe entre 95 cm et 1,10 m. Chez certains, notamment les Cubains, elle peut atteindre 1,30 m. Donc 76 cm (ce qu'a réussi Ronaldo), ce n'est pas beaucoup ! (rires) »

Ronaldo est une référence, au-delà de son sport.

44

… ET UN MONSTRE DE TRAVAIL INVISIBLE

Pour infliger un tel régime à son corps sans jamais se blesser, ou presque, il faut avoir beaucoup de chance. Ou alors un mode de vie quasi monacal. Ronaldo a sans doute eu de la chance, parfois. Mais il a surtout un comportement ultraprofessionnel. Il est en permanence connecté à son désir de performance, même quand il est chez lui ou en voyage. « Pour moi, la saison ne finit jamais. Je continue toujours à m'entraîner, et c'est comme ça que je reste en pleine possession de mes moyens, expliquait-il au magazine *Men's Journal* en 2018. Quand je ne suis pas sur le terrain, je suis à la salle de sport, focalisé sur le cardio et la musculation. »

Ses coéquipiers madrilènes ont souvent tiqué quand il partait suivre des soins et s'infligeait quelques exercices au retour de déplacements, en pleine nuit. À la Finca, il avait fait installer une chambre de cryothérapie pour optimiser sa récupération. « Ça fait juste partie de ma routine, a-t-il expliqué à *France Football*. Quand vous voyagez en avion deux ou trois heures, les jambes gonflent à cause de la pression atmosphérique. L'eau froide est un analgésique naturel. Et ça me fait du bien. Parfois, je me mets aussi dans l'eau chaude. Ce sont des petites choses qui t'apaisent, le genre de détail qui fait la différence. Je sais qu'après être passé dans la glace, je vais bien dormir. Vous savez pourquoi un joueur a parfois du mal à dormir après un match ? Parce qu'il n'est pas libéré. Il reste de l'adrénaline. Moi, je recherche des solutions qui vont m'aider à me détendre. Dans 95 % des cas, je fais des bonnes nuits, voire de très bonnes nuits. Les gens ne mesurent pas assez l'importance du sommeil. Moi, oui. Pareil pour l'alimentation ou le travail. Ce sont toutes ces choses qui, mises bout à bout, me rendent meilleur que les autres. »

Quelques années plus tôt, toujours dans l'hebdomadaire devenu mensuel en 2021, il justifiait : « Je sais que si je travaille beaucoup et que j'ai plus d'ambition, je serai le meilleur sur le terrain. Tout au long de ma carrière, je me suis toujours considéré comme un mec professionnel. C'est ma culture. J'ai beaucoup appris des autres, de gars comme Gary Neville ou Ryan Giggs à Manchester United, de Raul et Michel Salgado au Real, de Figo, Rui Costa, Deco ou Fernando Couto en sélection. Être un très bon pro, c'est 70 % du succès d'un footballeur. »

Dans son cas, cela commence par un régime alimentaire strict : poisson, poulet, salades, produits laitiers faibles en matières grasses, beaucoup de fruits et légumes. Le Portugais ne mange pas de viande rouge et avale six repas par jour, à raison d'un petit déjeuner, de deux déjeuners, d'une collation et de deux dîners.

Il s'est aussi adjoint les conseils d'un spécialiste du sommeil, Nick Littlehales, qui lui a fait découvrir une méthode originale avant les matches à base de siestes plutôt que de nuits prolongées. Ronaldo peut ainsi effectuer six siestes de quatre-vingt-dix minutes étalées dans le temps pendant vingt-quatre heures. Selon l'expert, « le sommeil prolongé provoque des rythmes anormaux, tandis que de courtes pauses en "siestes" offrent une meilleure récupération entre les entraînements et permettent aux six repas quotidiens d'être bien traités ».

Le Brésilien Arthur, passé de Barcelone à la Juventus Turin durant l'été 2020, a été bluffé, comme les autres. « Je savais déjà, parce que tout le monde parle et le monde du football est petit. Ils te disent ce qu'il fait, mais quand tu le vois de près, c'est impressionnant, a-t-il reconnu dans *Marca*. Il y a des jours où nous arrivons à 2 heures du matin parce que nous jouons tard, et lui, il part s'entraîner. Je blague avec lui, je luis dis qu'il est malade, mais qu'est-ce que tu peux dire à quelqu'un qui a autant de Ballons d'or ? Mentalement, il est très fort. Il m'aide sur des sujets que je ne maîtrise pas. Par exemple, il m'aide pour la nourriture, il est toujours à me dire ce que je dois manger, que ça je ne devrais pas mais que ça, ça me ferait du bien. »

À Turin, comme à Manchester et à Madrid auparavant, Ronaldo vit dans une villa isolée, sur les hauteurs de la cité piémontaise. Il a pour voisine Elizabeth Borel, la fille de l'ancien attaquant de la Juve dont il a égalé la saison passée le record (31 buts sur un exercice, en 1934).

Quand les journalistes du *Sun* sont venus l'interroger sur le nouvel occupant des lieux, ils n'ont pas recueilli d'info croustillante. « Beaucoup de silence et jamais de fête, je n'ai pas à me plaindre. Je n'ai jamais vu d'autres voitures passer dans notre allée privée. Lui, je le vois tous les jours au volant de sa Rolls-Royce. Sinon, il a une magnifique piscine intérieure et un très beau jardin, bien entretenu. Je vois aussi souvent Cristiano Jr (le fils aîné de CR7, licencié à la Juve) s'amuser dehors avec son skateboard, et ses gardes du corps. »

La minutie mise par Ronaldo pour se maintenir au plus haut niveau ferait presque oublier qu'elle ne suffit pas. « C'est l'une des clés, importante. Mais la vraie clé, c'est le talent, a-t-il rappelé dans *L'Équipe*. Je pourrais vous donner le manuel de tout ce que je fais, vous donner les recettes du succès. Je peux vous expliquer comment je mange, comment je travaille à la salle de muscu, tout ce que je mets en œuvre pour être le meilleur. Et on va voir si vous allez gagner cinq Ballons d'or. Si vous n'avez pas le talent, vous pouvez oublier ! »

45

AU PORTUGAL, « O CAPITAO » !

Cristiano Ronaldo n'a jamais été capitaine dans ses clubs successifs. Ni au Sporting Portugal, d'où il est parti au bout d'une saison ; ni à Manchester United, où Roy Keane, Ryan Giggs ou Rio Ferdinand tenaient fermement le vestiaire ; ni au Real Madrid, où Raul, Iker Casillas et Sergio Ramos étaient les références indiscutables de la Maison Blanche ; ni à la Juventus Turin, où il ne peut se prévaloir de l'ancienneté de certains de ses camarades au sein de la Vieille Dame.

Avec le Portugal, en revanche, il porte le brassard depuis plus d'une décennie. Pas vraiment comparable, donc, avec Zinédine Zidane, vingt-six fois capitaine des Bleus mais intronisé une fois que Didier Deschamps (en 2000) puis Marcel Desailly (en 2004) eurent quitté la scène. Cristiano Ronaldo, lui, porte le brassard de la Seleçao pour la première fois le 6 février 2007, à 22 ans et un jour, lors d'une désastreuse expédition au Brésil (2-6). Il en devient le propriétaire attitré durant l'Euro 2008, avec la mise à l'écart progressive de Nuno Gomes.

Il a alors 23 ans, incarne certes la génération montante mais aussi l'individualisme à outrance. Alors, pourquoi lui avoir attribué si tôt des responsabilités qu'il n'était pas forcément de taille à assumer ? En fait, ce sont les événements qui en ont un peu décidé ainsi, comme le rappelle Luiz Felipe Scolari, le sélectionneur qui lui a confié pour la première fois cette mission le 6 février 2007 : « Ce jour-là, c'était surtout parce que nous jouions pour la première fois depuis le décès de Carlos Silva, un dirigeant de la Fédération qui était très proche de Ronaldo. Il lui avait donné beaucoup de conseils, il le protégeait beaucoup et je me suis dit que c'était le bon moment pour en faire un capitaine. Parce qu'il a cet état d'esprit de meneur, qu'il est un leader positif pour les autres et qu'il se comporte toujours bien en collectivité. On ne pouvait pas trouver meilleur successeur à Luis Figo. » À l'Euro 2008, c'est encore Nuno Gomes qui est capitaine, à l'ancienneté, comme le veut la tradition en Seleçao. Quand il sort, l'avant-centre de Benfica donne son brassard à Ronaldo. Dans les années qui suivent, le débat sur sa capacité à tenir ce rôle resurgit régulièrement : « M. Scolari a été irresponsable en lui confiant le brassard alors qu'il était si jeune, cingle Antonio Simoes, l'ancienne gloire du Benfica, au début de l'Euro 2012. Ne pas fêter les buts avec les autres joueurs, c'est avoir une attitude égocentrique. Un bon capitaine est un leader dans la victoire comme dans la défaite. » Ronaldo vient de quitter la pelouse au bord des larmes et sans saluer les supporters, après la défaite inaugurale contre l'Allemagne (0-1). Il n'a pas célébré avec ses collègues le but vainqueur de Varela dans les ultimes secondes contre le Danemark (3-2), s'écroulant dans la surface sous le prétexte de soudaines douleurs abdominales. À cet instant précis, l'exemplarité est un concept qui semble encore lui échapper, parfois.

Remonte alors la phrase de Carlos Queiroz, sélectionneur en partance, durant l'été 2010 : « Il a été capitaine de la sélection trop tôt. » Et cette critique de Luis Figo après l'élimination en huitième de finale du Mondial sud-africain, quand Cristiano Ronaldo a renvoyé la responsabilité de l'élimination sur le seul Queiroz : « Le capitaine doit toujours défendre et protéger le groupe, dans le succès comme dans la défaite. » En 2010, il n'est pas encore capable de se conformer au précepte qu'il s'est lui-même fixé : « Un bon capitaine reste lui-même, mais c'est l'esprit d'équipe qui doit prédominer. Parce que seul, je ne deviendrai jamais champion du monde. »

Finalement, Cristiano Ronaldo commencera à bien appréhender ce rôle pendant l'Euro 2012. Presque sans prévenir : une prestation brillante lors du troisième match de groupe face aux Pays-Bas le lance dans cette compétition et éteint une première fois le débat. Oui, CR7 peut porter son équipe dans les grands moments. En Ukraine (où la Seleçao joue ses matches) et en Pologne (où est établi son camp de base, près de Poznan), le Portugal se place pour de bon dans le sillage de son leader. Durant l'hiver 2013, Ronaldo enquille les buts comme jamais en équipe nationale et envoie à lui tout seul la Seleçao en Coupe du monde lors du barrage contre la Suède (quatre buts en deux matches). Son comportement pendant l'Euro 2016 et la Coupe du monde 2018 confirmera que le gamin de Madère centré sur lui-même peut devenir un grand capitaine, un capitaine exemplaire.

Lors de la campagne victorieuse en France, c'est lui qui permet à son équipe de se qualifier par miracle pour les huitièmes de finale, lui encore qui convainc Joao Moutinho de participer à la séance de tirs au but contre la Pologne, en quart de finale (1-1, 5-3 aux t.a.b.). Quand Fernando Santos lui explique que Joao Moutinho est blessé et ne peut pas tirer, CR7 répond : « Non, il tire », et se retourne vers le Monégasque d'alors, touché à une cuisse, pour lui ordonner : « Tu tires bien, on a confiance en toi. » « Moutinho a vu dans les yeux de Ronaldo qu'il avait réellement toute confiance en lui », assure un témoin de la scène. Moutinho s'exécute. Et il marque, exorcisant le souvenir de son échec, quatre ans plus tôt, en demi-finale contre l'Espagne (0-0, 2-4 aux t.a.b.), quand il avait manqué la première tentative portugaise.

Une preuve de cette « liderança » (leadership) que les Portugais lui reconnaissent désormais, après avoir longtemps douté de sa capacité à fédérer ses partenaires en équipe nationale. «Il est devenu au fil du temps l'ambassadeur du Portugal, assure Onofre Costa, l'ancien responsable de la communication de la Fédération. Il a un charisme qui le met à un niveau supérieur, et il a le leadership sur n'importe quelle équipe. »

Régulièrement, après la causerie du sélectionneur, les joueurs se rassemblent entre eux. Ronaldo ajoute son petit couplet. Après le succès du Stade de France, c'est son discours de deux petites minutes dans le vestiaire pour remercier les présents, et en premier lieu Fernando Santos, qui marque les esprits. « C'est notre bannière, un peu comme ont pu l'être Eusébio et Figo avant lui. Mais, par sa prestance et son palmarès, c'est un exemple unique, explique Leonel Pontes, son tuteur au Sporting Portugal avant d'être sélectionneur adjoint de Paulo Bento. Quand je l'ai retrouvé en équipe nationale, il avait mûri, il se comportait vraiment en capitaine, mais toujours sur les mêmes ressorts : la discipline dans le travail, la bonne ambiance. En équipe nationale, il a relevé le niveau d'exigence juste par son attitude, son implication. »

« En équipe nationale, il a toujours eu cette personnalité, explique Antonio Gaspar, kiné de la Seleçao depuis plus de vingt ans. Il s'entendait bien avec Luis Figo, qu'il prenait en exemple. Cristiano a besoin d'une grande attention, évidemment, mais il est facile à entraîner, facile dans ses relations parce qu'il aime travailler dans la joie, la bonne humeur, dans le plaisir. Son attitude donne un surplus d'énergie à tout le monde. Alors je ne dirais pas qu'il est le patron, il est plutôt l'inspirateur, il nous donne à tous de la force et de l'inspiration. Il nous incite à être toujours meilleurs, sans aucun doute. »

Les exemples de ses anciens coéquipiers Wayne Rooney à Manchester United ou Karim Benzema au Real Madrid rappellent que Ronaldo n'est pas forcément un leader qui écrase. Ou alors il écrase surtout ceux qui n'ont pas le niveau. En sélection, CR7 n'a jamais trouvé ce complément évident, de Pauleta à Gonçalo Guedes en passant par Eder, André Silva, Hugo Almeida et quelques autres.

46

UN CŒUR DE LION

Pendant sa période Sporting Portugal, Cristiano Ronaldo a été constamment surveillé par les médecins du club, qui craignaient de surmener son corps à force de courses et de musculation trop précoce. Mais ils ont surtout eu très peur alors que l'adolescent n'avait que 15 ans. Dans son livre *Mère courage*, Dolores Aveiro révèle que son fils a subi une opération au cœur, en raison d'une arythmie détectée lors d'une visite médicale. « Le coup de fil d'un médecin du Sporting m'a glacée, écrit la maman de CR7. Mes jambes tremblaient. Mon fils avait un problème. “Il est trop tôt pour établir un diagnostic définitif, mais il est possible qu'il ne puisse plus jouer au football” : c'est ce qu'ils m'ont annoncé. Quelques jours plus tard, il avait déjà repris la course », écrit encore Dolores, qui expliquera, dans les colonnes du quotidien britannique *The Sun* : « Son rythme cardiaque était très élevé après l'effort. Le Sporting m'a fait signer des papiers pour qu'il soit opéré à Lisbonne. Ils ont utilisé une sorte de laser pour cautériser le problème à la source, l'intervention a eu lieu le matin, il est sorti l'après-midi. J'avais très peur parce que je ne savais pas exactement ce dont il souffrait et je craignais qu'il ne puisse plus jouer au football. Ce n'était pas envisageable pour lui de renoncer au football. Cristiano n'était pas très inquiet, il ne prenait pas ça trop au sérieux, mais il m'a fait très peur. »

Ce souci cardiaque a aussi freiné son tout début de carrière, comme le rappelle Laszlo Bölöni quand il revient, pour *France Football*, sur sa découverte de la perle de Madère : « Je viens d'arriver au Sporting (en 2001), je vais voir un match amical de l'équipe juniors. Et là, je découvre un gamin de 16 ans, fin, très longiligne, d'une incroyable virtuosité technique, dont personne encore ne m'avait parlé. Il allait très vite, il était explosif et mobile à la fois, son jeu et ses enchaînements dégageaient déjà beaucoup de maturité. Il ne m'a pas fallu vingt minutes pour comprendre qu'il n'était pas comme les autres. À l'époque, le Sporting comptait pourtant pas mal d'internationaux reconnus, et une génération de jeunes joueurs très prometteurs, comme Quaresma, Hugo Viana, Custodio ou Danny, était en train d'émerger. Mais lui, c'était encore différent. Une inventivité permanente, une facilité déconcertante, une habileté gestuelle exceptionnelle, que ce soit dans les contrôles, les prises de balle ou les changements de direction... Je me suis dit : "Il faut vite que je vois ce qu'il donne avec nous", et j'ai décidé alors de l'intégrer rapidement au groupe pro. Sauf qu'il ne pouvait pas jouer en compétition officielle, faute d'avoir reçu le feu vert de la Fédération portugaise.

La semaine, il travaillait donc avec nous, le week-end, il retournait jouer avec les juniors ou l'équipe B, et pour compléter sa formation et l'accompagner dans sa progression, on lui avait préparé un programme spécifique de musculation et de coordination. Mais dès qu'on faisait un match amical, je sautais sur l'occasion pour le mettre en situation. Finalement, il n'a ressenti aucune frustration durant cette période, tellement il était heureux de partager ce nouvel univers. Au contraire, je crois même qu'il a su en profiter au maximum. Tous les jours, il côtoyait trois avants-centres comme Joao Pinto, Jardel et Niculae, qui jouaient tous alors avec leur équipe nationale, et puisqu'il n'avait encore aucune responsabilité, aucune pression, aucune exigence de résultat, il pouvait se concentrer uniquement sur son jeu. »

Dolores a appris à prendre de la distance avec ce moment si particulier dans la vie d'une maman : « Il semble que son traitement lui a permis de courir encore plus vite », plaisante-t-elle aujourd'hui quand on évoque cet épisode sur lequel son fils ne s'est jamais exprimé.

47

UN MENTAL EN ACIER

Un champion, c'est d'abord une tête. Un athlète ne peut se maintenir au plus haut niveau de sa discipline pendant plus de quinze ans sans posséder, outre ses qualités sportives, des ressources mentales exceptionnelles. À cette altitude, on ne trouve que des spécimens « anormaux ». « Il est différent des autres dans beaucoup d'aspects, reconnaît Luiz Felipe Scolari. Il y a sa psychologie, cet état d'esprit de se préparer toujours. Un joueur aussi doué et aussi motivé, on en profite [...] Un tel élément inspire tout le monde, les coéquipiers comme les entraîneurs. Ça pousse à devenir encore meilleur. »

« À chaque fois qu'il prenait une claque, il revenait encore plus fort », se souvient Phil Neville. « Quand je suis revenu après ma saison au Real Madrid, j'ai pu travailler avec lui matin, midi et soir, explique Carlos Queiroz. J'ai surtout pu me rendre compte qu'il n'était pas humain. »

Qu'est-ce qui pousse un gamin aussi doué à aller toujours plus loin dans sa quête d'excellence ? Comme d'autres,

Cristiano Ronaldo aurait pu, à un moment, se contenter de ses remarquables acquis. Arrêter de revisionner tous ses matches, de chercher encore et encore ce que les dirigeants de l'équipe cycliste Ineos nommaient « les gains marginaux ». Mais chez Ronaldo, la quête d'absolu vient de trop loin, sans doute. « Il veut toujours battre des records, toujours faire plus et mieux, c'est son moteur », résume Leonel Pontes, entraîneur et tuteur de CR7 au Sporting Portugal. « Cette faim de victoire, c'est quelque chose qu'il a profondément en lui, témoigne José Bacelar, l'ancien président de l'Andorinha CF. Cristiano, c'est une construction psychologique qui fait qu'il s'est toujours surpassé, qu'il a toujours fait mieux que les autres. Au début, sa plus grande victoire, c'était d'offrir une vie normale à sa famille, car chez lui, ce n'était pas simple. Tout le monde connaît la réalité d'alors : son papa était alcoolique, et presque tout ce qu'il gagnait partait dans la boisson, il ne restait que l'argent que gagnait sa maman. Alors il s'est forgé un caractère et l'a encore renforcé en partant à 12 ans à Lisbonne, un autre monde, loin de la protection de sa mère et des siens. Je vous rappelle que Lisbonne, c'est quatre fois plus d'habitants que toute l'île de Madère. »

« Cristiano a compris que pour s'extirper d'une vie difficile, il lui faudrait être le meilleur », pense Luis Campos, qui fut adjoint de José Mourinho au Real Madrid (2012-2013). Au printemps dernier, CR7 a dévoré le documentaire sur Michael Jordan, star absolue du basket-ball également dotée d'un mental à la hauteur de ses dispositions naturelles exceptionnelles.

« À côté de sa maison, il y avait un terrain de jeu, il passait tout son temps là-bas, il ne faisait que jouer au foot, se souvient José Bacelar. Quand les plus vieux de 17-18 ans arrivaient, ils le mettaient dehors. Mais s'il manquait un joueur, Ronaldo faisait le nombre. Évidemment, il réussissait parfois des petits ponts sur eux, et ses victimes s'en sont souvent prises à lui, lui ont mis des coups. Ça aussi, il ne l'a pas oublié. Ce courage, cette capacité de réagir… J'ai toujours été surpris par sa capacité à se contrôler, à gérer, parce que c'est quelqu'un d'explosif. Une fois, en me promenant, je l'avais vu au milieu de six ou sept garçons beaucoup plus vieux que lui. Il était là, ils essayaient de l'attraper, mais lui continuait à jouer, à dribbler, encore et encore. C'est un courageux, il n'a pas peur. »

Comme aimanté par sa mission de footballeur d'exception, Cristiano Ronaldo a transformé son incapacité à supporter la défaite en haine de l'échec. Une nuance majeure. « Il a fallu lui apprendre qu'il fallait détester la défaite, la combattre de toutes ses forces, mais qu'il fallait aussi savoir vivre avec, l'accepter une fois le match terminé, se souvient Leonel Pontes. Mais il avait aussi une maturité plus affirmée que les autres, à force de jouer avec des gens plus âgés que lui, d'être surclassé. Cette attitude de compétiteur, il l'a partout. Il veut gagner au baby-foot, au ping-pong, et s'il perd, il va s'entraîner pour gagner la fois d'après. »

« Son ADN, c'est d'être un énorme compétiteur, confirme Luis Campos. À l'intérieur, c'est un animal de compétition. Pour rester le meilleur du monde pendant des années, il ne suffit pas de travailler et d'avoir du talent. Il faut avoir ça. Lui, même dans le moindre jeu de cartes, il fera tout pour être le meilleur, pour gagner. Je n'ai connu qu'un autre joueur comme lui, c'est Kylian (Mbappé) à Monaco. Des mecs qui regardent les stats, qui connaissent tous les attaquants du monde, savent exactement dans quel club ils jouent, leurs qualités, se demandent comment ils peuvent faire mieux qu'eux. »

« Il avait plus de talent que les autres mais aussi une mentalité différente, rappelle Laszlo Bölöni. Il était plus adulte. Si on lui avait mis un masque sur la tête quand il parlait, les témoins n'auraient pas dit qu'il avait 17 ans. Il s'exprimait comme un adulte. »

Petit enfant ayant grandi trop vite pour tout un tas de raisons, Cristiano Ronaldo a toujours gardé cette foi que son papa avait placée en lui. « Son père a été très important, nous a rappelé en 2018 sa maman, Dolores. Il était sûr que Cristiano serait le meilleur du monde. » Un mental en héritage reçu de José Dinis, ce papa mort de ne jamais avoir accepté les renoncements de la vie d'adulte.

48

BENZEMA, CET ALLIÉ IDÉAL

Du point de vue de l'histoire du foot, ce serait le principal reproche à opposer à José Mourinho, époque madrilène. Pendant ses trois saisons à la tête du Real (2010-2013), l'entraîneur portugais a sans cesse insisté sur la concurrence entre Karim Benzema et Gonzalo Higuain, rivaux pour le poste d'avant-centre, opposant le sens du combat du second à l'indolence relative du premier. L'ancien Lyonnais est incontestablement sorti plus fort de cette période tourmentée, où il retrouvait en Bleu un statut qu'on lui refusait en club, soit exactement l'inverse de la situation actuelle.

À l'arrivée, Karim Benzema et Cristiano Ronaldo ont passé neuf saisons côte à côte, dont plusieurs comme voisins dans le quartier résidentiel de la Finca, dans la grande banlieue de Madrid. Mais quatre à se chercher sur le terrain avant de former le duo offensif le plus redoutable de la décennie 2010-2020. Quand le Portugais a signé à la Juventus Turin, en 2018, leur œuvre commune s'est arrêtée sur un bilan de quatre Ligues des champions

(2014, 2016, 2017, 2018) gagnées et 342 matches disputés ensemble : jamais Cristiano Ronaldo n'a joué autant de matches avec un autre joueur que KB9.

En 2020, dans un entretien à « Universo Valdano », sur la Movistar, le Français est revenu sur ce moment béni pour le Real, où un immense attaquant s'est mis au service d'un exceptionnel compétiteur. « Cristiano ? Il était là pour mettre des buts, j'ai changé mon jeu pour jouer avec lui, a-t-il expliqué. À Lyon, je jouais différemment. Aujourd'hui, je suis libre sur le terrain, j'aime toucher le ballon. Avec Cristiano, j'avais changé, je jouais pour lui. Il avait le profil pour marquer des doublés et des triplés, et il faut s'adapter. J'ai pensé qu'il n'y avait pas de problème, qu'il fallait que je change mon jeu, que je donne plus de passes décisives. J'ai mis de côté mon âme de vouloir mettre des buts. »

Les deux joueurs sont arrivés presque en même temps à Madrid. Mais le presque a son importance. Ronaldo a été présenté le 30 juin 2009 devant un stade Santiago-Bernabeu quasi comble, Benzema le 1er juillet devant 20 000 personnes. Un décalage originel, incompressible, comme la différence d'âge. CR7 est deux ans plus vieux, il vient déjà d'un club immense, a intégré les codes, les obligations de son statut. Pas son compère français.

« Les gens voient vite ceux qui s'investissent, font les efforts, travaillent pour les autres, rappelait Raymond Domenech l'hiver dernier. Il (Benzema) avait des coups d'éclat, mais pour le reste, il se contentait de peu. Il a eu cette intelligence de s'adapter à la situation et d'exploiter son potentiel. Je l'ai vu revenir petit à petit. Il faisait des efforts, de replacement, d'appels, de courses, alors qu'avant, il voulait le ballon dans les pieds et simplement jouer. Karim a été utile à Ronaldo. Et Ronaldo a aidé Karim, l'a bonifié. Ils se sont imprégnés l'un l'autre. »

Benzema s'est astreint à ce travail de musculation cher au Portugais, et ce dernier a toujours classé le Français parmi les rares attaquants évoluant dans la même cour que lui. « Avec moi, il a toujours été bien, même dans des moments moins bons pour moi à Madrid, a témoigné Benzema dans un documentaire diffusé sur RMC Sport. Il a dit de ne pas me siffler, il m'a laissé des penalties. On s'est toujours cherché. Le finisseur, c'était Cristiano. Avec lui, je jouais dans un autre rôle. Plus dans la construction, en mouvement, pour créer des espaces. Un numéro 9 ne doit pas forcément être un buteur. Pour moi, Cristiano était le buteur. Je pense qu'on a fait fort. On mettait des buts tous les trois avec Bale, mais Cristiano en mettait trente de plus que les autres. Et je lui apportais beaucoup. »

Ronaldo savait qu'Alex Ferguson avait essayé, avant le Real Madrid, d'associer les deux attaquants. « Karim avait du talent et il a su l'utiliser pour que Cristiano soit dans les meilleures conditions, pour le bien de l'équipe, a expliqué dans les colonnes de *L'Équipe* Mahamadou Diarra, milieu du Real jusqu'en 2011. Ronaldo l'a vite apprécié, car il a compris que Karim pouvait participer à 15 ou 20 % de sa réussite. Karim savait se placer côté gauche, laisser l'axe à Cristiano, ou se mettre en position de 10. Ç'a été son intelligence de pouvoir trouver sa place à côté d'un tel phénomène. Il a été très fort dans son analyse pour comprendre les déplacements de Ronaldo, ses attentes, et il s'est adapté. Car si tu es bon, quand tu as un garçon comme Ronaldo à tes côtés, tu vas toi aussi percer. Tu l'aides à ta manière, et en retour, ça t'aide aussi. »

Dans le même article, Juninho, ancien partenaire de Benzema à Lyon, ajoutait : « Cristiano Ronaldo est le meilleur joueur du monde. En s'adaptant à lui, Karim pouvait tout gagner. C'est ce qu'il a compris et c'est ce qui est arrivé. Sa grande force, c'est qu'il a su contrôler son ego. Il sait qu'il fait partie des cinq meilleurs avants-centres du monde, mais il a quand même mis son égoïsme de buteur de côté. Et il a bien fait, car lui aussi a profité de Cristiano. Aujourd'hui, il a gagné quatre Ligues des champions et il est tout en haut du classement des buteurs de la compétition derrière Messi et CR7, c'est énorme, incroyable ! Il en est là car CR7, en étant dans les meilleures conditions, a permis au Real d'aller systématiquement très loin dans la compétition. Sur le terrain, Karim ne se trompe jamais dans ses déplacements, il sait quand il faut jouer à une touche et il est toujours dans le bon timing. C'est pour ça que Cristiano s'est beaucoup appuyé sur lui. Et un attaquant qui dit qu'il ne peut pas jouer avec CR7, c'est tout simplement qu'il n'a pas le niveau pour ça, pour exister à côté de lui. »

La complicité avec Wayne Rooney n'était pas du même ordre, elle prenait surtout son sens sur les transitions rapides, moins dans ces échanges en espaces réduits où Karim Benzema développe son incomparable aisance. En tout, ce dernier a marqué 27 buts après une passe décisive de Cristiano Ronaldo (Liga + C1), plus qu'aucun autre joueur madrilène sur la période. Dans le même temps, le Français a offert 47 passes décisives à son partenaire : les nombres peuvent aussi rappeler que le déséquilibre entre le quintuple Ballon d'or et son associé préféré n'était pas si évident, en fait. Depuis, Benzema est devenu le meilleur passeur de l'histoire du Real Madrid, devant CR7. Depuis 2018, il peut complètement tirer la couverture à lui, devenu la référence incontestée du secteur offensif. « La comparaison entre Karim Benzema et Cristiano Ronaldo ? Karim est décisif car ce qu'il fait, il le fait de manière phénoménale, et ce n'est pas seulement en termes de buts marqués, rappelait en décembre dernier Zinédine Zidane, l'entraîneur de ses plus belles années madrilènes. Je répète ce que je dis toujours à propos de Karim, il ne se contente pas de marquer des buts. Il crée aussi beaucoup de jeu et nous permet de nous exprimer avec qualité. C'est un joueur très important. Quand il marque, il est encore meilleur. » « El Mejor », c'est ainsi que Carlo Ancelotti le surnommait en privé : « Il a réussi des choses fantastiques avec le Real Madrid, mais je crois qu'il ne veut pas être le meilleur pour être le meilleur. Il est content de ce qu'il fait. C'est un joueur humble, pas une superstar. » C'est aussi pour cela qu'entre lui et Ronaldo, une connexion exceptionnelle s'est créée, qui a permis à l'équipe espagnole de gagner quatre Ligues des champions sous « Carletto » puis « Zizou ».

49

EN 2003, UNE FOLLE SOIRÉE À CLERMONT

Avant de plonger les supporters bleus dans l'affliction un soir de juillet 2016 au Stade de France, Cristiano Ronaldo avait déjà éreinté le football français. Cela s'est passé treize ans et demi plus tôt, au stade Gabriel-Montpied de Clermont-Ferrand, au terme d'un match qui s'est achevé, cette fois, dans un climat détestable. Le 18 novembre, les Bleuets de Raymond Domenech sont plutôt confiants. À l'aller, à Guimarães, devant près de 20 000 spectateurs, ils ont dominé les Espoirs portugais emmenés par un trio d'attaque de feu entre CR7, Ricardo Quaresma et Helder Postiga, vainqueur de la Coupe de l'UEFA quelques mois plus tôt avec le FC Porto de José Mourinho. Un doublé de Djibril Cissé, redescendu en compagnie de Philippe Mexès dans sa catégorie d'âge, a assis la supériorité française. Ronaldo, décevant et trop individualiste, est sorti dès la 57e minute, remplacé par Luis Lourenço. Benjamin Mendy, son adversaire direct, a bien appliqué les conseils de Laszlo Bölöni, alors entraîneur de Rennes, dans nos colonnes, le matin du match : « Si on se jette contre lui en un contre un, il fait mal. Mais si on n'avance pas sur lui, il peut oublier sa grande qualité qui est d'accélérer le jeu, de lui apporter de la profondeur. Il a tout, sauf la maturité. Il est techniquement très fort et rapide. Contre lui, il ne faut pas trop "mordre" mais plutôt l'amener dans des zones où il a plus de difficultés à s'exprimer. »

Mais au retour, la nervosité a changé de camp. Les dirigeants de la Fédération ont eu la mauvaise idée d'organiser la rencontre au pied du Puy-de-Dôme, où la forte communauté portugaise s'est mobilisée pour l'occasion, et la France ne joue pas vraiment à domicile. Avant le coup d'envoi, *La Marseillaise* est sifflée. « Nous aurons beaucoup de supporters dans le stade, c'est pourquoi je répète que nous devrons laisser nos égoïsmes de côté, lance avant le match José Romao, l'entraîneur portugais, dans un discours qui semble s'adresser d'abord au nouvel ailier de Manchester United. Personne ne doit oublier qu'il évolue en sélection nationale, et qu'il n'y a rien de plus grand. Les joueurs savent que nous pouvons être une grande équipe. » Avec le retour au milieu du futur Lyonnais Tiago, grippé à l'aller, la Seleçao retrouve de la maîtrise.

C'est Cristiano Ronaldo qui, en marquant le premier but (29e), crispe un peu plus les débats. « Avec tous les Portugais en tribunes, c'est tout juste si on n'a pas joué deux fois à l'extérieur », maugréera le milieu Lionel Mathis, l'élimination entérinée.

Comme à l'aller, pourtant, Djibril Cissé égalise assez rapidement (42e). Mais à la 45e minute, juste avant la pause, l'attaquant de l'AJ Auxerre répond à une provocation de Mario Sergio : « Il y a un ballon qui part en touche, je prends un coup mais je n'aurais pas dû répondre. Je n'ai pas à faire le geste. Je suis déçu d'avoir éliminé mon équipe. Cette défaite, je la prends pour moi. » La France se retrouve à dix contre onze et encaisse un deuxième but signé Bruno Alves (75e), mais elle résiste jusqu'au bout, malgré un arbitrage assez désastreux de M. Styles. Elle s'écroule aux tirs au but : Cristiano, qui a trouvé le poteau en prolongation (107e), inscrit le quatrième penalty portugais, celui de la qualification.

Ce soir-là, l'amertume française est décuplée par le spectacle que les Bleuets découvrent, quand leurs adversaires quittent le stade. Le vestiaire visiteurs est dévasté, les faux plafonds éventrés, la table de massage cassée, les bancs renversés, les murs maculés d'excréments. Christine Rougerie-Dulac, l'adjointe au maire chargée des sports à la ville de Clermont-Ferrand, tonne devant José Romao, le sélectionneur : « Je veux des excuses. » Elle obtient la promesse que la Fédération portugaise paiera les réparations, y compris à l'hôtel des joueurs, où une cloison a été éventrée. « Un dirigeant portugais nous a dit : “Ce qui compte, ce n'est pas l'état des vestiaires, c'est la qualification.” Je veux bien, mais c'est un comportement de goujat, explose Raymond Domenech, c'est scandaleux, c'est une honte ! » À l'issue du match, le staff portugais a refusé que son équipe se soumette à un contrôle antidopage, au motif qu'il était diligenté par le ministère des Sports et non par l'UEFA. En fait, les vainqueurs ont fini par se laisser convaincre après quelques coups de fil passés à des membres de l'UEFA et l'intervention de l'ambassade du Portugal en France. Mais le délai d'une demi-heure après le coup de sifflet final pour procéder au tirage au sort des numéros contrôlés était dépassé depuis bien longtemps et personne n'a été testé. « C'est déplorable, réprouve Jean-Pierre Paclet, le médecin des Espoirs français. J'ai l'impression de reculer de dix ans. Si on s'écrase là-dessus, c'est que la lutte antidopage est bidon. » « J'attends la suite que l'UEFA va donner à cette affaire, lâchait un peu plus tard Raymond Domenech. Parce que s'ils ont le droit de ne pas se soumettre à un contrôle antidopage et de se qualifier, ça veut dire que, maintenant, la porte est ouverte à tout. » L'UEFA, qui n'a procédé à aucun contrôle, à l'aller comme au retour, se fendra seulement d'un communiqué pour expliquer que le Portugal était dans son droit en refusant le contrôle inopiné et ouvrira simplement une enquête sur les incidents d'après-match.

Le lendemain, quand nous le croisons dans l'aérogare de l'aéroport de Clermont-Ferrand, Cristiano Ronaldo affiche ce petit rictus de contentement de celui qui se moque pas mal de la colère du gouvernement portugais pour le comportement d'après-match de ses petits copains. Six mois plus tard, il disputera l'Euro des grands à domicile. Aucun des Bleuets concernés par ce barrage de Clermont-Ferrand n'aura cette chance, et des années plus tard, Raymond Domenech conviendra : « En Espoirs, il était déjà au-dessus des autres. Il avait quelque chose en plus. Il allait plus vite, plus haut, plus loin... »

50

L'EXIGENCE, SON ABSOLU

Dans *L'Équipe*, en novembre 2017, le Portugais est interrogé par notre confrère Thierry Marchand sur son caractère insatiable, qui est son moteur mais aussi celui du public, quand soudain la machine CR7 s'enraye : « Vous avez habitué les gens à tellement marquer que quand vous ne le faites plus pendant trois matches, on se pose des questions. » Réponse de Cristiano Ronaldo : « C'est parfaitement exact. On se dit que je ne suis pas en forme, pas en réussite. Vous savez, je ne critique pas les gens qui s'interrogent. Ce qui est plus bizarre, c'est quand ça m'arrive à la maison. Quand je ne marque pas, ma mère m'interroge, mon fils m'interroge, ma sœur, mon frère. Ils me disent : "Mais qu'est-ce qui t'arrive ?" Comme si c'était la fin du monde. Vous vous rendez compte, je dois entendre ça de ma propre famille. Alors imaginez de la part des fans ou des journalistes… Mais je n'ai d'autre choix que de l'accepter. Je ne peux pas contrôler le monde. »

Cette digression sur une forme de pression familiale indique combien il a transmis le virus de l'exigence autour de lui : famille, amis, collègues, journalistes.

« Il était si bon qu'il a commencé à penser que tout devait tourner autour de lui, explique Mike Phelan, l'ancien adjoint d'Alex Ferguson à Manchester United. Tous les grands joueurs sont comme ça. Il s'énervait quand ses coéquipiers ne lui donnaient pas assez souvent la balle. » Cristiano lui ordonnera aussi : « Je veux devenir le meilleur joueur du monde et tu dois me trouver tous les jours des exercices pour que j'y arrive. »

Même Antonio Pintus, préparateur physique biberonné aux méthodes pratiquées à la Juventus Turin, a été impressionné par le quintuple Ballon d'or, lors de leur collaboration au Real Madrid. Toujours dans *L'Équipe*, en 2017, Cristiano Ronaldo en souriait : « Le préparateur physique du Real, Antonio Pintus, dit en rigolant que je suis un véritable psychopathe. Qu'il n'a jamais connu quelqu'un comme moi, dans la densité de travail. Quand je rentre dans la salle de musculation, je ne parle plus à personne. Je suis concentré à fond sur le travail que je dois réaliser. Je reconnais que je m'impose sans doute une pression supplémentaire. Mais je ne regrette pas d'être comme je suis. Peut-être qu'il serait bien que je sois un peu plus détendu, relax, mais c'est mon éthique de vie. Je ne vais pas changer après quinze ans de carrière. Je n'aurais pas gagné tout ce que j'ai gagné si je n'étais pas aussi insatiable. »

Comme tous les grands champions, Cristiano Ronaldo est « anormal » : il a mis au service de son talent exceptionnel une psychologie qui l'est également. Toujours plus, toujours mieux, comme un enfant qui ne supporterait pas la frustration. Petit, il pleurait à la moindre défaite. Plus âgé, il entasse les trophées et les buts tel l'enfant qu'il est encore. Toujours plus, toujours mieux. Quand il enlève, en janvier 2021, la Supercoupe d'Italie, soit le 33e trophée de sa carrière professionnelle, Cristiano devient avec 760 buts le meilleur réalisateur de l'histoire du football en compétitions officielles, devant Josef Bican, selon les décomptes de plusieurs organismes.

Sur les réseaux sociaux, il poste trois messages, le premier pour signifier qu'il ne se « lasse pas de cette sensation », le dernier pour rappeler que les Turinois sont « déjà concentrés sur le prochain objectif ». Un constat comme un avertissement : un mois avant son 36e anniversaire, il n'y a toujours pas joueur plus motivé que lui sur la planète foot.

51

L'OBSESSION DU BALLON D'OR

La France a inventé le Ballon d'or, la récompense individuelle la plus prestigieuse qui soit pour le sport collectif. Mais l'attrait pour la récompense décernée chaque année par *France Football* est difficile à appréhender vu de chez nous, dans un pays historiquement peu porté sur le sport. Le titre de champion du monde 1998 a changé les mentalités, pas cet héritage.

À l'étranger, c'est autre chose. Et particulièrement au Portugal, un pays qui compte seulement quatre médailles d'or olympiques à son palmarès (toutes en athlétisme) mais profondément fan de foot. Les sujets autour de Benfica, de Porto, du Sporting, ouvrent régulièrement les journaux télévisés. Et le Ballon d'or est une forme d'objectif suprême pour une nation qui a longtemps cru ne jamais pouvoir gagner une grande compétition.

Depuis le Ballon d'or attribué en 1965 à Eusébio, vedette du grand Benfica en ces années où le pays s'enfonçait dans l'archaïsme politique et la misère sociale, le Portugal accorde une importance toute particulière à ce trophée, qui est une sorte de valeur étalon. Après la panthère noire, seul Luis Figo avait été sacré, en 2000, en bonne partie grâce à « l'élimination » de Zinédine Zidane cette année-là[1].

Pour Cristiano Ronaldo, obtenir cette reconnaissance mondiale était capital. Il l'a souvent reconnu, notamment dans les colonnes de nos confrères de *France Football*. « Je m'en souviens. Quand j'étais gamin, ce qui m'avait marqué, c'était de voir à quel point ceux qui le recevaient étaient des grands joueurs. C'était toujours des moments uniques. Je me souviens que le monde s'arrêtait presque au moment de l'annonce du meilleur joueur du monde. Ce sont vraiment des bons souvenirs. Mais, en tant que Portugais, je me rappelle surtout du trophée de Figo. »

Le retentissement d'un tel événement au Portugal, petit pays frustré d'avoir été renvoyé, depuis la révolution industrielle, à la périphérie du continent, est incomparable par rapport à l'indifférence polie de la France profonde quand Raymond Kopa, Michel Platini, Jean-Pierre Papin ou Zinédine Zidane ont eu droit à ce sommet personnel.

Pour Cristiano Ronaldo, le Ballon d'or est un objectif sans doute plus fort que tous les titres collectifs glanés. En tout cas jusqu'à ce qu'il devienne champion d'Europe en 2016.

1. Champion d'Europe avec les Bleus et élu meilleur joueur de l'Euro, Zinédine Zidane est favori pour remporter le Ballon d'or 2000. Mais à l'automne, il reçoit deux cartons rouges en Ligue des champions, qui viennent ternir son image. Il est devancé par Luis Figo de seize points, une des victoires les plus courtes de l'histoire du Ballon d'or.

En 2013, il devient le premier Portugais à obtenir un deuxième Ballon d'or, laisse Eusébio et Luis Figo derrière lui, s'inscrit dans la hiérarchie des très grands. Il le vit comme une délivrance et accueille la nouvelle, à Zurich, avec des larmes. « Bien sûr que je m'en souviens, témoignera-t-il dans *France Football* quatre ans plus tard. C'était provoqué par, comment dire... Ce n'était pas vraiment de la rage, le mot est un peu trop fort. En fait, je ne voulais pas être sur le même plan que tous les joueurs qui n'ont gagné qu'un Ballon d'or. Dans ma tête, je vaux plus qu'un Ballon d'or. Et je ne voulais pas me comparer avec ceux qui n'en avaient gagné qu'un seul. J'en voulais plus. Je savais que j'avais le potentiel pour ça, et je faisais bien les choses. Ces larmes, c'était une délivrance après de nombreuses années de lutte. J'ai libéré ce que j'avais au fond de moi. »

Le Ballon d'or est, plus qu'un trophée, une quête personnelle profondément ancrée en CR7. Quand il reçoit le premier, dans les locaux de TF1 lors de l'émission « Téléfoot », il déclare : « Les gens qui me connaissent et me côtoient savent que c'est un rêve qui se réalise. Ce trophée compte tellement pour moi que je veux le remporter encore et encore. Tous les matins, en me réveillant, je me répète que je dois progresser. » Il est le premier joueur de MU à remporter le Ballon d'or depuis George Best en 1968, et sa façon d'associer son travail quotidien à la conquête du Ballon d'or dit tout de sa manière d'envisager le métier.

52

2008, LA PREMIÈRE LIGUE DES CHAMPIONS

Pour gagner son premier Ballon d'or, pour devenir le meilleur joueur du monde, Cristiano Ronaldo sait qu'il doit empiler les titres. En 2008, il est de nouveau champion d'Angleterre mais surtout, après la démonstration contre l'AS Rome, cette fois MU va au bout en Ligue des champions. Au stade Loujniki de Moscou, contre le Chelsea d'Avram Grant, il est aligné dans une position libre, plutôt côté gauche, dans la zone de Michael Essien, arrière droit de circonstance de l'équipe londonienne.

Et ça marche. CR7 ouvre le score de la tête. Un centre de Wes Brown au second poteau et, comme espéré, Cristiano Ronaldo s'élève très haut au-dessus du Ghanéen pour marquer. Mais la finale, sur la pelouse hybride de la capitale russe, est fermée. Frank Lampard égalise avant la pause, les deux équipes vont jusqu'aux tirs au but.

Là, le scénario dérape d'entrée pour le Portugais, premier tireur de son équipe. Il s'arrête au milieu de sa course d'élan et envoie sa tentative à mi-hauteur, sur la droite de Petr Cech, qui stoppe le ballon. Ronaldo est

« sauvé » par une glissade de John Terry, qui perd ses appuis alors qu'il frappe en cinquième position pour les Blues. Si le défenseur central marque, c'est gagné pour Chelsea. Il glisse et se manque. Derrière, Edwin Van der Sar repousse le tir de Nicolas Anelka, septième de la liste londonienne, et donne la victoire à MU. Pendant que toute l'équipe fonce vers le héros néerlandais du soir, Cristiano Ronaldo reste prostré dans le rond central. Il sanglote, à la fois soulagé et heureux comme jamais. Il sait que le Ballon d'or est en vue et ne parvient pas à aller au-delà de ça. Il est centré sur lui-même, plus que jamais, et c'est aussi une des explications de son tir au but raté. À l'instant de frapper, il sait qu'il est au centre de l'attention et se concentre sur ce paramètre, il veut marquer pour lui, pas pour l'équipe. Et il manque.

En zone mixte, loin de corriger l'impression laissée au moment du dénouement, CR7 accentue le malaise né quelques jours plus tôt, quand il a déclaré à la presse espagnole : « J'ai déjà répété que je rêve de jouer en Espagne. Les rêves ne deviennent pas toujours réalité, mais je continue de rêver. Je suis heureux à Manchester United. Personne ne sait ce qu'il peut se passer à l'avenir. » Quelques heures avant la finale, et alors que le quotidien sportif espagnol *Marca* évoquait une entrevue entre Predrag Mijatovic, le directeur sportif du Real Madrid, et Jorge Mendes, ce dernier nous a assuré que Ronaldo, sous contrat jusqu'en 2012, ne quitterait pas MU lors de l'été 2008. « S'il fallait parier, je miserais une bonne somme d'argent là-dessus », avait déjà prédit Alex

Ferguson le mardi précédant la finale. Mais le manager de MU est face à un problème. Alors que son équipe vient de retrouver le sommet de l'Europe, son meilleur joueur veut bel et bien partir, persuadé que l'aventure anglaise est finie et obnubilé par cette quête du Ballon d'or, cette récompense individuelle dont l'Écossais se méfie comme personne. À l'issue de l'élimination en quart de finale de l'Euro contre l'Allemagne, Ronaldo appuie : « Tout le monde sait ce que je veux, j'espère que les choses vont se décanter cet été. »

Il faudra toute la détermination d'Alex Ferguson pour avoir gain de cause : le club menace le Real Madrid de déposer une plainte officielle devant la FIFA pour dénoncer le comportement du club espagnol. L'Écossais se déplace de nouveau au Portugal pour obtenir un cessez-le-feu. Dans le salon lisboète de son adjoint Carlos Queiroz, qui réunit également Cristiano Ronaldo et Jorge Mendes, l'accord est scellé : CR7 sera encore mancunien une saison. « Vu la façon dont Calderon (le président du Real) a abordé ce dossier, je ne peux pas te laisser partir cette année, explique Ferguson à Ronaldo, ainsi qu'il le relate dans son livre. Je sais que tu veux aller au Real Madrid. Mais je préférerais me tirer une balle plutôt que de te vendre à ce type maintenant. Si je le faisais, je perdrais mon honneur, je perdrais tout. Tant pis si tu dois rester en tribunes. Je sais que je n'aurai pas à en arriver là. Je ne te laisserai pas partir cette année. »

53

L'EURO 2008 AVAIT SI BIEN COMMENCÉ

Quelques jours après le gain de sa première Ligue des champions, Cristiano Ronaldo débarque avec son équipe nationale en Suisse. L'Euro 2008 est la première compétition de l'après Luis Figo, et si Nuno Gomes porte le brassard portugais au nom de l'ancienneté, tout le monde attend l'ailier de Manchester United, atout numéro un d'une Seleçao qui n'en manque pas, de la charnière Pepe-Ricardo Carvalho en passant par les lutins du milieu nommés Deco et Joao Moutinho, qui dispute sa première phase finale.

Quand ils débarquent à Genève, les partenaires du futur Ballon d'or comprennent combien l'environnement leur est favorable. Bien plus qu'en Allemagne deux ans plus tôt pour la Coupe du monde, la forte communauté portugaise installée en Suisse les soutient comme aucune autre équipe en ce mois de juin 2008. De l'aéroport de la capitale économique du pays jusqu'à Neuchâtel, où ils ont établi leur camp de base dans un luxueux établissement posé au bord du lac, le premier trajet en bus de la Seleçao se transforme en procession. Des milliers de motos escortent le car sur la bonne centaine de kilomètres d'autoroute entre les deux villes. Quelques jours plus tard, le premier entraînement ouvert au public, au stade de la Maladière, tourne au triomphe. Il y a 12 000 spectateurs présents, et une scène improbable a lieu ce jour-là : Luiz Felipe Scolari demande au public de baisser d'un ton ses encouragements car il n'arrive pas à se faire entendre de ses joueurs. « MERCI D'ARRÊTER les klaxons s'il vous plaît : vous pouvez crier, chanter, applaudir, mais pas klaxonner pendant l'entraînement », lance le speaker du stade.

Et il y a, de fait, une forme d'euphorie autour de l'équipe européenne la plus régulière des quatre années précédentes, qui reste sur une finale d'Euro et une demi-finale de Coupe du monde. La forme de Ronaldo, auteur de huit buts en qualifications, est le premier vecteur de cette confiance. Car Luis Figo n'est plus là, Da Costa non plus. Maniche et Tiago, eux, n'ont pas été convoqués. Et Ricardo, le gardien titulaire depuis l'Euro 2004, ne l'est même plus en club, au Betis Séville.

Luiz Felipe Scolari déroule le discours convenu : « Je comprends que vous voyiez les choses comme cela. Mais nous avons disputé quelques matches sans lui en éliminatoires et nous les avons gagnés. Un seul joueur ne fait pas une équipe. Même dans le cas de cracks comme Cristiano Ronaldo. C'est toujours l'équipe qui fait gagner. En plus de son talent, Cristiano est aussi un joueur qui travaille, qui aide les autres. » Les faits ne contredisent pas « Felipao ».

Le Portugal a été battu par l'Italie (1-3) puis par la Grèce (1-2) en préparation, mais rien ne semble entamer l'optimisme ambiant. Pas même ces 49 rencontres officielles disputées avec Manchester United par le nouveau numéro 7 du Portugal, ou les spéculations sur son éventuel départ au Real Madrid. « Vous pouvez perdre votre temps en lui posant la question demain, après-demain et encore les autres jours, lance Luiz Felipe Scolari aux journalistes. Il vous fera la même réponse que moi : l'avenir en club, on en parlera seulement à la fin de l'Euro. »

Le Brésilien répond quand même aux questions sur le positionnement de son attaquant, maintenant qu'Alex Ferguson a pris l'habitude de le placer dans l'axe lors des grands rendez-vous. « Oui, pourquoi pas, à partir du moment où je dispose des joueurs qui possèdent les caractéristiques pour effectuer le travail consenti par les joueurs de Manchester pour libérer Cristiano. Il faut s'adapter à son groupe », réplique un Scolari conservateur à souhait. Il le revendique lorsque le Portugal suggère qu'il est le meilleur avant-centre disponible : « Non, je ne suis pas d'accord. Pour jouer avant-centre, il faut maîtriser complètement le poste. C'est une fonction bien précise. Y évoluer quinze à vingt minutes en fin de match, c'est une chose, mais devenir un véritable avant-centre, c'en est une autre. »

Il ne risque pas de réviser son jugement après l'entrée en scène de son équipe. Le Portugal domine largement une faible Turquie. La délivrance vient de buts de Pepe (61e) puis de Raul Meireles dans le temps additionnel, et Cristiano Ronaldo déroule la liste des satisfactions du jour : « L'objectif ce soir était de gagner, et on a gagné. On a mis deux buts, tiré trois fois sur la barre, on s'est bien sentis sur le terrain, on s'est créé beaucoup d'occasions. C'est une victoire très importante. On sait qu'on est une grande équipe, on veut réussir de grandes choses. Alors, on va continuer à prendre les matches les uns après les autres parce qu'on n'a encore rien gagné. Mais on est sur le bon chemin. »

Avant la deuxième session du programme, Petr Cech, le gardien tchèque, rappelle dans *L'Équipe* : « Ronaldo a marqué 45 buts toutes compétitions confondues cette saison, c'est énorme ! Il a marqué de la tête, du gauche, du droit, sur coups de pied arrêtés. Il sait tout faire. Sa saison est exceptionnelle. Champion d'Europe et d'Angleterre. C'est lui qui pourra faire la différence. »

En finale de la Ligue des champions, le gardien de Chelsea a stoppé son penalty, mais n'a pas pu empêcher la défaite de Chelsea. « J'ai arrêté son penalty à Moscou mais, à la fin, c'est lui qui était heureux, pas moi, continue l'ancien joueur du Stade Rennais. Et ça, ça fait une grande différence. Ce qui aurait pu être la pire journée de sa carrière… est devenu son triomphe. Il a soulevé le trophée, et n'oubliez pas que c'est lui qui a marqué pendant le match. »

Ronaldo récidive avec son équipe nationale, participant activement au supplice de Petr Cech : il est à l'origine du premier but (signé Deco), inscrit le deuxième et offre le troisième à Ricardo Quaresma. Ce soir-là, à

Genève, Deco réalise peut-être son meilleur match pour le Portugal. Les mines réjouies, dans les coursives du stade, attestent de l'optimisme qui préside alors. La qualification acquise dès le deuxième match va permettre aux Portugais de faire tourner leur effectif pour le troisième, sans enjeu, face à la Suisse, pays hôte déjà éliminé. Tout va bien pour le Portugal ? Oui, enfin presque.

54

SCOLARI ENTRE LE PORTUGAL ET CHELSEA

La délégation portugaise a quitté le stade de Genève depuis quelques minutes quand le communiqué tombe, à exactement 21 h 06 : Chelsea annonce avoir recruté Luiz Felipe Scolari, qui sera son entraîneur à compter du 1er juillet suivant. L'information trouble d'un coup le ciel jusqu'alors uniformément radieux au-dessus de la Seleçao, qui s'est trouvée avec Deco un nouveau leader de vestiaire, pense-t-on. Les caméras ont surpris une conversation entre le Barcelonais et le Mancunien à la pause. « Je lui ai expliqué qu'il devait lâcher son ballon, que c'était mieux pour nous s'il ne tentait pas systématiquement le dribble, qu'on pouvait passer aussi en une-deux, pas toujours en un contre un », explique assez benoîtement Deco, dont l'argumentaire est renforcé par le déroulement du match : le Portugal a marché sur les Tchèques en seconde période et Ronaldo, impliqué sur les trois buts, a effectué un pas de plus vers son premier Ballon d'or.

Mais il y a ce foutu communiqué de 21 h 06, qui officialise un contrat de trois ans, moyennant cinq millions d'euros par saison pour Scolari. Ce dernier s'est mis d'accord directement avec Roman Abramovitch, le propriétaire russe du club londonien, qui n'était donc pas venu en Suisse seulement pour visiter l'exposition « Art 40 Bâle ». Le milliardaire aurait finalisé l'opération Scolari le matin même du match, après s'être invité, déjà, à l'hôtel Beau-Rivage de Neuchâtel, où Jorge Mendes, l'agent de Cristiano Ronaldo, avait table ouverte durant l'Euro. Alors qu'il avait martelé dans *L'Équipe*, puis en conférence de presse, la veille de l'ouverture de l'Euro, qu'il ne répondrait à aucune sollicitation de club avant la fin de l'épreuve, le Brésilien a fait exactement le contraire : il a signé ailleurs avant la fin de son contrat avec la FPF, le 30 juin. Le président de la Fédération portugaise a d'ailleurs été cueilli par la nouvelle au moment d'embarquer pour Lisbonne. Gilberto Madail était au courant des tractations, mais on lui aurait gentiment suggéré qu'il était plus raisonnable de demeurer sur le sol suisse pour gérer l'affaire. « Il y a des opportunités qui ne se refusent pas et qu'on ne peut pas laisser passer », lâche Madail alors qu'une photo est publiée : on le voit féliciter chaleureusement Scolari pendant que les joueurs, attablés pour le dîner, applaudissent. Scolari, arrivé au Portugal en janvier 2003, après avoir remporté le Mondial 2002 avec le Brésil, c'était son idée ; jusque-là un succès, avec une demi-finale de Coupe du monde (en 2006), une finale d'Euro (2004), et l'installation de la Seleçao au sein des références mondiales. Depuis la Seconde Guerre mondiale, aucun technicien ne s'était maintenu aussi longtemps à ce poste, ni sur un tel bilan : 72 matches, 42 victoires, 18 nuls, 14 défaites (y compris les deux qui suivront l'annonce de son départ). Mais sa sortie ressemble à un cafouillage. Le Brésilien a informé les joueurs de son départ à Londres lors du repas d'après-match. Certains (Bosingwa, Ricardo Carvalho, Paulo Ferreira) avaient été prévenus par leur club… par SMS. Et Deco est aussi en partance pour les Blues.

Au moins, le fracas autour du sélectionneur détourne l'attention. Cristiano Ronaldo passe la journée qui suit sur le lac de Neuchâtel, avec au passage un repas dans un restaurant d'Estavayer-le-Lac, accompagné d'Armando Petit et Jorge Ribeiro, sur une terrasse privatisée. Armenio Isidoro, l'homme qui a assuré le « convoyage » sur l'eau et sur terre, explique, le lendemain, à un quotidien suisse : « Le seul but de cette balade, c'était que les joueurs passent un moment de détente. Il n'y a eu aucun rendez-vous, aucune rencontre. D'après ce que je sais, je peux même vous dire que Ronaldo va rester à Manchester United. Toute cette affaire, c'est beaucoup d'intox pour déstabiliser l'équipe du Portugal. »

En fait, le Portugal est assez grand pour se déstabiliser tout seul.

Luiz Felipe Scolari, qui a annoncé cinq à six changements pour le dernier match de groupe face à la Suisse, brasse finalement encore plus large : huit habituels remplaçants sont alignés d'entrée, et même neuf avant le repos, quand Jorge Ribeiro vient relayer un Paulo

Ferreira au bord de l'expulsion (tacle dangereux sur Behrami, 30e). Et pour l'occasion, les coiffeurs lusitaniens ne sont pas aidés par l'arbitre, qui oublie dans un premier temps un penalty pour une faute de Lichtsteiner sur Nani (15e), puis refuse un but à Helder Postiga pour un hors-jeu imaginaire (36e), avant d'accorder en fin de match un penalty parfaitement contestable à la Suisse (81e). Les Portugais touchent aussi deux fois les montants par Nani (18e, 53e). Au coup de sifflet final, Luiz Felipe Scolari pose ostensiblement son index sur ses lèvres, pour intimer l'ordre aux Portugais de ne surtout pas verbaliser leur frustration d'un soir. « J'ai dû laisser quelques joueurs au repos pour ce match. J'aurais dû remplacer onze joueurs et non huit, lance-t-il après la rencontre. C'est de ma faute. J'ai commis une grosse erreur car nous avons pris quelques risques. »

La version de remplacement a perdu mais le vrai Portugal est annoncé en quart de finale, contre l'Allemagne. Où, pour une fois, la Seleçao fait figure de favorite. Deux jours avant la rencontre, Cristiano Ronaldo se déplace en conférence de presse. Il y promène sa confiance, son sourire aussi. « Le favori, ça n'existe pas. C'est celui qui jouera le mieux, celui qui se créera les meilleures occasions qui gagnera, affirme le Mancunien [...] Je ne vais pas vous mentir. C'est mieux d'avoir eu quelques jours de repos supplémentaires. Mais cela ne réduit pas la difficulté. L'Allemagne est certainement l'obstacle le plus difficile depuis le début de cet Euro. Contre l'Autriche (1-0), l'Allemagne n'a pas pratiqué un excellent football, c'est vrai, mais elle est composée de très bons joueurs… comme nous (sourires). Pour continuer notre chemin, nous devrons être le Portugal des deux premiers matches […] Je sais que notre chemin s'arrêtera si nous perdons contre l'Allemagne, mais je sais aussi que nous avons les moyens d'aller plus loin. C'est un rêve, mais l'équipe joue très bien et je suis très confiant : il peut se réaliser. » Ronaldo dribble les questions jusqu'à la dernière, d'un confrère anglais : « Quel est votre plat préféré, la paella ou le fish and chips ? – La bacalhau (la morue, plat traditionnel portugais) », répond-il.

En fait, c'est un Portugal en bout de course qui se fait piéger par l'Allemagne en quart de finale. Handicapée par la blessure rapide de Joao Moutinho, la formation de Luiz Felipe Scolari est piégée tactiquement par celle de Joachim Löw. Mentalement, Ronaldo semble s'éteindre au fil des minutes, comme vaincu par des forces qui le dépassent. Car pour une fois, l'Allemagne ne gagne pas à la fin, mais plutôt au début. La demi-heure n'a pas encore sonné que les partenaires de Ballack punissent par deux fois le placement incertain de la défense portugaise : d'abord un une-deux qui envoie Podolski au centre pour Schweinsteiger (0-1, 22e) ; puis un coup franc déposé sur l'épaule de Klose, alors que Bosingwa est remonté un mètre derrière les autres (0-2, 26e) ; et enfin une petite poussette de Ballack sur Paulo Ferreira, non sanctionnée, qui débouche sur un troisième but (62e) au moment où le Portugal a de nouveau des raisons d'y croire, dans un 4-4-2 qui exile Deco dans le couloir gauche et ramène

23 instants mémorables de la carrière de Ronaldo

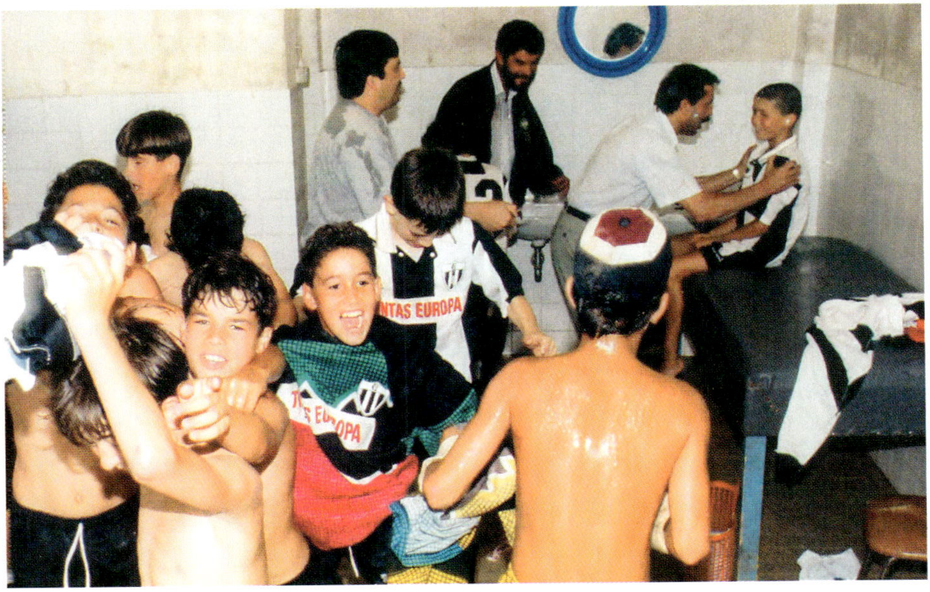

Scène de joie dans les vestiaires après la victoire du Nacional Madère. Cristiano Ronaldo a environ 10 ans, il est assis sur la table de massage. Son père, Dinis, est l'homme à la barbe.

En 2001, Cristiano Ronaldo dispute le « Mondial » de Montaigu, en Vendée, avec les -17 ans du Portugal.

Cristiano Ronaldo effectue ses débuts professionnels sous le maillot du Sporting Portugal durant l'été 2002. Le club de Lisbonne vient de réussir le doublé Coupe-Championnat. Le futur CR7 a 17 ans.

Le 6 août 2003, le Sporting Portugal affronte Manchester United pour l'inauguration du nouveau stade Jose-Alvalade. Cristiano Ronaldo réussit une prestation extraordinaire face à John O'Shea. Une performance qui précipitera son départ chez les Red Devils.

Le 12 juin 2004, en ouverture de l'Euro, le Portugal s'incline face à la Grèce (1-2) mais Cristiano Ronaldo, entré en jeu à la place de Simao à la pause, inscrit son premier but avec la Seleçao, de la tête.

À l'issue de la finale perdue face à la Grèce, Cristiano Ronaldo, en larmes, est consolé par Rui Jorge, l'actuel sélectionneur des Espoirs portugais, et Darlan Schneider, le préparateur physique, neveu du sélectionneur, Luiz-Felipe Scolari.

Cristiano Ronaldo dans le bras de Luiz-Felipe Scolari après la qualification aux tirs au but, face à l'Angleterre, en quart de finale de la Coupe du monde 2006. Un lien très fort s'est créé entre le sélectionneur brésilien et son joueur, liés à jamais depuis que celui-ci a annoncé à CR7 le décès de son papa à la veille d'un match en Russie, en septembre 2005.

À Rome, le 1er avril 2008, Manchester United s'impose 2-0 sur la pelouse de l'AS Rome en quart de finale de la Ligue des champions. Cristiano Ronaldo marque d'une tête surpuissante sur un centre de Paul Scholes, alors qu'il a débuté sa course d'élan hors de la surface. Un an après la démonstration collective face au même adversaire, ce but établit l'entrée du Portugais dans le cercle des meilleurs joueurs du monde.

Cristiano Ronaldo gagne la première Ligue des champions de sa carrière le 21 mai 2008, contre Chelsea, au stade Loujniki de Moscou. Il célèbre le succès en compagnie de Wes Brown. L'arrière latéral a adressé le centre qui a permis au Portugais d'ouvrir le score.

La remise du Ballon d'or 2008, le premier de sa carrière, sur le plateau de l'émission Téléfoot, sur TF1. À ses côtés, sa maman, Dolores, et Alex Ferguson, le manager de Manchester United.

Quelques jours après l'annonce officielle, le Ballon d'or est remis à Cristiano Ronaldo sur la pelouse d'Old Trafford. Jean-Michel Brochen (à gauche) et Marc Baugé (à droite), envoyés spéciaux de *France Football,* entourent Dennis Law, Cristiano Ronaldo et Bobby Charlton.

Cristiano Ronaldo et Jorge Mendes, son agent, au domicile du joueur à Alderley Edge, dans la banlieue de Manchester, le soir où le directeur de la rédaction de *France Football*, Denis Chaumier, vient lui annoncer officiellement qu'il a été élu Ballon d'or 2008.

Le 6 juillet 2009,
Cristiano Ronaldo est
officiellement transféré
au Real Madrid,
pour 94 millions d'euros,
et présenté dans un stade
Santiago-Bernabeu comble.
Pour l'occasion Alfredo di Stefano
et Eusebio sont présents.

À Zürich, Cristiano Ronaldo fond en larmes lorsqu'il reçoit son deuxième Ballon d'or, qui lui est remis par Pelé, sous les yeux de son fils aîné, Cristiano junior.

Pour gagner ce Ballon d'or 2013, il réussit notamment une performance extraordinaire lors du barrage de qualification à la Coupe du monde 2014. Il inscrit quatre buts en deux matches face à la Suède de Zlatan Ibrahimovic et bat le record de buts en sélection portugaise détenu jusque-là par Pedro Miguel Pauleta (47 buts).

Une partie du clan Ronaldo réunie pour la remise du Ballon d'or 2014, le troisième de CR7. De gauche à droite, Ricardo Regufe, le représentant de Nike devenu son ami, Cristiano junior, son fils, Hugo, son frère aîné, Dolores, sa maman, et Jorge Mendes, son agent. On aperçoit aussi, derrière ce dernier, le compagnon de Dolores.

Touché au genou gauche dans un choc avec Dimitri Payet, Cristiano Ronaldo doit se résoudre à quitter la finale de l'Euro 2016 au Stade de France, face aux Bleus, dès la 25e minute. Il est remplacé par Ricardo Quaresma.

Pendant la prolongation de cette finale, Cristiano Ronaldo est intenable. Après le but d'Eder (109e), il sera constamment sur le dos de son sélectionneur, Fernando Santos, qui fut aussi son entraîneur pendant quelques semaines au Sporting Portugal, durant l'été 2003.

Cristiano Ronaldo présente le trophée de l'Euro 2016 à la foule réunie devant le palais présidentiel, dans le quartier de Belem à Lisbonne. À sa droite, le président de la République, Marcelo Rebelo Sousa.

En action avec Karim Benzema, en 2017. Pendant neuf saisons, le Portugais a développé une relation technique exceptionnelle avec l'attaquant français : il formera avec lui l'une des meilleures doublettes offensives de l'histoire.

Avec Zinédine Zidane, il célèbre le titre de champion d'Espagne 2017. Cristiano Ronaldo a surtout remporté quatre Ligues des champions au Real Madrid, toutes avec l'ancien n° 10 des Bleus sur le banc : il était adjoint de Carlo Ancelotti en 2014 et entraîneur n°1 en 2016, 2017 et 2018.

Le 3 avril 2018, Cristiano Ronaldo réussit à Turin, en quart de finale de Ligue des champions, la bicyclette qui lui vaudra l'ovation du public italien. Quelques semaines plus tard, le Portugais gagne sa cinquième Ligue des champions personnelle avec le Real Madrid avant de s'engager en faveur de la Juventus Turin.

Ronaldo dans l'axe. Au total, les Portugais auront tiré deux fois plus au but que les Allemands, mais Helder Postiga marque trop tard (2-3, 87e) pour que l'espoir d'un retour existe complètement.

En conférence de presse, « Felipao » lâche, d'une voix aussi dépourvue d'émotion que possible : « L'Allemagne nous a fait très mal sur coups de pied arrêtés [...] Il y a eu des problèmes de marquage, notamment sur Ballack, ça n'a pas été fait correctement. Mes joueurs ont changé d'adversaire par rapport à ce qui avait été mis en place [...] Mais je suis responsable de la composition de l'équipe et du placement des joueurs sur le terrain, donc oui, je suis le premier responsable de cette élimination. Je suis très triste, car le Portugal avait la capacité d'être dans le dernier carré de cet Euro, mais nous avons commis trop d'erreurs. Je suis fier d'avoir travaillé avec un tel groupe, avec de tels joueurs. Et j'ai passé de très bonnes années au Portugal. Ce pays restera dans mon cœur. »

Cristiano Ronaldo, lui, rebondit à peine l'élimination actée : « Les gens savent bien ce que je veux, quel est mon rêve, et dans deux ou trois jours, il y aura des nouveautés. » « Ronaldo n'est pas à vendre, nous ne sommes pas disposés à étudier les éventuelles propositions », rétorque quelques heures plus tard Manchester United, alors que son joueur fait une autre révélation, dans les couloirs du parc Saint-Jacques de Bâle : il souffre depuis trois mois d'un décollement de deux fragments de cartilage du pied droit.

Depuis cette date, il enchaîne les rencontres à coups d'anti-inflammatoires. « J'étais déjà blessé en fin de saison à Manchester, mais nous ne voulions pas lâcher sur les derniers matches, et je n'avais pas complètement conscience de la gravité de ma blessure, nous confiera-t-il, dans *L'Équipe*, en octobre 2008. À l'Euro, j'avais très mal, je prenais des anti-inflammatoires. J'ai essayé de faire le maximum. Mais je ne pouvais plus m'entraîner comme je l'aurais souhaité. La douleur était constante, comme si j'avais un caillou dans ma chaussure. Au début des rencontres, elle était supportable, mais au bout de vingt à trente minutes, mon pied gonflait. »

Lors de ce quart de finale contre l'Allemagne, Arne Friedrich lui marche sur le pied et rend l'opération inévitable. Le chirurgien néerlandais Cornelis Nicolaas Van Dijk nettoie deux fragments de cartilage au niveau de la cheville. Ronaldo est mis à l'arrêt six semaines.

55

MU, UNE DERNIÈRE ANNÉE DE TROP ?

Comme il l'avait fait en 2006 pour éteindre l'incendie naissant entre Wayne Rooney et lui, Alex Ferguson s'est déplacé en personne pour convaincre son joueur de rester une saison supplémentaire. Il sait combien Ronaldo est focalisé sur la conquête du Ballon d'or et se méfie instinctivement de ces récompenses individuelles qui minent, à terme, un vestiaire, surtout à MU. Il sait aussi que le clan Ronaldo s'est mis d'accord avec le Real Madrid. Mais il obtient le compromis qu'il souhaite : OK pour un transfert en Espagne, mais dans un an. CR7 s'y soumet. Sa saison sera assez moyenne et les dernières semaines plutôt tourmentées.

Lors du derby contre City, il marque sur coup franc, son dernier sous les couleurs de MU. Il sort en seconde mi-temps, est fâché de la décision d'Alex Ferguson, et le montre ostensiblement. Il refuse d'abord de quitter le terrain, puis d'enfiler le survêtement qu'on lui tend, secoue la tête une fois assis en tribunes. Manchester gagne la Coupe de la Ligue, est champion pour la troisième fois d'affilée et atteint la finale de la Ligue des champions, contre le FC Barcelone de Pep Guardiola et Lionel Messi. Pas mal quand même ! Au stade olympique de Rome, ce dernier rendez-vous mancunien en C1 débute bien. Ronaldo force Victor Valdes à un gros arrêt, puis envoie un coup franc juste à côté du cadre. Mais l'entraîneur catalan modifie son dispositif, fait glisser Samuel Eto'o à droite et place Lionel Messi en faux numéro 9. Gerard Piqué commet la faute qui empêche Ronaldo de filer au but et ne récolte qu'un carton jaune (aujourd'hui, ce serait rouge). Derrière, le match se retourne pour ne plus appartenir qu'au FC Barcelone. Le petit Lionel Messi marque de la tête, la suite est une démonstration du grand Barça. Un affront pour Ronaldo, qui sait que l'Argentin a dominé leur duel et a déjà le Ballon d'or 2009 en poche. Nous sommes le 27 mai 2009, Cristiano Ronaldo vient de disputer son dernier match avec les Red Devils. Son jugement sur la rencontre est un adieu : « On a mal joué. Tactiquement, on a été mauvais. Rien n'a fonctionné. » Quelques coéquipiers tentent de le raisonner, de lui rappeler que le Manchester United d'alors navigue bien au-dessus du Real Madrid. Mais Ronaldo a décidé depuis des mois. Il va aller défier en Espagne le prodige argentin du FC Barcelone, ce rival absolu. Il quitte Manchester United après six saisons, 292 matches, neuf trophées et 118 buts.

« C'est un immense privilège qu'il soit resté chez nous pendant six ans, jugera plus tard Alex Ferguson. On a gagné une Coupe d'Europe et trois Championnats avec lui. C'est plutôt un bon retour sur investissement. » Mathématiquement, c'est même une culbute extraordinaire : acheté 17 millions d'euros, Cristiano Ronaldo a replacé MU sur le toit de l'Europe et a été revendu presque six fois plus cher.

56

2010, ANNÉE PROBLÉMATIQUE

Quand il arrive à Madrid, Cristiano Ronaldo a droit à la totale, le 6 juillet 2009 : présentation devant un stade Santiago-Bernabeu rempli rien que pour lui, séance de jonglages, etc. Le nouveau Galactique, c'est lui. « J'ai accompli mon rêve d'enfant de jouer pour le Real Madrid », déclare celui qui devient ce jour-là, sous les yeux d'Alfredo Di Stefano et d'Eusébio, le footballeur le plus cher du monde. Il dira ensuite : « Je me sentais comme une pop star, une étoile d'Hollywood. » Pourtant, outre sa relation fraîche avec le président du club, Florentino Pérez, la collaboration entre le géant d'Espagne et le Ballon d'or 2008 part sur des bases moyennes. Le 30 septembre, le Portugais est victime d'un tacle particulièrement engagé du Marseillais Souleymane Diawara. Le défenseur de l'OM a le pied au sol et prend le ballon, mais son action est tellement énergique qu'elle provoque son expulsion et la sortie de CR7, touché à la cheville droite. L'ailier tente un nouvel essai avec le Portugal, contre la Hongrie, quelques jours plus tard, mais il rechute et doit s'astreindre à un mois et demi de pause, l'un des plus gros arrêts de sa carrière.

Son premier carton rouge avec le Real Madrid intervient peu de temps après son retour, lors d'un match contre Almeria, à Madrid. Trois minutes après avoir récolté un carton jaune pour avoir enlevé son maillot (après le quatrième but), il donne un coup de pied dans le mollet d'un défenseur.

Un mois et demi plus tard, toujours à Bernabeu, contre Malaga, il casse le nez de Patrick Mtiliga d'un coup de coude et récolte deux matches de suspension. En Ligue des champions, Ronaldo est confronté aux limites de son club : le Real, deuxième de son groupe de qualifications, est sorti dès les huitièmes de finale par Lyon. « Ça fait mal d'être éliminé. J'ai été très loin en Ligue des champions ces dernières années. C'est douloureux de se faire sortir en huitièmes de finale. »

Dans son autobiographie, le Polonais Jerzy Dudek raconte l'humeur maussade de CR7 les jours suivants, et notamment cette séance d'entraînement ouverte aux familles et à quelques amis. Ronaldo ignore les demandes d'autographes et de photos. « Je ne suis pas ici pour prendre des putains de photos. Je suis ici pour gagner des matches. On s'est fait battre par Lyon. Laisse-moi partir. Je suis vraiment énervé. »

Le Real Madrid a perdu l'habitude de dominer l'Europe, il vit sous la domination du grand Barça de Pep Guardiola et Lionel Messi. Pour Ronaldo, l'adaptation n'est pas aussi spontanée qu'il l'imaginait. La Coupe du monde qui suit en est la confirmation. Carlos Queiroz est le sélectionneur, les deux hommes se connaissent bien depuis Manchester United, et Ronaldo est maintenant le patron incontesté d'une Seleçao où Deco, l'ancien leader technique, décline. C'est justement le problème. Le Portugal n'a pas d'avant-centre de référence, l'ancien adjoint d'Alex Ferguson a obtenu la naturalisation du Brésilien Liedson, l'attaquant du Sporting Portugal. Il a construit une équipe basée sur le contre avec, en pointe, un capitaine qui ne valide ni cette option tactique ni son positionnement. Quand il débarque en Afrique du Sud, au camp de base de Magaliesburg, au fin fond du Gauteng, Cristiano Ronaldo n'a pas marqué en équipe nationale depuis seize mois et son but sur penalty contre la Finlande, en février 2009. « J'ai gardé les buts pour maintenant », plaisante-t-il à l'arrivée de la délégation portugaise en Afrique du Sud. En conférence de presse, dans le petit gymnase du lycée où les Portugais s'entraînent, il feint la sérénité : « Je vais exploser lors de ce Mondial. Les buts, c'est comme le ketchup : il faut parfois attendre longtemps et après, tout vient d'un coup », lance-t-il en mimant le geste de la bouteille qu'on secoue. L'argument fait sourire, mais il n'est là que pour donner le change. Il ne correspond pas à la logique du personnage, qui ne laisse rien au hasard dans sa préparation, justement. Et si Ronaldo finit effectivement par mettre un but, c'est en conclusion d'un match gagné 7-0 face à la très faible Corée du Nord. Il ne provoque aucun déclic. Ronaldo n'a marqué ni contre le Brésil ni contre la Côte d'Ivoire en phase de groupes. Il n'y parvient pas plus dans ce huitième de finale cadenassé du Cap où l'Espagne est la première équipe à tromper Eduardo, jusque-là imbattable au cours du tournoi. C'est le Barcelonais David Villa qui élimine ce triste Portugal. Pendant la rencontre, les caméras captent le dépit de Ronaldo face aux changements frileux de Queiroz : « Pas comme ça, Carlos », lâche le capitaine lors d'un remplacement. À la sortie du terrain, quand les journalistes lui demandent son explication à cette élimination, il lâche un « Demandez à Queiroz » lourd de conséquences. Le capitaine a abandonné son sélectionneur, qui sera démis de ses fonctions quelques mois plus tard au bout d'un lent processus de pourrissement. Mais cette défaite face à l'Espagne confirme aussi que la première saison madrilène de CR7 n'a pas été à la hauteur de ses attentes.

57

SON ALLERGIE AUX GRANDS SOIRS

Un jour, Jorge Valdano fera ce rappel, au moment d'évoquer le rendement pas toujours optimal de Ronaldo lors des grands rendez-vous. « L'année de la Coupe du monde au Mexique en 1986, Maradona a joué 29 matches. Ronaldo en a joué presque 70 chaque saison. »

Il n'empêche. Au début de la saison 2010-2011, Ronaldo reste un très grand joueur escorté par des questions. Son attitude sur le terrain, son langage corporel trahissent un individualisme forcené, comme une carence qu'il l'empêcherait d'accéder au très haut.

La question vaut alors, aussi, pour son club, le Real Madrid, dans l'ombre du grand Barça et qui a recruté José Mourinho pour retrouver la victoire. Dans un entretien au magazine *Soho*, Jorge Valdano, le directeur sportif, défend son joueur : « Il est égoïste ? Je ne connais aucun grand buteur qui ne le soit pas. Il est vaniteux ? Comme tous ceux qui se produisent devant un public. Il défie les gens ? Il doit toujours se défendre contre des attaques sournoises. Il est ambitieux ? Un professionnalisme comme ça ne s'accommode que de la perfection. [...] Tout le monde se concentre sur des choses sans intérêt : s'il a fait un sourire ou s'il a l'air énervé, ses gestes, quelques mots... On devrait parler tous les jours de la façon dont il s'entraîne, de la façon dont il vit comme un vrai professionnel, de sa capacité à se surpasser saison après saison. Il est vraiment extraordinaire. C'est l'un des plus grands joueurs de l'Histoire. Il déçoit ceux qui pensaient qu'il allait faire le spectacle en passant d'une boîte de nuit à une autre. Cristiano passe d'une séance d'entraînement à une autre. »

Avec le temps, les désirs du champion du monde 1986 deviendront plus ou moins réalité, Ronaldo sera mieux accepté voire aimé par l'exigeant public madrilène. Mais au début de la saison 2010-2011, c'est sa collaboration avec son compatriote José Mourinho qui attise la curiosité. D'ailleurs, très vite, Jorge Valdano sera mis de côté par le Special One, désireux de s'arroger le maximum de pouvoir et de dévier l'attention après la douloureuse « manita » encaissée lors du premier Clasico de l'ère Mourinho.

À Madrid, tout le monde est pressé de gagner, la victoire fait partie de la culture du club. L'impatience va de pair. L'ultra-domination du FC Barcelone, en Espagne et au niveau européen, est une claque envoyée à la figure du Real, semaine après semaine. Les socios ne comprennent pas que les lourds investissements consentis pour recruter Ronaldo et quelques autres ne se concrétisent pas plus rapidement. L'arrivée de José Mourinho justifie leur empressement : l'entraîneur portugais est celui qui gagne partout où il passe. Au printemps, il a éliminé le grand Barça de la Ligue des champions avec l'Inter Milan. José + Cristiano = C1 ? C'est l'équation à laquelle s'accroche tout Madrid à l'été 2010. En fait, la collaboration entre les deux compatriotes fera progresser le Real et CR7, mais pas au point de lever l'hypothèque sur ce Ronaldo qui, lors des grands événements, ne serait pas complètement à la hauteur.

58

MOURINHO ET LUI

Quand José Mourinho et Cristiano Ronaldo se retrouvent au sein de la Maison Blanche, à l'été 2010, la paix a été décrétée par le Special One. Mais chacun se doute que la cohabitation entre deux personnalités aussi affirmées produira des étincelles. Cristiano Ronaldo et José Mourinho ont connu des gloires parfaitement contemporaines. Et depuis ses débuts, l'ego du joueur se confronte avec celui, peu contestable, qui, en 2003, lors des débuts du futur CR7, officiait au FC Porto, sacré devant le Sporting Portugal et auteur ce printemps-là du triplé Championnat – Coupe du Portugal – Coupe de l'UEFA. De Ronaldo, Mourinho dit alors : « La première fois que je l'ai vu, je me suis dit : “C'est le fils de Van Basten.” C'était un buteur mais par-dessus tout un joueur très élégant avec de belles qualités techniques et de mouvement. Il nous a tous impressionnés, il était largement au-dessus des autres. »

Mais de 2004 à 2007, les deux Portugais furent en confrontation directe, l'un comme attaquant star de

Manchester United, l'autre comme manager de Chelsea et figure de proue d'une nouvelle manière d'entraîner. « Il n'avoue jamais avoir tort », avait cinglé CR7 à propos de José Mourinho lorsque celui-ci se plaignait à longueur de conférences de presse d'un arbitrage supposé favorable à MU. Un jour, le double vainqueur de la Ligue des champions avec Porto et l'Inter Milan osera expliquer ainsi le comportement erratique de son compatriote : « Peut-être que c'est à cause de son enfance difficile et de son manque d'éducation. » Une allusion au milieu défavorisé d'où est issu Ronaldo, aussi bien qu'une référence à sa propre extraction de fils d'entraîneur de D1 portugaise, descendant d'une famille aisée qui avait prospéré sous la dictature d'Antonio Salazar.

À l'époque, Mourinho surfait sur les doutes qui accompagnaient encore Ronaldo, champion d'Angleterre pour la première fois en 2007 mais éliminé par l'AC Milan en demi-finale de la Ligue des champions et battu en finale de la Cup par le Chelsea de Mourinho. Deux rendez-vous où CR7 n'avait pas été à son meilleur niveau. À l'issue de la saison, il était néanmoins le premier depuis Andy Gray, trente ans plus tôt, à cumuler le titre de meilleur joueur et meilleur jeune du Championnat, décerné par ses pairs. Mais il y avait ces absences lors de certains grands matches. Et si Ronaldo n'était pas si grand que cela ? Ferguson lui maintenait plus que jamais sa confiance : CR7 était nommé capitaine de MU pour la première fois contre Bolton, il réussissait un doublé. Et lors des festivités à Old Trafford, toute sa tribu était réunie. Dont Dolores, tout juste remise d'un cancer du sein. Ces questions autour de la maturation du Madérien sont toujours d'actualité en 2010.

À l'inverse, José Mourinho a réussi quelques semaines plus tôt avec l'Inter Milan un triplé Coupe d'Italie – Championnat – Ligue des champions, qui a assis son statut de vainqueur. Il est le meilleur entraîneur du monde, il vient défier sur son terrain Pep Guardiola et son FC Barcelone, l'équipe qu'il a éliminée en demi-finales de la Ligue des champions (3-1, 0-1). Ronaldo ? Il en dit ceci lors de sa présentation officielle comme nouveau patron technique du Real : « C'est un joueur incroyable, très important, mais l'équipe est plus importante. L'équipe est au-dessus des individualités, et les joueurs doivent comprendre cela. Cristiano aime gagner et moi aussi, donc ce ne sera pas difficile de le persuader que le club est plus important, plus important que les joueurs et l'entraîneur. » Une déclaration en forme d'avertissement, déjà.

L'association Mourinho-Ronaldo est-elle un échec ? Il y a la « super manita » du 29 novembre 2010, la cinquième victoire 5-0 du Barça face au Real Madrid au cours de son histoire, qui place les Catalans en tête du classement. Il y a surtout cet enchaînement de quatre Clasicos en un mois. Le 16 avril 2011, en Liga, les deux équipes font match nul à Madrid (1-1) ; le 20 avril, le Real s'impose sur une tête magnifique de Ronaldo en finale de la Coupe du Roi. Mais en demi-finale de la Ligue des champions, le FC Barcelone s'impose (2-0) à Santiago-Bernabeu. Ronaldo, esseulé devant toute la rencontre, défend à sa façon l'option tactique minimaliste de son coach : « En tant qu'attaquant, je n'aime pas jouer comme ça, mais je dois m'adapter à ce que l'on me demande. » Une semaine plus tard, pour la réception de Saragosse, pour la première et dernière fois de son aventure madrilène, il n'est pas convoqué pour des raisons « tactiques ».

Avant la demi-finale retour (1-1 au Camp Nou), la tension est à son maximum entre les deux hommes. Mourinho explique entre autres, devant le vestiaire, qu'il est obligé de jouer très bas justement parce que Ronaldo n'accepte pas de défendre autant que les autres. CR7 marquera sur penalty, décrochera en fin de saison un Soulier d'or, mais la tension entre les deux hommes, qui partagent le même agent, ne retombera jamais complètement jusqu'au départ de Mourinho, en 2013. En 2012, le duo gagnera la Liga avec un nombre de points record mais échouera de nouveau en demi-finale de la C1, comme la saison suivante.

Avec eux, le Real a été réinstallé sur la carte de l'Europe, il a été un concurrent sérieux pour l'immense Barça. Mais il n'a pas tout gagné, et les deux hommes ont manqué plusieurs fois de peu d'en venir aux mains, comme à l'issue d'un quart de finale de Coupe du Roi contre Valence (2-0) au printemps 2013. José Mourinho part sur une saison blanche (le Real est battu en finale de la Coupe du Roi par l'Atlético de Madrid). « J'ai échoué lors de cette saison. La pire de ma carrière », reconnaît le Special One. À ses yeux, évidemment, Ronaldo porte une grosse responsabilité. Dès juin, il revient sur l'incident de Valence, pour *Reuters* : « J'ai juste eu un petit problème avec lui, très simple. Quand un entraîneur critique un joueur d'un point de vue tactique pour qu'il s'améliore et qu'il le prend mal, c'est parce qu'il pense déjà tout savoir ? Si c'est le cas, l'entraîneur ne peut pas l'aider à s'améliorer. »

Deux ans plus tard, il salue ainsi la nomination de Rafael Benitez sur le banc madrilène : « Ronaldo a été fantastique la saison dernière. Il a marqué un nombre incroyable de buts, mais je n'aime pas les joueurs ou les entraîneurs qui pensent plus aux récompenses individuelles que collectives. Les joueurs doivent comprendre que l'équipe passe avant tout. »

Réponse de CR7 ? « Je ne crache pas dans la soupe et je ne parle pas des gens qui disent du mal de moi. » Ensemble, ces deux-là n'ont pas assez gagné pour assécher leur soif de gloire. Mais le temps et l'entregent de leur agent commun, Jorge Mendes, aplanissent tout doucement les différends entre les deux Portugais qui ont changé le football au XXIe siècle.

Sur Canal 11, la télé de la Fédération nationale, José Mourinho explique ainsi en 2019, à propos de CR7 : « Sa longévité ne me surprend pas. À 34 ans, il est au top, dans une équipe au top, avec des ambitions au top. Ça ne me surprend pas du tout parce que génétiquement c'est un cas d'étude, et psychologiquement c'est pareil. C'est un garçon qui ne pense qu'à gagner, à battre des records, à atteindre de nouvelles marques, à réussir toujours plus et plus, et mieux. C'est vraiment un phénomène. Alors ça ne me surprend pas du tout. »

Dans sa bouche, c'est un immense hommage.

59

DE 2009 À 2012, L'OMBRE DE MESSI

En décembre 2010, le premier Clasico de la saison a lieu en décembre. Le Real est en tête au classement et marque au bout de 22 secondes. Mais la suite est une épreuve, le Barça revient et surclasse Madrid (3-1). Cristiano Ronaldo perd contre Messi, encore. Comme en finale de la Ligue des champions 2009. Le quotidien *AS* l'éreinte : « Si nous nous intéressons au duel entre Messi et Cristiano, la comparaison n'a pas lieu d'être. Le Portugais n'a rien à faire valoir : il a été une nouvelle fois obsédé par l'idée de briller, et accablé par sa volonté de gagner le Clasico sur chaque action. Il a raté deux grosses occasions à des moments clés. Il n'était pas au niveau et ce n'est pas une nouveauté lors des Real-Barça. Messi, à l'inverse, a encore une fois fait la différence. »

Quelques jours plus tôt, Cristiano a reçu son deuxième Soulier d'or et déclaré : « Je suis heureux de jouer à la même époque que Messi. J'aime la concurrence, comme ça on saura qui est vraiment le meilleur. » Mais en janvier 2012, Lionel Messi engrange son troisième Ballon d'or d'affilée, en plus des Ligues des champions 2009 et 2011. Ronaldo est à la remorque, et seul son rendement démoniaque de la saison 2011-2012, sans conteste la meilleure de l'ère Mourinho, amorce un début de renversement de tendance. CR7 réussit deux triplés contre l'Atlético de Madrid, ne marque pas lors de onze matches seulement sur tout l'exercice ! Le 28 janvier 2012, batailleur comme jamais, il reçoit la première standing ovation de Santiago-Bernabeu lors de la victoire contre Saragosse, deux ans et demi après son arrivée dans la capitale espagnole. Et, apothéose, lors de la 35e journée, il inscrit à la 72e minute le but de la victoire au Camp Nou : le premier succès du Real chez son rival depuis quatre ans, et un pas décisif vers le titre. Mourinho et Ronaldo réussissent une Liga record, avec 100 points, neuf de plus que le Barça, et 46 buts pour le Portugais. Mais le Real échoue de nouveau en demi-finale de la Ligue des champions, contre le Bayern Munich, malgré le doublé de CR7 au retour. Ronaldo, qui a marqué sur penalty pendant le temps réglementaire, décide de changer de côté lors de la séance de tirs au but. Manuel Neuer le voit venir et dévie sa tentative.

Le Portugais est plus fort que jamais lorsqu'il arrive à l'Euro 2012, au sein d'une Seleçao limitée mais entièrement à son service. Il commence très mal l'Euro mais cette phase finale est la première où il pèse vraiment. Il réussit d'excellents matches qui renversent les Pays-Bas (2-1) au premier tour puis la République tchèque en quart (1-0), et c'est encore lui qui obtient l'occasion de renvoyer l'Espagne à la maison, en demi-finale. Mais Iker Casillas détourne le ballon du pied. Quelques minutes après l'élimination, encore une fois face au grand voisin ibère, Ronaldo s'arrête en zone mixte. Depuis le début de la compétition, il a été provoqué à chaque match par les « Messi, Messi », hurlés par une partie des spectateurs. Alors, quand l'Argentin revient dans une question d'un confrère, il expulse cette rage contenue depuis trop longtemps. « Vous savez où il était Messi, au même moment l'an dernier ? En train de se faire sortir de la Copa America organisée dans son propre pays (en quart, aux tirs au but, contre l'Uruguay). Je trouve que c'est pire, pas vous ? »

Cette fois, face à l'Espagne, le Portugal a échoué aux tirs au but. Placé en cinquième position dans la liste des tireurs de Paulo Bento, Cristiano Ronaldo n'a pas eu l'occasion de tenter sa chance : son équipe a été éliminée dès le quatrième frappeur. Cette décision de finir et non pas d'entamer la séance est perçue comme une marque d'orgueil mal placé par les médias de son pays, et Ronaldo est hanté par ce sentiment que, quoi qu'il fasse, il sera moins aimé que le si lisse Léo Messi. En 2012, il a enfin rétabli l'équilibre, en marquant six buts en six Clasicos (contre trois pour Messi) et en remportant la Liga, mais c'est encore l'Argentin qui glane un quatrième Ballon d'or d'affilée. Il n'y a alors que Ronaldo pour penser qu'il peut revenir dans son duel avec l'Argentin.

60

MESSI, SON MEILLEUR ENNEMI

L'arrivée de Cristiano Ronaldo en Espagne, à l'été 2009, a ouvert un incroyable feuilleton, la rivalité entre les deux plus grands joueurs du monde rejouée toutes les semaines, en Liga, en Ligue des champions et, parfois, en équipe nationale. De 2008 à 2017, Lionel Messi et son rival portugais vont se partager tous les Ballons d'or (cinq chacun) et, quoi qu'ils en disent, s'épier l'un l'autre. Il y a chez Cristiano Ronaldo une forme d'obsession pour Lionel Messi. Selon de nombreuses sources, l'entourage du Portugais aurait longtemps usé de sobriquets pour désigner ce concurrent. « Le nain » plutôt que « la puce », entre autres.

Que l'évocation même de la star du FC Barcelone soit devenue un sujet quasi tabou en présence du Portugais, à une époque, ne fait guère de doute. Et finalement peu importe. Ronaldo avait besoin d'un aiguillon pour exacerber sa soif de réussite. Ce sera donc Lionel Messi. Le dernier face-à-face entre les deux hommes, en décembre 2020 en Ligue des champions (3-0 pour la Juventus à Barcelone), était le premier depuis le 6 mai 2018, date du dernier Clasico les ayant opposés (2-2). Le 36e affrontement de leur carrière. Le public retrouvait deux monstres pesant alors 252 buts et neuf victoires en C1 à eux deux. L'Argentin, c'était seize trophées dans toute sa carrière avec le FC Barcelone, contre dix en neuf saisons avec le Real Madrid pour Cristiano Ronaldo. En Ligue des champions, une égalité parfaite de deux victoires chacun (et deux nuls). Et en sélection, deux matches seulement au compteur, avec un premier Argentine-Portugal en 2011 et un succès 2-1 des Argentins grâce à un but dans les arrêts de jeu de... Lionel Messi. Trois ans plus tard, en novembre 2014, les deux sélections s'étaient retrouvées à Genève, et le Portugal avait battu les finalistes de la précédente Coupe du monde (1-0) sans que ni l'un ni l'autre ne marque.

Derrière cette avalanche de chiffres, donc, un combat de bientôt quinze ans entre les deux plus grands joueurs du début du XXIe siècle.

Le football n'avait jamais connu rivalité similaire. Même l'arrivée de Diego Maradona à Naples, en 1984, n'avait pas installé complètement le duel avec Michel Platini. Le Français était le maître à jouer du club ultra-dominant du moment, la Juventus Turin, et le temps que Naples construise un collectif capable de seconder efficacement l'Argentin, Platini, triple Ballon d'or 1983, 1984 et 1985, avait plus ou moins quitté la scène : il prenait sa retraite dès 1987, année du premier titre de champion d'Italie du Napoli. Surtout, on ne demandait pas, alors, aux meilleurs d'aligner les performances de semaine en semaine, en mondovision. Leur légende s'écrivait sur quelques matches télévisés, et sur ce qui se disait et s'écrivait des autres. Diego Maradona, comme Platini, Cruyff ou plus encore Pelé, était un génie incomparable. Mais une semaine sur deux, et encore. Avec Messi et Ronaldo, ce fut du coup pour coup neuf années durant. Et aujourd'hui encore, à Turin, il est probable que Ronaldo scrute les résultats du FC Barcelone avant ceux des autres clubs de Serie A.

« Nous sommes collègues. Collègues de travail en quelque sorte… J'espère qu'on finira par en rire ensemble dans quelques années », avait expliqué CR7 dans *Marca*, en 2014. La même année, il avait lâché à l'autre quotidien sportif de Madrid, *As* : « Je pense que je suis le meilleur joueur et je travaille énormément pour y arriver. Même si ce n'est pas possible, je penserai toujours que je suis le meilleur. »

Les deux se sont clairement stimulés l'un l'autre, avec une constance inimaginable puisque l'un et l'autre ne se blessent presque jamais. Et Ronaldo lui-même en convient : Lionel Messi a été un carburant fondamental dans sa carrière : « Évidemment, la compétition m'aide à progresser. Mais pas seulement avec Messi, je pense aussi aux autres grands joueurs […] Messi et moi, on veut être les meilleurs et cela nous aide à progresser. »

Avant l'arrivée de Cristiano en Liga, personne dans l'histoire du football espagnol n'avait marqué plus de cinquante buts en une seule saison. Lui et Messi l'ont réalisé, depuis, plus d'une fois sur deux.

À force, le respect mutuel l'a emporté sur la rivalité et cette forme de haine qui peut la nourrir. Lors de la cérémonie du Ballon d'or 2013, à Zurich, la maman et les sœurs de Ronaldo vont voir Messi pour faire une photo en commun. Cette bienveillance avec l'Argentin devient alors la règle. Cristiano Ronaldo l'anxieux, le nerveux, a repris l'initiative. Après la finale de la Coupe du Roi qu'il a suivie des tribunes, en costume, il va mettre ses bras autour de Lionel Messi, qui lui tapote sur le ventre et finit même par sourire au Portugais, après avoir reçu quelques mots de réconfort. Le Real a gagné 2-1 sans lui, le complexe Messi n'existe plus.

Dans *France Football*, en janvier 2015, il explique : « J'ai toujours été motivé. Si vous avez l'opportunité de parler avec des joueurs de Manchester United qui étaient là quand je suis arrivé là-bas, comme Scholes, Giggs, Roy Keane, ils vous diront tous la même chose : que j'étais aussi motivé à l'époque que je le suis aujourd'hui. Alors oui, peut-être que Messi participe à la motivation, comme d'autres joueurs qui font grimper votre niveau parce que vous travaillez pour être meilleur qu'eux. Toute concurrence est un apport de motivation supplémentaire. Y compris celle qui vient de joueurs d'autres Championnats... Il faudrait lui poser la question (à Messi). Mais je suis certain que notre concurrence le motive également. Elle est bonne pour lui, elle est bonne pour moi, et pour d'autres joueurs qui sont en train de grandir. Tout ça est bon pour le monde du football. Cela fait plusieurs années qu'on est au top, tous les deux.

Prenez le nombre de buts qu'on a inscrits l'un et l'autre : personne ne s'en approche. Les gens qui votent pour le Ballon d'or reconnaissent qu'on est les meilleurs. »

61

UNE RIVALITÉ AU PLUS HAUT DES CIEUX

On vous met tout de suite à l'aise : on ne tranchera pas dans les lignes qui suivent ce débat, qui est plus qu'un combat de cour d'école, puisque c'est un sujet qui fait causer partout, des bacs à sable aux machines à café, des plateaux TV aux repas de famille, et depuis des années : êtes-vous Messi ou Ronaldo, qui est le meilleur, qui est le plus gentil… ? La certitude, c'est que Cristiano Ronaldo est allé « chercher » son concurrent argentin en le rejoignant en Liga lors de sa signature au Real Madrid, en 2009. Il venait de subir, en Ligue des champions, l'affront d'une finale survolée par le FC Barcelone et par Lionel Messi, buteur de la tête ce soir-là.

Et, si duel il y a bien eu, il a souvent tourné en faveur de l'Argentin jusqu'à cette saison 2013-2014, moment où les courbes se sont infléchies. Depuis, le Real Madrid a gagné quatre Ligues des champions, contre une seule pour le Barça. Et Ronaldo s'est échappé au nombre de buts inscrits dans la compétition reine (il en comptait 17 de plus en fin d'année 2020). Surtout, Lionel Messi a perdu cette sorte de magistère qu'il avait exercé, un temps, sur la plupart des grands rendez-vous : déjà, il avait eu un impact moins net que Neymar dans la fameuse « remontada » infligée au Paris SG d'Unai Emery (6-1, le 8 mars 2017).

Il a été emporté par la marée lors des raclées subies par son équipe lors des trois dernières éditions de la C1 face à l'AS Rome, Liverpool et surtout le Bayern Munich, en août dernier à Lisbonne (2-8 en quart de finale de Ligue des champions). Dans le même temps, il n'a pas éteint les doutes sur sa capacité à mener son équipe nationale tel un capitaine digne de ce nom. Tout l'inverse de Cristiano Ronaldo, qui a gagné l'Euro 2016 avec le Portugal, le premier titre de l'histoire de la Seleçao, auquel il a ajouté la Ligue des Nations 2019. Qui a aussi empilé, en club, quatre Ligues des champions avec le Real, une Liga et deux Scudetti. Un sacré contraste, d'autant que CR7 met aussi les buts qui comptent, en équipe nationale, où il tourne, depuis ses 30 ans, à plus d'une réalisation par match (48 buts en 47 sélections, fin 2020). Mais aussi en club : outre l'inoubliable bicyclette qui avait retourné le Juventus Stadium en même temps que la Vieille Dame, il pèse dans les grands soirs. Y compris face au FC Barcelone de Messi, en décembre dernier (3-0, deux buts sur penalty), avec la Juventus, match après lequel il déclara : « Lionel Messi ? J'ai toujours eu une relation cordiale avec lui, on a partagé douze ou treize ans de remises de prix. Je ne l'ai jamais vu comme un adversaire, je me suis toujours bien comporté avec lui. On sait que, dans le football, on aime chercher une rivalité pour le spectacle. »

Alors, qui est le meilleur ? Le milieu brésilien Arthur, qui fréquente depuis cet été le Portugais après avoir été le coéquipier de l'Argentin à Barcelone, explique : « Par rapport à Messi, Ronaldo parle plus et est plus accessible. Ce sont des champions avant tout. Messi et Ronaldo, en cela, sont identiques. Ils sont concentrés du début à la fin. S'ils marquent trois buts, ils pensent déjà au quatrième. Ils ne s'arrêtent pas. C'est impressionnant et, en même temps, motivant. Ils vous poussent à tirer le meilleur de vous-même. » Comme Messi a poussé Ronaldo toujours plus haut vers l'excellence.

Ils ont chacun un œil en permanence sur l'autre, comme l'a reconnu l'Argentin après l'obtention du Ballon d'or 2019, son sixième personnel, dans *France Football* : «Quand Cristiano m'a égalé, je dois reconnaître que ça m'a fait un peu mal car nous étions alors deux à en avoir cinq. »

Messi a un Ballon d'or de plus, il a tout gagné sans jamais bouger de Barcelone. Cristiano Ronaldo a tout gagné, a été champion dans les trois grands clubs qu'il a écumés depuis son départ du Sporting Portugal, en 2003. Ne cherchez pas : vous trouverez toujours quelqu'un pour sortir un argument imparable qui établit, à ses yeux, la supériorité de l'un sur l'autre.

Une statistique rappelle combien la décennie passée leur a appartenu, combien leur duel aura été disputé sur cette période : à un but près, Ronaldo est le meilleur buteur mondial sur ces dix années : 550 à 549 !

62

LA C1, LEUR TERRAIN DE JEU

Quand ils se sont croisés en décembre dernier, cela faisait deux ans et demi qu'on ne les avait plus vus sur le même terrain de jeu. Et la pause nous avait semblé terriblement longue, tellement le duel entre ces deux garçons a envahi la scène au cours des quinze dernières années, en Liga mais surtout en Ligue des champions, leur espace favori. Lionel Messi et Cristiano Ronaldo, depuis 2008, c'est respectivement quatre et cinq C1 chacun, la plus belle compétition de clubs au monde taillée à la mesure des deux plus grands joueurs contemporains. En décembre dernier, donc, les deux meilleurs footballeurs du siècle étaient opposés au Camp Nou pour la 36e fois de leur carrière, cinq semaines après le match aller manqué par le Portugais, testé positif à la Covid-19. Les Catalans s'étaient imposés 2-0 à Turin ; au retour, un doublé de CR7 a assis la supériorité turinoise (3-0) et ramené le « score » entre les deux rivaux à 16 victoires à 11 en faveur de l'Argentin.

Lionel Messi et Cristiano Ronaldo ne se sont pas rencontrés si souvent que ça en Ligue des champions :

avant les retrouvailles de l'automne 2020, la précédente joute remontait au printemps 2011, à l'occasion de la demi-finale de C1 remportée par le Barça face au Real (2-0, 1-1), au plus fort de la rivalité Guardiola-Mourinho, cette période où le Portugais et le Real semblaient à la remorque de leur rival, et pour longtemps. « C'est fantastique que ces deux joueurs soient restés autant de temps à ce niveau, sur le toit du monde, disait Ronald Koeman, l'entraîneur catalan, lors d'une conférence de presse d'avant-match. Ce sont les deux meilleurs joueurs sur les dix ou quinze dernières années, ils sont restés performants pendant tout ce temps. Ils sont différents, mais tous deux ont des statistiques incroyables, que ce soit en termes de trophées individuels ou de victoires. »

L'affrontement de décembre a démontré, quand même, combien Ronaldo, un temps distancé par son rival, avait repris l'ascendant, au fil des ans. À sa manière. Début décembre, donc, Lionel Messi a été plus présent dans le jeu que Cristiano Ronaldo, il a obtenu une poignée de positions de frappe mais est tombé sur un très bon Gianluigi Buffon. Cristiano a été moins visible dans le jeu, il a inscrit son doublé sur penalties, mais il a égalisé à deux victoires partout avec son rival en C1, et la largeur du succès (3-0) a renvoyé le Barça à la deuxième place du groupe après cinq victoires. Et mis fin à l'invincibilité européenne des Catalans au Camp Nou, qui durait depuis 38 rencontres ! La légende continue, comme le résumait Alain Giresse dans les colonnes de *L'Équipe*, en 2020 : « Ils ont chacun des titres et des stats en étant les éléments moteurs des succès de leurs équipes. Dans ce cas, il y a un lien entre les chiffres et leur valeur réelle. On n'a jamais vu des joueurs de ce calibre à un même moment. Et ils ont compris la dimension planétaire de cette épreuve. Quand vous aviez Cruyff, Platini, Beckenbauer, Maradona, avant, il n'y avait pas cet impact, ni cette concurrence. On n'a jamais vu une opposition sportive aussi marquante [...] Ce qu'on vit par rapport à eux est unique. On est dans les étoiles. Il y aura un grand vide quand il y aura le clap de fin. Car ce ne sont pas des locomotives mais des avions supersoniques. Je me suis levé de mon canapé quand Ronaldo a planté son retourné contre la Juve. Quels sont les joueurs qui vous offrent de telles émotions ? On ne peut pas rester insensible. »

Ce sont ces rencontres-là qui manquaient à Ronaldo, comme il l'a rappelé lors du tirage au sort de la phase de groupes de l'édition 2019-2020. « Nos confrontations en Liga me manquent. Durant ces quinze dernières années, il m'a poussé à être meilleur, et je pense que moi aussi je l'ai poussé à être meilleur. C'est beau d'avoir écrit l'histoire du football. »

63

LA « DÉCIMA », CARLO ET LE NOUVEAU RONALDO

Pour Cristiano Ronaldo, l'été 2013 est celui de la bascule. L'arrivée de Carlo Ancelotti à la tête du Real Madrid apporte cette part d'apaisement qui a longtemps manqué à sa carrière. Autant José Mourinho use un vestiaire et un club qu'il porte à ébullition, autant l'Italien sait composer avec les particularismes d'une institution comme le Real Madrid. Il a joué et a entraîné au sein de l'AC Milan de Silvio Berlusconi, a dirigé Chelsea et le Paris SG avant de rejoindre la capitale espagnole. Les stars, il sait gérer. Les présidents intrusifs aussi. Même l'arrivée de Gareth Bale au 1er septembre, pour un montant possiblement supérieur aux 94 millions d'euros dépensés lors du transfert de Ronaldo en 2009, ne trouble pas tant que ça l'équilibre mis en place par l'Italien.

Ce dernier a compris combien l'effectif veut prouver qu'il peut gagner, sans sombrer dans l'attentisme instauré par José Mourinho. Ronaldo, qui a toujours eu besoin de « sentir » son entraîneur, le vit comme une libération.

À l'automne, le Portugais plane tellement qu'il sent la course pour le Ballon d'or pas totalement perdue. Franck Ribéry a tout gagné avec le Bayern Munich mais le nouveau mode de scrutin instauré en 2010 par le partenariat entre la FIFA et le magazine *France Football* rebat les cartes. Au-delà des titres, il faut prouver aux votants qu'on est le plus fort du monde. Lionel Messi en avait profité en 2010, glanant ce trophée pour la deuxième fois alors que Wesley Sneijder l'aurait emporté si l'on avait maintenu l'ancienne formule avec un jury exclusivement formé de journalistes. Et à la mi-novembre, donc, alors que le scrutin s'achève, CR7 vole.

Il retrouve sa sélection nationale pour le barrage d'accession à la Coupe du monde 2014, face à la Suède de Zlatan Ibrahimovic. À mi-parcours des qualifications (cinq matches), le Portugal pointait loin de la Russie après avoir été tenu en échec en Israël (3-3), et à domicile contre l'Irlande du Nord (1-1). Mais le 6 septembre, Cristiano Ronaldo inscrit son premier triplé sous le maillot de son pays, contre l'Irlande du Nord (4-2), dans les vingt-deux dernières minutes.

Entre début septembre et fin novembre 2013, CR7 inscrit 32 buts en 20 matches, qualifie le Portugal pour le Mondial et décroche son deuxième Ballon d'or.

En plus de triplés contre Galatasaray en Ligue des champions (6-1), Séville (7-3) et la Real Sociedad (5-1) en Liga, c'est la Seleçao qui va bénéficier de son état de transe. Il marque de la tête, à l'aller à Lisbonne, le seul but du match. Puis il éteint la Friends Arena de Solna au retour. Ce soir-là, il tire douze fois au but, inscrit un triplé en réplique au doublé de Zlatan Ibrahimovic. Et le public adverse, qui a accueilli ses premières touches de balle des traditionnels « Messi, Messi », finit par l'ovationner, conscient d'avoir vécu un grand moment de sport. Ce soir-là, Cristiano Ronaldo dépasse Pedro Miguel Pauleta, jusque-là meilleur buteur de l'histoire de la Seleçao avec 47 réalisations. Le point culminant d'une année civile exceptionnelle : en 2013, Ronaldo aura inscrit 69 buts, 22 de plus que Lionel Messi. Entre début septembre et fin novembre, il aura bombardé 32 buts en 20 rencontres.

Lors du triplé contre Galatasaray en Ligue des champions (6-1), le Real Madrid lui affiche, enfin, son soutien inconditionnel. 50 000 masques de Ronaldo sont distribués aux spectateurs de Santiago-Bernabeu, à deux jours de la clôture du vote pour le Ballon d'or 2013. Une réponse à Sepp Blatter qui, lors d'une conférence à l'université d'Oxford, s'était levé de sa chaise pour marcher « comme un commandant sur le champ de bataille », en mimant clairement le Portugais. Le Real Madrid demande des excuses au président de la FIFA. Cristiano Ronaldo, lui, célèbre ses trois buts d'un salut militaire.

En interne, tout se met en place, l'air de rien. Le Portugais se rapproche de Sergio Ramos, l'âme du vestiaire, et d'Iker Casillas, le capitaine. « C'est devenu un leader tout court », note Jorge Valdano. Longtemps surnommé par ses partenaires « the anxious one » (« l'anxieux »), Ronaldo est plus fort, à tout point de vue.

À l'origine, Carlo Ancelotti pensait plutôt l'aligner dans l'axe, comme avant-centre, pour l'exonérer du travail défensif. Mais l'ancien ailier explique à son nouvel entraîneur qu'il préfère partir d'une position théorique dans le couloir gauche pour attaquer en venant vers l'axe.

L'ancien staff du PSG découvre un joueur facile à gérer dès lors qu'il n'est pas contrarié sur l'essentiel. La clé tactique sera le repositionnement d'Angel Di Maria au cœur du 4-3-3, pour compenser le repli mesuré de Ronaldo : en fait, comme beaucoup d'équipes, le Real défendra en 4-4-2, CR7 et Benzema se partageant l'axe. L'autre recette du Real sauce Ancelotti sera aussi l'entente exceptionnelle entre CR7 et KB9, deux joueurs de très haute qualité technique.

Cela suffit pour remporter la Coupe du Roi contre le FC Barcelone (2-1) sans CR7, gêné d'avril à juin par une tendinite à un tendon rotulien. Ronaldo rate aussi le quart de finale retour de Ligue des champions à Dortmund, où il assiste du banc à la démonstration d'enthousiasme collectif du Borussia, qui manque d'emporter les rêves madrilènes, vainqueurs 3-0 à l'aller et menés 2-0 dès la 37e minute au Westfalenstadion.

Le Real défend en reculant, est dans les cordes. Ronaldo, sur le banc, ne tient pas en place. Mais le collectif résiste avec cette forme de sérénité qui crée la différence entre l'ère Mourinho et le mandat d'Ancelotti. Il en est de même en demi-finale contre le Bayern Munich de Pep Guardiola, vaincu à l'aller à Bernabeu (0-1) malgré sa maîtrise, balayé au retour à l'Allianz Arena (0-4) un soir où CR7 inscrit un doublé dans la foulée de celui réussi par Sergio Ramos. « Je mourais d'envie d'aller en finale, triomphe Ronaldo après cette performance. Tout le mérite en revient à Ancelotti. Il a tout changé, y compris la mentalité des joueurs. »

La finale a lieu chez lui, à Lisbonne, et si elle se dispute au stade de la Luz, l'enceinte du Benfica, le Real Madrid se met au vert à l'hôtel Tivoli, quartier général de Jorge Mendes quand il descend dans la capitale portugaise. À quelques centaines de mètres de l'auberge Don José, où il avait vécu à 16 ans. Ronaldo est chez lui et il a préparé spécialement ce rendez-vous, lui qui a manqué plusieurs matches depuis avril pour se ménager. Mais il influe peu sur cette rencontre qui semble lui échapper depuis le but de Diego Godin, le défenseur uruguayen de l'Atlético de Madrid. Il rate les trois occasions qu'il arrache, avant l'heure de jeu. À la 93e minute, Sergio Ramos sauve encore le Real en reprenant un corner de la tête. Les deux équipes sont à égalité. Mais l'une attaque la prolongation galvanisée, l'autre est épuisée. L'Atlético s'écroule et encaisse trois nouveaux buts dans cette demi-heure supplémentaire, avec pour finir ce penalty obtenu et transformé par CR7. Le Portugais le célèbre torse nu, tous ses muscles déployés vers le monde qui l'observe. Étonnant, un peu déplacé aussi. Mais à la mesure du soulagement : c'est son 17e but de la saison en Ligue des champions, il a maintenant marqué lors de toutes les finales disputées avec le Real (deux fois en Coupe du Roi, deux fois en Supercoupe d'Espagne) et a délivré le club du syndrome de la « Décima », cette dixième C1 qu'il attendait depuis 2002 et la volée sublime de Zinédine Zidane face au Bayer Leverkusen. Le Français, justement, est sur le banc, adjoint d'Ancelotti et lien entre la première génération des Galactiques et la nouvelle, celle des Sergio Ramos, Xabi Alonso, Karim Benzema, qui courait depuis des années après cette consécration.

Ronaldo achètera à chacun de ses coéquipiers une montre Bulgari Diagono Pro, d'une valeur estimée à 8 200 euros pièce, gravée au nom des joueurs, avec l'incrustation suivante : « La Décima ».

64

LA COUPE DU MONDE 2014, UN ÉCHEC ET UN REBOND

Ronaldo était-il en état de jouer la Coupe du monde 2014 ? Pour le commun des mortels, la question aurait été vite répondue, comme dans un spot célèbre sur les réseaux sociaux. Depuis avril, le Portugais évoluait sur un fil, au sens propre. Le danger, dans une tendinite rotulienne, c'est que le tendon lâche, provoquant des dégâts considérables à l'articulation. Après le gain du Ballon d'or 2014, le Portugais décrira ainsi son état clinique, sur le site de la FIFA : « J'étais blessé, je n'ai pas pu jouer pendant les deux semaines précédant la finale de la Ligue des champions à cause de la douleur. J'aurais pu demander à mon sélectionneur de ne pas m'appeler et partir en vacances, cela aurait été l'option la plus facile. Mais je préfère affronter les choses en face. » C'est la troisième Coupe du monde de sa carrière, elle se déroule au Brésil, pays fantasmé par tout joueur de football, et il a une équipe qui lui est entièrement dévouée.

À l'arrivée, c'est un naufrage. La Seleçao coule d'entrée face à l'Allemagne (0-4), obtient un pauvre résultat nul contre les États-Unis (2-2), et garde une chance de se qualifier si elle bat le Ghana et que le résultat de l'autre match du groupe lui est favorable. À Brasilia, Ronaldo traîne sa peine, ne tente rien de consistant dans le jeu. Il trouve la transversale dès la 5e minute sur un centre-tir, voit ensuite Dauda détourner un coup franc (12e), puis repousser miraculeusement le ballon sur une tête à bout portant (19e) et arrêter un autre tir, du gauche (32e). Quand il s'écroule dans la surface à la 73e minute en cherchant un penalty, on craint le désastre absolu. Le capitaine portugais se relève en boitant, et il claudique toujours à la 80e lorsqu'il marque du pied gauche, la jambe qui le fait souffrir. D'ailleurs, il ne célèbre pas son but. Dans les ultimes minutes, son épuisement moral devient évident : il hurle sur ce genou qui l'empêche de jouer normalement, est au bord des larmes. Son élection comme homme du match sonne comme une forme d'ironie. Le public siffle, malgré la victoire (2-1).

En zone mixte, Ronaldo ne masque pas son abattement. Il souffre depuis des mois, a le sentiment d'avoir mis sa santé en danger. Pour pas grand-chose. Il semble avoir perdu tout espoir de gagner, un jour, avec son pays. « Le Portugal n'a jamais été l'un des favoris et je n'ai jamais pensé que l'on pouvait devenir champions du monde. Pour être honnête, il suffit de voir les difficultés que l'on a rencontrées lors des barrages contre la Suède. Il faut que l'on soit humbles et que l'on réalise que nous ne sommes pas au niveau des meilleurs. » Pour la première fois (et pour le moment la dernière) de sa carrière, Cristiano Ronaldo est éliminé dès le premier tour d'une phase finale.

À cet instant, qui peut contredire CR7, arrivé en équipe nationale quand y officiaient des monuments comme Luis Figo, Deco, Rui Costa, Maniche, Pauleta ou Ricardo Carvalho ? Contre le Ghana, il y a parmi ses partenaires au coup d'envoi les quelconques Ruben Amorim, Joao Pereira, Miguel Veloso, ou un certain Eder, titularisé comme en désespoir de cause…

65

AU REAL MADRID, L'ÉTERNEL MAL-AIMÉ

De 2009 à 2018, Cristiano Ronaldo aura passé neuf saisons au Real Madrid, objectivement les meilleures de sa carrière, ponctuées à titre personnel par quatre Ballons d'or, et au niveau collectif par quatre Ligues des champions. Pourtant, le Portugais a quitté le club espagnol sans se retourner, quelques heures après son retour de la Coupe du monde en Russie, comme soulagé de délaisser une maison où il ne s'est jamais senti complètement chez lui. Drôle de contraste avec Manchester United, ce club qu'il adulait et pour lequel il garde une affection réelle.

Que s'est-il passé ? En septembre 2012, Ronaldo déclare : « Je suis triste et le club sait pourquoi. » Il vient d'inscrire deux buts contre Grenade mais a ostensiblement omis de les célébrer. « C'est pour des raisons professionnelles. Les gens ici savent pourquoi je ne célèbre pas mes buts. Je ne le fais pas quand je suis triste. » Avec José Mourinho, il a cumulé 53 buts en 2010-2011, 60 en 2011-2012. L'entraîneur portugais l'a soulagé, comme les autres, des charges défensives, et a adapté son équipe aux besoins de son attaquant. Pourtant, CR7 exprime son mal-être. Pourquoi ? Pas seulement parce que son compatriote est un entraîneur peut-être plus égocentré encore que lui. Parce que Ronaldo voudrait être mieux considéré, tout simplement.

Quand CR7 informe les médias de son « mal-être », il vient d'avoir un échange tendu avec son président. Quelques jours plus tôt, il s'est rendu dans son bureau pour discuter contrat et lui exprimer ses envies d'ailleurs, expliquant qu'il est prêt à mettre 100 millions sur la table. Florentino Pérez lui rétorque être d'accord s'il apporte le montant de sa clause libératoire, soit un milliard, ou Lionel Messi. Une réponse à la hauteur du malentendu quasi originel entre les deux hommes.

Le transfert du Portugais à hauteur de 94 millions d'euros est un deal réalisé par Ramon Calderon, l'homme qui a succédé à Florentino Pérez avant de lui céder à nouveau la place, le 16 janvier 2009 (le vice-président assura l'intérim jusqu'en juin). Pérez est l'homme qui a initié la politique des « Galactiques » au début des années 2000, celui qui a gagné la neuvième Ligue des champions en 2002 sur la fameuse reprise de volée de Zinédine Zidane en finale contre le Bayer Leverkusen. Il est revenu à la tête du club afin de lui faire gagner de nouveau la C1, et Ronaldo est la tête de gondole de ce projet. Le problème, donc, c'est que Pérez signe avec Ronaldo un accord qu'il n'a pas négocié lui-même.

Durant ses neuf années à Madrid, le Portugais vivra en permanence avec en tête ce soupçon que le grand patron, et à travers lui le club, ne le traite pas à sa juste valeur. Il y a une part de malentendu dans ce psychodrame larvé entre celui qui se veut le meilleur joueur du monde et ce club qui se veut le plus grand du monde. Les trois Ligues des champions d'affilée glanées sous le mandat de Zinédine Zidane (2016, 2017, 2018) ont juste atténué le constat que Ronaldo et le Real étaient faits pour s'entendre, pas pour s'aimer. « Ronaldo a raison de se considérer comme le plus beau et le plus fort, parce qu'il l'est, avait résumé un jour Ramon Calderon, l'ancien président du club. Mais le dire ne le rend pas aimable, surtout en Espagne où le péché capital, c'est l'envie. »

Car il faut rappeler ce qu'est le Real. Un club profondément fier de son histoire et des traditions qui s'y rattachent. Début 2016, nous étions allés établir, pour le compte du magazine *L'Équipe*, le constat de deux monuments qui se respectent, se jaugent, se reniflent. « Il voudrait être l'égal de Di Stefano, mais personne n'égalera jamais Di Stefano, nous expliquait alors Marilina Diez, socio depuis son enfance. Di Stefano, c'est la première pierre, celle sur laquelle s'est bâti le mythe du Real. Vous ne pouvez rien contre ça. Comme footballeur, je n'ai rien à lui reprocher. C'est peut-être tout ce qu'il y a autour de lui, toute cette folie publicitaire et médiatique qui peut devenir un peu dérangeante. » L'exubérance assumée de Ronaldo peut heurter, dans un club qui apprécie une forme de modestie. Alfredo Di Stefano lui-même avait acheté, au début des années 1960, une grosse voiture américaine que son président, Santiago Bernabeu, lui avait interdit d'utiliser en ville : la star absolue du club se promenait toujours dans la capitale au volant d'un véhicule tout à fait banal. Ronaldo entre en conflit avec ce Madrid propre sur lui, conservateur, soucieux d'un certain ordre moral. Y compris quand il tient secrète l'identité de la mère de Cristiano Junior. Malgré les buts empilés à une vitesse vertigineuse par celui qui est devenu, en six saisons, le meilleur buteur de l'histoire du club, ce dernier ne s'est jamais mis à ses pieds.

Ronaldo, c'est aussi cette diva capable de balancer, face aux micros, toujours en début d'année 2016 : « Si tout le monde était à mon niveau, on n'en serait pas là. » Le genre de phrase qui indispose le vestiaire et, au-delà, le « madridisme » en général. Depuis ce reportage, il y a eu ces trois C1 d'affilée qui ont rétabli l'équilibre et donné une sacrée allure au bilan de CR7 au Real. Sans évacuer complètement ce que les Portugais appellent « l'inconfort ». « Les gens ont la mémoire trop courte, se plaindra-t-il en 2017 dans *France Football*. L'autre jour, on était à l'aéroport, il y avait un mec à cinq mètres de nous qui était en train de nous filmer avec son portable. J'étais avec Carvajal et Sergio Ramos. Il nous a balancé : "Hé, il faut vous réveiller, vous faites de la merde, là." Je me suis dit : "Hé, il n'y a pas trois mois, on a gagné la Supercoupe d'Europe et la Supercoupe d'Espagne." Voyez-vous, j'ai du mal avec ça. Cette espèce d'amnésie, ça me dérange vraiment. Le football est fait de cycles. Quand ça va moins bien, les gens doivent nous aider, les fans comme le club. On a gagné trois Ligues des champions en quatre ans, comme si c'était facile de réussir un truc comme ça. Le Real a quand même mis douze ans avant de remporter la Décima (sa dixième C1). Je sais à quel point je bosse. Parfois, les choses fonctionnent moins bien. Le poteau renvoie le ballon, le gardien repousse ton tir... Je demande aux gens de nous faire confiance. » En neuf années madrilènes, il gagnera quatre Ligues des champions et autant de Ballons d'or. Il offrira aussi souvent ce profil, celui de « Tristano » Ronaldo.

66

SA SOIRÉE DE 30E ANNIVERSAIRE, LA RUPTURE

Il est possible que Cristiano Ronaldo l'ait compris pour de bon en février 2015 : le malentendu avec les supporters madrilènes ne serait jamais complètement soldé. Nous sommes à la période de la deuxième saison de Carlo Ancelotti, où le Real perd peu à peu sa consistance, huit mois après la conquête de la « Décima ». La fête d'anniversaire du Portugais va créer le point de crispation de plus, peut-être de trop. Au départ, CR7 avait prévu de fêter ses 30 ans chez lui, mais, par crainte d'importuner les résidents, il a choisi de délocaliser la soirée au In Zalacain, un restaurant huppé situé à l'entrée de la Finca, cette zone résidentielle ultrasécurisée où il réside, à Pozuelo de Alarcon. Il a surtout choisi de maintenir l'événement malgré la correction subie dans le derby madrilène contre l'Atlético (0-4), quelques heures plus tôt. Ce soir-là, l'entourage de Ronaldo est conscient du retentissement que pourraient avoir des images du joueur faisant la fête pendant que les socios n'osent plus sortir de chez eux. Mais, parmi les 150 invités, certains sont venus de très loin, alors pas question d'annuler. On demande simplement aux convives de laisser leur portable à l'entrée, de ne pas en diffuser la moindre image. Seul Kevin Roldan, le DJ aux platines ce soir-là, ne s'exécute pas. Il publie sur les réseaux sociaux des photos et une vidéo sur laquelle Ronaldo, hilare, chante si mal qu'on devine qu'il n'est pas dans son état normal. Fabio Coentrão, James Rodriguez, Marcelo, Keylor Navas ou Luka Modric font partie des convives.

Certains journaux espagnols assurent que la direction madrilène aurait tenté de faire annuler cette fête, en vain. Cet incident intervient alors que Cristiano Ronaldo connaît un début d'année compliqué, entre son carton rouge pour un coup de poing contre Cordoba et sa rupture avec Irina Shayk. Il creuse le fossé qui peut exister entre les supporters passionnés et certains joueurs qui font la fête trois heures après un naufrage face au club rival. Les socios encaissent mal ce qu'ils considèrent comme une trahison. Le souvenir de cette soirée imprégnait encore leur discours lorsque nous en avions interrogé quelques-uns pour *L'Équipe Magazine*, un an plus tard. « Je crois que le cycle Ronaldo se termine, tranchait alors Miguel Angel Martin, président de la Peña el Presidente, basée tout près du stade Santiago-Bernabeu. Il faut qu'il parte et que le Real restructure son équipe. Il a beaucoup donné à notre club, mais ce n'est plus le cas aujourd'hui. Il n'est plus décisif dans les grands matches. Il est dur pour un supporter du Real de voir que, quand l'équipe perd le ballon, les autres descendent pour défendre pendant que Cristiano marche sans se préoccuper du sort de l'équipe. Quand il est comme ça, il n'est pas dans l'esprit du Real. » Ronaldo sera toujours adulé à Manchester, pas à Madrid, où les bonnes manières doivent aller de pair avec la performance sportive.

67

BENITEZ, CET ENNEMI

« J'ai mis en danger mon avenir avec le Real Madrid et avec mon équipe nationale », admettra un jour Cristiano Ronaldo à propos de son printemps 2014. Début juillet, l'état de son genou gauche est un sujet d'inquiétude majeur. Au retour de la Coupe du monde ratée, il a notamment consulté le docteur Noronha à Porto, le docteur Mikel Sanchez, qui avait soigné Rafael Nadal du même mal, et même le médecin historique du Bayern Munich, Hans-Wilhelm Müller-Wohlfahrt. Cellules souches, plasma riche en plaquettes, ozonothérapie, tout y passe. Mais, pendant des mois, Ronaldo ne se défera pas de cette douleur tenace. Il enlève son troisième Ballon d'or et la Coupe du monde des clubs, dernier titre manquant à sa panoplie depuis son arrivée à Madrid, mais la deuxième saison de Carlo Ancelotti bascule tout doucement du mauvais côté. Cristiano Ronaldo continue d'empiler les buts, comme si sa rupture avec la mannequin russe Irina Shayk n'avait aucune conséquence sur son comportement.

Mais il y a quelque chose de cassé en ce printemps 2015, entre un public de nouveau à vif après l'épisode du 30e anniversaire, et une star à nouveau refermée sur elle-même. Tout le monde perçoit assez vite que le règne d'Ancelotti touche déjà à sa fin, le Real est éliminé de la Ligue des champions par la Juventus Turin et choisit Rafael Benitez pour relancer son équipe.

L'ancien entraîneur de Valence et de Liverpool multiplie les petits gestes qui blessent vis-à-vis du Portugais, le premier étant d'aller voir Gareth Bale en stage avec son équipe nationale, quelques jours après sa nomination officielle à la tête du Real. Les premières saisons du Gallois à Madrid ont été plutôt moyennes : placé à droite, incapable de s'imposer dans le jeu comme au sein du vestiaire madrilène, l'ancien de Tottenham est comme exclu du circuit préférentiel du Real, entièrement axé sur la connexion Benzema-Ronaldo. Benitez, véritable scientifique du football, veut rétablir l'équilibre.

Ce faisant, il heurte la sensibilité de Cristiano Ronaldo, déjà remonté après la première conférence de presse de « Rafa », qui n'a pas voulu confirmer que CR7 était bien le meilleur joueur du monde à ses yeux. Il finit par le faire lors de la suivante, mais c'est déjà trop tard : aux yeux de Ronaldo, Benitez est un ennemi, une menace. Il n'oubliera pas de glisser à quelques oreilles complaisantes ce jour où l'Espagnol était venu le conseiller sur sa manière de frapper ses coups francs, ou celui où l'entraîneur avait demandé à Luka Modric d'utiliser l'intérieur plutôt que l'extérieur du pied.

La plus grande erreur de Rafael Benitez restera d'avoir choisi le mauvais cheval, Gareth Bale, qui ne parle pas espagnol, ne s'est jamais fondu dans le groupe madrilène, et n'avait pas l'âme d'un leader, encore moins celle d'un concurrent pour CR7. Et ses blessures régulières n'ont fait que souligner une approche du métier moins professionnelle que celle du Portugais. Dès le 4 janvier 2016, après seulement sept mois à la tête du Real, « Rafa » est remercié et remplacé par Zinédine Zidane. Ronaldo a bientôt 31 ans et toujours ses plus belles années devant lui.

68

L'ACCOMPLISSEMENT D'UN DESTIN

Il est toujours plus simple de raconter l'histoire quand on en connaît déjà la fin. Des enfants qui, comme Cristiano Ronaldo, naissent avec la certitude qu'ils pourront dominer le monde grâce à la magie du ballon rond, il doit en naître quelques centaines tous les ans, partout sur la planète. Ce qui fait un paquet d'individus si l'on ajoute les adultes autour d'eux qui sauront, ou pas, mettre des barrières à ces rêves. Pour le quintuple Ballon d'or, l'idée de devenir le meilleur est ancrée depuis le départ au sein de son cortex pas comme les autres. Dans l'hebdomadaire *France Football*, en décembre 2016, il explique : « Dans ma tête, j'ai toujours pensé que j'étais différent des autres. Déjà, je faisais des choses que les autres ne faisaient pas. J'étais plus rapide, je frappais mieux la balle, je marquais plus de buts… Depuis tout jeune, j'ai compris que j'étais meilleur que les autres. Rapidement, j'ai eu des occasions de le prouver. Je jouais avec des joueurs plus âgés que moi. À ce moment-là, j'ai su que je pouvais être footballeur professionnel. Et que je pourrais en vivre. »

Sa maman confirme : « Cristiano a toujours été comme cela, il cherchait en permanence à être le meilleur. » Toujours en décembre 2016, alors qu'il reçoit un troisième Ballon d'or, rejoignant au palmarès Johan Cruyff, Michel Platini et Marco Van Basten au deuxième rang de la hiérarchie de cette récompense individuelle, CR7 déclare : « Quand on évoque les plus grands de tous les temps, on cite toujours ces noms-là. Je savais dans ma tête que je pouvais être à ce niveau. Il n'y a aucun joueur de l'Histoire que je jalouse. Chacun a sa manière de jouer. Je n'ai jamais envié personne. Jamais. Parce que je savais que j'allais entrer dans l'Histoire du football. Et ce n'est pas mon ego qui parle. Ce sont les statistiques. Ma motivation, année après année, est de montrer que je ne suis pas le joueur d'une ou deux saisons mais celui de toute une vie. »

Avec ses cinq Ballons d'or, ses cinq Ligues des champions, son Euro et son palmarès, Ronaldo est tout simplement à sa place, celle où il se voyait déjà en quittant Quinta do Falcao pour Madère, en 1997. Une institutrice lui avait asséné un jour que ce n'était pas avec un ballon de foot qu'il ferait quelque chose de sa vie. Elle est venue plusieurs fois, ensuite, s'en excuser auprès de la famille de CR7.

Après son cinquième Ballon d'or, dans *France Football*, Cristiano assume : « Vous savez, je respecte les préférences de chacun. Mais je ne vois personne meilleur que moi. J'ai toujours pensé ça. Aucun footballeur ne réalise des choses que je ne sois pas capable de faire moi-même. Mais je vois que je fais des choses que les autres ne peuvent pas faire. Il n'y a pas de joueur plus complet que moi. Je joue bien des deux pieds, je suis rapide, puissant, bon de la tête, je marque des buts, je délivre des passes décisives. Les gens ont le droit de préférer Neymar ou Messi. Mais j'insiste : il n'y a personne plus complet que moi. Vous allez dire que j'ai le boulard... Mais quand vous êtes au top, c'est normal qu'on vous critique. Ça doit vous arriver à vous aussi, en tant que journalistes. »

Relance : « Vous considérez-vous comme le meilleur joueur de l'Histoire ? » Réponse : « Oui ! Je suis le meilleur joueur de l'Histoire, dans les bons comme dans les mauvais moments. Comme Zidane nous l'a dit aujourd'hui à l'entraînement, c'est parce qu'on vit parfois des moments difficiles que les triomphes ont de la valeur. L'adversité fait que tu travailles davantage. Il est normal d'être en colère et frustré quand tu ne marques pas. Si c'était le contraire, ça voudrait dire que tu t'en fous. Alors oui, si je fais un mauvais match ou un entraînement de merde, je suis en colère contre moi-même. Mais quand je quitte le centre d'entraînement ou le stade, je coupe et j'arrive à reprendre une vie normale. »

Maître de son destin, du début à la fin.

69

LE MUSÉE CR7

C'est devenu le passage clé du « Ronaldo Tour », un circuit officieux qui mènerait le touriste en goguette à Madère du quartier de Quinta do Falcao, à Santo Antonio, jusqu'au centre d'entraînement de la Choupana, celui du Nacional Funchal, jusqu'au restaurant tenu par la maman de l'idole, pas très loin de la jetée.

Au tout début, pourtant, le terme même de musée était plutôt survendu : le premier endroit dévolu à la gloire de Cristiano Ronaldo se situait dans une ancienne boutique de la rua Princessa Dona Amelia, au-dessus du port de tourisme : 400 m^2 en tout, 126 trophées exposés dans un décor qui tenait plus du magasin de sport de luxe. Mais il y avait quand même un sacré aréopage pour l'inauguration, le 15 décembre 2013 : outre le président de la collectivité locale Alberto Joao Jardim, Pepe, Paulo Bento (alors sélectionneur portugais), Emilio Butragueno (représentant du Real Madrid) et Irina Shayk, la fiancée d'alors, étaient là. Deux ans et demi plus tard, le « Museu CR7 » est officiellement transféré quelques centaines de mètres en contrebas, sur une surface presque multipliée par quatre, et dans un cadre qui sied mieux au palmarès de Cristiano Ronaldo : désormais, le visiteur ne peut pas se tromper, l'espace dédié à la gloire du Turinois se trouve au sous-sol de l'hôtel à son nom, sur la place CR7, à côté de sa statue, à une bonne centaine de mètres de la résidence que le joueur a fait construire pour l'héberger lorsqu'il séjourne sur l'île. « Ce musée est une manière de me connecter aux gens qui aiment Cristiano, disait-il dans *France Football* en 2016. En tant qu'amateur de football, si j'étais à Madère, j'irais visiter ce musée. Il est très beau et expose des trophées impressionnants. Tous mes trophées individuels et collectifs y sont. » Les plus curieux y trouveront le trophée de deuxième meilleur buteur du tournoi de Montaigu, en 2001 ; le grand public viendra admirer les répliques des cinq Ligues des champions. Ou, plus douloureux pour les Français, le trophée de l'Euro 2016, avec en prime un film permettant de revivre sur écran géant les moments forts de la finale de Saint-Denis et les sauts de cabri de CR7 dans le dos de son sélectionneur, Fernando Santos. Les cinq Ballons d'or gagnés par Ronaldo sont bien sûr alignés au cœur de l'espace.

Plus de 300 coupes et médailles en tout, selon les responsables du lieu. Le musée a été créé à l'initiative d'Hugo, le frère aîné, qui aurait eu cette idée lors d'un de ses voyages à Madrid, face aux dizaines de trophées qui encombraient la maison de CR7. Plus de 300 000 visiteurs auraient déjà arpenté les lieux et découvert la première coupe, gagnée à 8 ans avec Andorinha, son premier club, sur les hauteurs de Funchal. Les différents maillots, du bleu de l'hirondelle de Santo Antonio au noir et blanc de la Vieille Dame. Et ceux portés lors des plus grandes soirées de sa carrière, dont celui du Portugal quand il a disputé son unique match sur l'archipel, le 28 mars 2017 contre la Suède, au stade Barreiros, celui du Maritimo Funchal (Ronaldo a ouvert le score mais les Scandinaves se sont imposés 3-2). Les chaussures marquantes sont aussi là.

Que des originaux, comme les ballons signés de ses coéquipiers après chacun de ses triplés, quadruplés ou quintuplés, rangés derrière une impressionnante vitrine. Deux statues de cire, l'une avec la tenue du Portugal, l'autre avec celle de la Juventus, permettent aux fans de se mettre dans la peau du champion presque aussi sûrement que l'atelier de réalité virtuelle.

Mais le détour par le musée vaut aussi pour l'espace des fans, avec les lettres et autres souvenirs laissés par des touristes du monde entier. Le livre d'or, rempli d'hommages du monde entier, dans toutes les langues, est régulièrement renouvelé : chaque fois que la dernière page est noircie, Hugo Aveiro, le patron des lieux, prend l'exemplaire et va le déposer chez Cristiano Ronaldo, qui tirerait une motivation supplémentaire de la lecture de ces dédicaces personnelles.

70

L'HOMME QUI A CHANGÉ LE PORTUGAL

En juin 2016, alors que l'éventualité d'une victoire portugaise en fin d'Euro semblait encore très hypothétique, nous avions sondé plusieurs personnalités sur l'impact de Cristiano Ronaldo sur la vie de la nation. Déjà, avant même qu'un but signé Eder n'offre à la Seleçao une première ligne à son palmarès, il était évident qu'il existait un avant et un après CR7 pour le pays de Fernando Pessoa, où le football tient une importance peu imaginable, vu de France : « Le seul vecteur d'unité nationale, aujourd'hui, ce sont les matches de la Seleçao, expliquait Joao Nuno Coelho, sociologue et chroniqueur. Ronaldo, quelque part, c'est notre identité nationale. On dit toujours que la sélection est dépendante de Ronaldo, mais c'est tout le Portugal qui est dépendant de Ronaldo. »

Le phénomène Ronaldo imprègne toute la société portugaise : « Aucun autre Portugais n'a atteint son niveau de renommée internationale. Le seul à s'en être approché récemment, c'est Mourinho. Dans les années 1960, il y avait bien Eusébio, mais les époques sont incomparables. »

Rodrigo Moita de Deus, directeur du musée des Médias de Sintra, tout juste ouvert, ajoutait : « Une pièce de notre musée compare la dimension d'Eusébio à celle de Cristiano Ronaldo. Eusébio était une personnalité très importante, dont le mariage avait été diffusé en direct sur la RTP (la télévision nationale), comme le serait aujourd'hui celui de Ronaldo. Mais contrairement à Eusébio, qui n'était pas un leader, y compris à Benfica où il laissait ce rôle à Coluna, Ronaldo bouscule l'image classique du Portugais. Il est très peu portugais, finalement. Ce côté "je suis un vainqueur, je suis ambitieux", nous ne sommes pas habitués à ce type d'ego, du coup ça a plus d'impact. Ronaldo, c'est une machine. Alors qu'habituellement nous sommes plus romantiques. Même physiquement : il est grand, fort, musculeux, il en impose. Alors que le modèle portugais, c'était plutôt Chalana (rires). »

Quelques jours avant cet article, Cristiano Ronaldo avait assumé son personnage très autocentré dans le magazine italien *Undici* : « Je pense que je suis le meilleur des vingt dernières années. Je pense avoir eu un impact important sur le monde du football. J'ai travaillé dur pour atteindre le sommet, et maintenant je fais tout pour y rester. Je veux continuer à écrire l'Histoire pour de nombreuses années encore. Je connais beaucoup de garçons et de filles qui me voient comme une source d'inspiration. »

Quelque part, c'est l'immensité de son palmarès qui l'autorisait, alors, à s'exprimer ainsi. À livrer ce discours sans filtre, sinon celui de sa très haute estime de lui-même. Cette arrogance assumée, reprochée au début des années 2000 à José Mourinho, est mieux acceptée. Elle colle davantage à un pays plus fier de lui-même, plus sûr de sa force depuis qu'il a écarté la menace de la « troïka », cet organisme qui agrégeait des représentants du Fonds monétaire international, de la Commission européenne, et de la Banque centrale européenne, chargés en 2011 de surveiller le sérieux budgétaire du Portugal en échange d'un prêt de 78 milliards d'euros.

« Ronaldo représente la possibilité, pour un Portugais, d'être le meilleur du monde, relevait d'ailleurs Joao Nuno Coelho. Dans un pays qui sort d'une dure crise économique, sa réussite, plus que celle de Messi, est perçue comme le fruit de son travail, de son professionnalisme, ce qui envoie un message positif [...] Il est le Portugal, le Portugal est Cristiano. Son histoire a une forte résonance dans un pays d'émigration comme le nôtre. Jusqu'à la pauvreté de sa famille, la façon dont il l'a aidée, son attachement à elle... Il est la fierté d'un pays périphérique de l'Europe qui, grâce à lui, se sent un peu le centre du monde. Il représente les aspirations des Portugais. » Pendant l'Euro 2016, un talk-show quotidien, programmé sur la RTP, s'intitulait « A culpa e de Ronaldo » (« C'est la faute de Ronaldo »). Une manière ironique de souligner la trace profonde imprimée par CR7 : « Il y a vingt ans, c'était "les autres sont meilleurs", rappelait le chroniqueur Camilo Lourenço. Mourinho et Ronaldo ont émergé avec cette image de vainqueurs, et cette image est de plus en plus défendue par la société portugaise. Avec eux, le Portugal a beaucoup changé. »

Il a même gagné, pour la première fois, une compétition majeure.

71

IL A APPRIS À SE MÉNAGER

Le Ronaldo bionique, bodybuildé à l'extrême, qui croque dans tous les matches jusqu'au bout pour gonfler ses statistiques, c'est fini, enfin presque. Et ce n'est pas le moindre mérite de Zinédine Zidane, son entraîneur au Real Madrid de 2016 à 2018, que de l'avoir mené vers cette nouvelle manière d'appréhender son métier et ce corps qui, tout doucement, décline. Dans *France Football*, en décembre 2017, Cristiano Ronaldo détaillait : « Ma préparation est toujours la même depuis des années. Peut-être plus intelligente qu'avant. Quand, il y a quelques années, je passais quarante minutes à la salle de musculation, je n'en fais plus que vingt aujourd'hui, mais avec des exercices plus spécifiques. »

Dans *L'Équipe*, un mois plus tôt, il disait : « Depuis deux ans, j'ai appris à me ménager, à être plus intelligent, plus patient aussi. Je travaille quotidiennement pour ça avec mon physio personnel à la maison et celui du Real. Le plus dur, c'est d'accepter qu'avec le temps tu perdes un peu de quelque chose, que la récupération ne soit plus la même, que tu ne puisses pas rester au gymnase aussi longtemps qu'avant et travailler de manière aussi intensive. »

Un peu plus raisonnable, Ronaldo saute même des matches pour maintenir un niveau de forme. Rappelons que, jusqu'à son avant-dernière saison au Real, grosso modo, sortir du terrain avant la fin d'un match était quasi inenvisageable. Il a intégré qu'il ne pouvait plus, à 36 ans, défier les lois de la physiologie. En 2016-2017, pour la première fois ou presque, les apparitions du Portugais ont été dosées. En Liga, il n'a disputé que 29 des 38 matches de son équipe, et n'a effectué aucun déplacement entre le 18 mars et le 17 mai. Après sa blessure au genou gauche en finale de l'Euro, il n'a débuté sa saison que le 10 septembre, après avoir sauté les matches internationaux de la semaine précédente. L'entraîneur l'avait prévenu dès le mois d'août qu'il lui épargnerait certaines dates. Ce fut le cas pour la première fois le 10 décembre 2017, contre La Corogne (3-2), avant de partir au Japon pour le Mondial des clubs.

« Ce qui est certain, c'est qu'il est le joueur de son âge qui travaille le plus », nous rappelait en 2020 Onofre Costa, l'ancien responsable médias de la Fédération portugaise et de la FIFA. Et ce qui n'a pas changé, c'est que Cristiano Ronaldo reste sur la pelouse de bout en bout, les grands soirs. Y compris s'ils s'enchaînent, comme lors de la Coupe du monde 2018.

72

POURQUOI UNITED L'AIME ENCORE

Dans le magazine *L'Équipe*, en 2016, Dennis Law rappelait d'abord que Ronaldo est comme un phare dans l'histoire de Manchester United, à travers le Ballon d'or 2008 : « Je l'ai reçu en 1964, Bobby Charlton en 1966, George Best en 1968, et puis ça a été le désert. Jusqu'à Cristiano Ronaldo en 2008. Pour nous, c'était une petite statuette remise sur le terrain avant un match. Deux photos, des applaudissements, et bye-bye. Là, avec la puissance de la télé, c'est devenu un événement planétaire. Cristiano a fait une sacrée pub à United avec ce titre. Pour moi, il est un des trois joueurs essentiels de l'histoire de United avec sir Bobby, pardon, sir Robert Charlton, et George Best. Je me souviens être allé en vacances au Portugal avant que Cristiano soit connu et des amis m'avaient parlé d'un jeune prodige au Sporting. Un certain Ronaldo, et pourtant il était encore un enfant. L'histoire veut que tous les Ballons d'or de United aient quitté le club pour achever leur carrière ailleurs. Moi, on m'a mis dehors, alors je n'ai pas eu le choix. Cristiano, lui, rêvait du Real. Il a été un serviteur loyal de United, et il parle toujours en bien de ce club. Il est de la famille. »

Parti en 2009 pour 94 millions d'euros, quelques mois après la conquête de la troisième et dernière Ligue des champions du club à ce jour, il n'a pas laissé de vaisselle cassée derrière lui. À Carrington, le centre d'entraînement du club, il a donné une image bien différente de celle qu'il peut véhiculer à l'extérieur. « Je me souviens du jour où il a débarqué ici en sweat, accompagné de sa maman. Elle m'avait demandé de veiller sur lui, se souvenait Kathy Phipps, la réceptionniste, toujours dans le magazine *L'Équipe*. Dès qu'il avait besoin de quelque chose, Cristiano venait me voir. Au début en tout cas. Après, il est devenu autonome et a appris à parler anglais. Quand son père est mort, je venais de perdre mon mari. On s'est pris tous les deux dans les bras. Je sais qu'il a parlé de moi dans une interview en disant que je lui faisais du bon thé. Il ne m'a jamais oubliée. Il m'envoie toujours des maillots du Real. Un numéro 9, un numéro 7, et toujours avec un petit mot : "Encore merci, Kathy, de tout ce que vous avez fait pour moi." Il y a un an, pour le Portugal-Argentine en amical à Old Trafford, Cristiano m'a fait venir dans le vestiaire des Portugais, et dans le couloir j'ai croisé Messi. »

Ces petites attentions, Ronaldo les a aussi pour Alex Ferguson, évidemment. David Meek, la « plume » de Fergie, décédé en 2018, témoignait : « En restant jusqu'en 2009, il a montré son attachement au club. Quand Fergie l'a convaincu en 2008 alors qu'il venait de gagner son

Ballon d'or et la Ligue des champions, il a joué le jeu et les fans lui en seront éternellement reconnaissants. Parfois, dans son bureau, avec sir Alex, on parlait de Ronaldo. Il essayait de me convaincre que, s'il tombait si facilement, c'est parce qu'il allait très vite et qu'au moindre contact, forcément il s'envolait. Il le défendait toujours. Ferguson adorait ce garçon parce qu'il était très famille. Et ça, pour le Boss, c'était rassurant. »

Et puis, Cristiano Ronaldo est le meilleur élément de l'écurie Jorge Mendes, un agent dont l'une des caractéristiques est de savoir partir. Il sait, donc, s'éclipser sans se fâcher. À Lisbonne, à Manchester et à Madrid, Ronaldo a laissé le souvenir d'un grand professionnel, d'un joueur qui fait gagner ses équipes et qui aime son métier.

73

LE NUMÉRO 7

Cristiano Ronaldo porte depuis son arrivée à Manchester United, en 2003, le numéro 7. C'était sans doute son destin d'ailier droit, de successeur de Luis Figo au Portugal et de George Best chez les Red Devils. Mais au départ, il n'y avait pas de stratégie établie le concernant. Lors de sa première saison au Sporting Portugal, il a hérité du 28, le numéro qu'il pensait adopter à son arrivée en Angleterre en 2003. « J'ai demandé si le 28, que j'avais au Sporting, était disponible, avait-il déclaré au magazine *L'Équipe* en 2007. Alex Ferguson m'a dit : "Non, non, toi, c'est le 7." OK, boss. Je n'allais pas lui dire : "Non, non, moi, c'est le 28." Le 7, c'est un chiffre comme un autre. »

S'il y a un endroit au monde où le 7 n'est pas un chiffre comme un autre, justement, c'est bien Manchester United, où la légende est étroitement liée à ce maillot, de George Best à Ronaldo en passant par Éric Cantona ou David Beckham. Il y a une part de mensonge dans ce mythe du numéro 7 à Manchester : George Best, le « cinquième Beatles », a plus souvent joué avec le 11 qu'avec le 7 lors de ses 470 matches sous la tunique rouge. Mais le Nord-Irlandais portait le 7 lors de la finale de la Ligue des champions 1968 remportée (4-1 a.p.) contre le Benfica d'Eusébio.

Depuis, la star du club porte le 7, presque invariablement : Bryan Robson, le capitaine du titre de 1993, après 26 ans d'attente ; Éric Cantona, celui qui récupère cette tunique dès son arrivée de Leeds en 1992 ; David Beckham, le centreur au pied magique des meilleures années du MU de Ferguson, parti pile en 2003 pour laisser la pression du 7 sur les épaules d'un jeune Portugais alors inconnu. Derrière, MU aura plus de mal à perpétuer l'aura de ce symbole, entre le passage sans réussite de Michael Owen, les prestations plus courageuses que brillantes d'Antonio Valencia ou les recrutements peu probants d'Angel Di Maria ou… Memphis Depay. La suite de l'histoire a confirmé ce que pensait George Best lui-même de Cristiano Ronaldo : « Il y a eu peu de joueurs décrits comme le nouveau George Best, et c'est la première fois que c'est un compliment pour moi. Parce qu'il y en a eu d'autres qui présentaient des qualités similaires, mais Ronaldo a quelque chose de plus : les deux pieds. »

Une part de folie, aussi : « Quand j'ai enfilé mon premier maillot rouge avec le 7, j'aurais pu subir d'un coup le poids de ce numéro, des hommes qui l'avaient porté, s'est souvenu Ronaldo en 2007, toujours dans le magazine *L'Équipe*. Mais non. N'empêche, dès le deuxième match, on est venu me voir et on m'a dit : "Eh, tu sais le numéro que tu portes ? Tu sais qui l'a porté avant toi ?"

Mais je ne me sens pas une plus grande responsabilité du fait de porter le 7. Quel que soit mon numéro, je me dois de donner le meilleur pour mes couleurs. »

Le 7 est désormais constitutif de sa carrière. Il l'a toujours porté en club, hormis lors de sa première saison professionnelle avec le Sporting Portugal et lors de sa première saison avec le Real Madrid, où il a été CR9 en 2009-2010, jusqu'au départ à Schalke 04 de Raul. En Seleçao, il est capitaine et numéro 7 depuis la retraite internationale de Luis Figo, en 2006.

En Angleterre, dans sa maison d'Alderley Edge, un vieux maillot numéro 7 de Manchester United était encadré au mur, et dédicacé « À Ron ». La signature est celle de George Best.

74

FERGUSON, CE DEUXIÈME PÈRE

Il y a toujours eu entre Alex Ferguson et Cristiano Ronaldo une connexion particulière, encore visible après la finale de l'Euro 2016, quand le capitaine portugais a longuement salué son ancien manager après la remise de la coupe, en redescendant les marches de la tribune présidentielle au terrain. Sans aller chercher trop loin dans la psychologie de bout de zinc, l'Écossais, avec son charisme, son paternalisme naturel, cette façon de toujours défendre ses joueurs contre l'extérieur, a été un formidable bouclier pour le Portugais lors de ces années charnières où il est devenu le successeur de George Best alors que tant de courants auraient pu le porter vers le commun des dribbleurs grandis trop vite.

La maman de CR7, Dolores, l'appelle « notre ami », et José Dinis, ce père si défaillant, avait reconnu : « Ferguson est quelqu'un d'exceptionnel. Cristiano a un second père à Manchester qui s'occupe de lui. Avec Ferguson et une équipe autour de lui, Ronaldo n'a jamais souffert du déchirement qu'il a ressenti à Lisbonne. » À l'été

2003, le soupçon d'avoir signé trop tôt, à 18 ans, dans un club trop grand, Manchester United, accompagne Cristiano Ronaldo. Si l'écueil est évité, sir Alex y est pour quelque chose. Dans la biographie de Guillem Balague, le Portugais explique : « Ferguson a deux facettes. Les deux m'ont aidé à devenir ce que je suis aujourd'hui. J'ai appris tous les jours avec lui. Tous ses conseils m'ont fait progresser. Il a toujours de nouvelles choses à vous apprendre. C'est comme un second père pour moi depuis que je suis arrivé à Manchester. Ce n'est pas qu'une question de respect : je ressens la même affection pour lui qu'un fils pour son père. »

C'est avec Ferguson à Manchester qu'il a adopté un style de vie bien établi : « Sur le terrain, donne le maximum, en dehors, fais ce que tu veux mais loin des yeux indélicats. » « J'essaie d'éviter les lieux publics, reconnaît CR7. Je vais en général dans des coins tranquilles, dans des restaurants où j'ai une table à l'écart. J'essaierai de profiter un peu plus de la vie plus tard, quand un autre Cristiano aura pris ma place. »

À Manchester, il n'y a jamais eu de traitement « sèche-cheveux » pour Cristiano Ronaldo, selon Jonathan Spector, un défenseur américain passé dans le vestiaire de MU de 2004 à 2006. Contrairement à ce qui pouvait arriver avec David Beckham jusqu'à cette explication célèbre qui avait fini en jet de chaussure au visage du manager écossais. Pourtant, CR7 était bien ce « joueur énervant » qui multipliait les touches de balle alors que Ruud Van Nistelrooy, par exemple, attendait impatiemment le centre de son ailier. « C'est drôle, Ferguson ne m'a jamais parlé de cette façon non plus, reconnaît Spector. Je pense que Ferguson a été incroyablement intelligent, il savait comment parler aux joueurs, il savait qu'ils pouvaient ne pas tous réagir de la même manière aux critiques. Si Ronaldo est le joueur qu'il est aujourd'hui, il le doit non seulement au manager mais aux joueurs qui l'entouraient. Ferguson a fait un excellent travail en ayant des joueurs dans l'équipe qui pouvaient l'aider. Ces années en ont fait un produit fini, il n'aurait pas pu être dans un meilleur endroit que Manchester United. »

« Aujourd'hui, quand il sait que sir Alex vient à un de ses matches, il fait tout pour aller le saluer, même si c'est un soir où le Real vient de perdre face au Barça, assurait en 2016 Mike Phelan, l'ancien entraîneur adjoint de Manchester United. Cristiano est un type bien. »

Un ancien espoir devenu star dans le nord de l'Angleterre, d'où il est parti en gardant au fond de lui ces paroles d'Alex Ferguson, après le décès de José Dinis, en 2005 : « Tu peux prendre un jour, deux jours, une semaine. Tu vas me manquer, parce que tu es un joueur important. Mais ton père prime sur tout le reste. »

Globalement, à part José Mourinho, il a toujours entretenu de bons rapports avec ses entraîneurs, même si personne n'a eu le même impact que Ferguson à Manchester. Derrière le Special One, les plus hauts dans la hiérarchie des coaches peu aimés seraient sans doute Rafael Benitez et Maurizio Sarri, deux techniciens posés sur des principes de jeu rigides. À l'inverse, CR7 s'est très bien entendu avec Luiz Felipe Scolari et Fernando Santos en sélection, Laszlo Bölöni, Carlo Ancelotti ou Zinédine Zidane en club : autant de techniciens plus ronds, plus enclins à adapter leur équipe à un joueur hors normes. Et, dans le cas des trois derniers cités, trois coaches qui présentaient un sacré CV de joueur avant de s'asseoir sur un banc. Tous font partie du même monde que lui et ont su lui parler à hauteur d'homme, de grand homme.

75

LA BICYCLETTE QUI RETOURNE TURIN

Le 3 avril 2018, sous la pluie qui glace le printemps turinois, Cristiano Ronaldo marque le plus beau but de sa carrière. Parce qu'il y a tout CR7 dans ce but et parce que tout est beau, de son geste à la réaction de son entraîneur, Zinédine Zidane, en passant par la classe du public piémontais. À l'époque, l'intéressé lui-même ne sait pas qu'il signera, trois mois plus tard, un contrat de quatre ans en faveur de la Juventus Turin. Mais cette soirée en apesanteur n'a pas pu ne pas peser dans sa décision de rejoindre l'Italie. Le Real Madrid se rend à Turin en quart de finale aller de la Ligue des champions, pour la revanche de la finale de l'édition précédente, enlevée 4-1 par les Espagnols, leur troisième succès en quatre éditions. Ce soir-là, le Portugais confirme la dimension stratosphérique prise au fil des saisons : il est désormais ce joueur immense qui fait gagner son équipe lors des grands matches. Comme un an auparavant, face au Bayern Munich en quart de finale et à l'Atlético de Madrid en demi-finale, et comme quelques semaines plus tôt face au Paris SG en huitième de finale, il survole des Italiens pourtant prévenus : au coup d'envoi, il présente déjà un bilan de sept buts en cinq matches de Ligue des champions face à la Juve.

Cette fois, il éteint le Juventus Stadium. Une reprise de l'extérieur du droit sur un centre d'Isco au premier poteau dès la 3e minute. Un bon déplacement, de la précision technique pour commencer. Et puis, un peu après l'heure de jeu, alors que les Turinois ont retrouvé assez de maîtrise pour espérer l'égalisation, le chef-d'œuvre : un nouveau centre, cette fois signé Dani Carvajal, qui part un peu trop haut, un peu trop mollement pour que le public perçoive le danger. Mais la suite les fait basculer dans une scène digne du mythique dessin animé *Olive et Tom* : dos au but, à hauteur du point de penalty, Cristiano Ronaldo tente une bicyclette au-dessus de De Sciglio et bat imparablement Gianluigi Buffon. C'est la 64e minute, le Real Madrid mène 2-0 (Marcelo ajoutera un troisième but un peu plus tard) et Ronaldo, même retombé au sol, ne touche plus vraiment terre : le stade s'est levé pour saluer l'artiste, une standing ovation qui rappelle celle d'Old Trafford pour l'autre Ronaldo, toujours sous le maillot du Real, en 2003, quand le Brésilien avait survolé l'équipe de Fabien Barthez. « Ça, ce sont les tifosi de la Juve et c'est beau, commentera Zinédine Zidane. On ne voit pas ça partout. »

Juste après cet instant de grâce, les caméras captent d'ailleurs cette image de l'entraîneur lui-même dans sa zone technique, stupéfait, admiratif. Auteur en tant que joueur de la reprise de volée la plus célèbre de l'histoire de la Maison Blanche, en finale de l'édition 2002 face au Bayer Leverkusen, Zidane est comme interdit, un soir où CR7 atteint les 119 buts dans la compétition, dont quatorze rien que sur la saison 2017-2018. « Je suis l'entraîneur mais je suis aussi quelqu'un qui aime le foot. Quand je vois un geste pareil... » lâche-t-il en conférence de presse avant de glisser, taquin : « Le mien était plus beau. »

La différence se situe dans l'aspect athlétique. LeBron James lui-même a salué la bicyclette de Ronaldo, sur les réseaux sociaux, parce que le Portugais a allié l'agilité et la technique à l'exploit physique : son pied est à 2,30 m du sol quand il frappe le ballon. Il mêle équilibre et gainage. Et, contrairement à Zidane, fait planer une menace continuelle sur tous ses adversaires.

« Avec lui, le match débute à 1-0 ou 2-0 pour eux, toujours », constate après la rencontre Massimiliano Allegri, l'entraîneur de la Juventus. Le 3-0 est venu d'une passe décisive de CR7, sur une pelouse où la Juve n'avait plus perdu, en Europe, depuis quatre ans.

« Ronaldo est un champion d'un niveau extraordinaire. Avec Messi, c'est le seul capable de construire les victoires les plus importantes de son équipe. Il peut être comparé à Maradona et Pelé », tranche Gianluigi Buffon quand Andrea Barzagli, autre spectateur impuissant, évoque un « but de Playstation ».

« Après 25 secondes durant lesquelles je me suis senti très frustré, j'ai commencé à penser à la beauté de ce but, confiera Gianluigi Buffon lors du Festival du Sport en Italie, un an et demi plus tard. Et puis après, je me suis retrouvé tout près de lui et je lui ai demandé : “Cristiano, tu as quel âge déjà ?” Il m’a regardé et m’a sorti : “Pas mal pour un mec de 33 ans, hein ?” »

Face au public, après sa bicyclette, le Portugais applaudit en joignant ses mains et s’incline. « Voir le stade entier m’applaudir... waouh, dira-t-il quelques mois plus tard, juste après son transfert à la Juventus. Ça m’a surpris car ça ne m’était jamais arrivé. Je pense que c’est le plus beau but de ma carrière. Bien sûr, c’était un but incroyable. J’ai vu la balle monter très haut, et je me suis dit que je n’allais sûrement pas réussir à la toucher, mais qu’il fallait quand même que j’essaye. J’aborde toujours ces situations avec optimisme. »

Au retour, Ronaldo sauve encore le Real : son équipe est menée 3-0 par les Italiens quand il soulage le stade Santiago-Bernabeu sur penalty, dans le temps additionnel. Il devient le premier joueur à marquer lors de onze rencontres consécutives en Ligue des champions.

76

SES ENFANTS, UNE FAMILLE PARTICULIÈRE

Cristiano Ronaldo est l'heureux papa de quatre enfants qui font partie aujourd'hui du storytelling de sa carrière, celle d'un homme qui file vers la quarantaine et aurait une vie tout ce qu'il y a de plus classique, entre sa compagne Georgina et sa vie si calme, dans sa villa sur les hauteurs de Turin. Dans le Piémont, il a pour voisine Elizabeth Borel, la fille de l'ancien attaquant de la Juve dont il a égalé en 2020 le record (31 buts sur un exercice en 1934). Quand les journalistes du *Sun* sont venus interroger la jeune femme sur le nouvel occupant des lieux, ils n'ont pas recueilli d'info croustillante : « Beaucoup de silence et jamais de fête, je n'ai pas à me plaindre. Je n'ai jamais vu d'autres voitures passer dans notre allée privée. Lui, je le vois tous les jours au volant de sa Rolls-Royce. Sinon, il a une magnifique piscine intérieure et un très beau jardin, bien entretenu. Je vois aussi souvent Cristiano Jr (le fils aîné de CR7, licencié à la Juve) s'amuser dehors avec son skateboard, et ses gardes du corps. »

Non, ce qui fait de la vie privée de Cristiano Ronaldo une curiosité, c'est la structure même de sa famille. Il a prénommé son premier enfant Cristiano Junior, ce qui lui fixe une direction à défaut d'avoir une filiation très claire. Dans sa biographie, Dolores Aveiro, la matriarche, évoque une Américaine qui aurait accouché en toute discrétion du premier enfant de Ronaldo. C'est elle qui s'est rendue en Floride juste avant la naissance de Cristiano Junior, le 17 juin 2010. Il pesait 4,2 kg, son papa disputait alors la Coupe du monde en Afrique du Sud. Quelques jours plus tard, après une déclaration au consulat, la grand-mère s'envolait vers Madrid.

L'origine de Cristiano Junior est un secret absolu, la théorie varie entre l'aventure d'un soir et la mère porteuse. Une somme de 11 millions d'euros aurait été versée à la génitrice pour qu'elle maintienne son identité secrète. Une fois, Katia, l'une des sœurs aînées de Cristiano Ronaldo, aurait dit à son neveu que sa maman était morte.

Cristiano Junior a débuté le football au Real Madrid, il a continué à la Juventus Turin, et il arrive à un âge où il perçoit la pression que peut représenter une telle hérédité. CR7 a réussi, aussi, parce que son papa l'a poussé. Cristiano Junior ne réussira peut-être pas mais il ne sera pas moins soutenu que son quintuple Ballon d'or de père.

Lors de la cérémonie des Globe Soccer Awards, à Dubaï, fin décembre 2020, après avoir posé avec son fils aîné et Georgina devant les objectifs, Ronaldo a déclaré à propos de son aîné : « Nous verrons s'il sera un grand joueur. Parfois il boit du Coca, mange des chips, ça m'énerve et il le sait [...] Je lui dis toujours de travailler dur. »

Difficile de faire plus exigeant. Difficile, aussi, de ne pas y voir une part de communication, pour placer le fiston dans la tradition d'exigence extrême qui le guide. La famille participe au marketing de la marque CR7. Avant, le message passait par sa maman, son frère et ses sœurs. Aujourd'hui, Ronaldo aurait l'âge de prendre une licence vétérans, et son cercle est celui qu'il a construit autour de Georgina et des quatre enfants élevés par le couple : Cristiano Junior et deux jumeaux (Eva et Mateo) nés selon toute vraisemblance de mère porteuse en juin 2017. Et la petite dernière, Alana Martina, enfant naturelle du couple, née le 12 novembre 2017. Toute la petite famille est régulièrement au cœur des clichés postés sur les réseaux sociaux par Ronaldo et sa compagne, et ce n'est sans doute pas fini : l'attaquant de la Juventus Turin voudrait au moins cinq bambins, « autant que de Ballons d'or », avait-il déclaré un jour. Tout, dans sa vie, est imbriqué : le foot, la gloire, l'argent, la famille.

77

GEORGINA, L'ÉLUE

Si elle n'est pas la première à partager la vie de Cristiano Ronaldo, Georgina Rodriguez, neuf ans plus jeune que le Portugais, est pourtant bien la première, à de nombreux points de vue. La jeune Espagnole, aux origines italo-argentines, est l'élue de la famille : contrairement à celles qui l'avaient précédée dans le cœur du quintuple Ballon d'or, elle a été adoubée par le clan Ronaldo, et en premier lieu par Dolores, la maman, qui entretenait par exemple des relations très fraîches avec Irina Shayk, la fiancée officielle de son fils de mai 2010 à janvier 2015. Contrairement à la mannequin russe, Georgina était une parfaite inconnue avant d'entrer dans la vie de CR7, qu'elle aurait rencontré lors d'une soirée Dolce e Gabbana. La jeune fille, qui rêvait d'une vie de mannequin, voit son existence chamboulée en novembre 2016 quand des paparazzi la surprennent au bras du quintuple Ballon d'or dans les allées de Disneyland Paris. Les médias espagnols dévoilent alors le CV de celle qui aurait supplanté au dernier moment Alyson Eckman, une présentatrice de la télévision espagnole, dans le cœur de CR7. Après avoir œuvré un temps comme jeune fille au pair en Angleterre, Georgina, fan de danse et de tango en particulier, est vendeuse dans une boutique Gucci de Madrid quand elle fait la connaissance de Ronaldo. Le Portugais, qui a mal encaissé la rupture avec la médiatique Irina Shayk, rend publique assez rapidement sa nouvelle idylle. D'ailleurs, tout va très vite, cette fois : dès le 12 novembre 2017 naît Alana Martina, l'enfant du couple, le quatrième de Cristiano Ronaldo, qui a eu auparavant, de mère inconnue, Cristiano Junior, puis les jumeaux Mateo et Eva, nés en juin 2017.

La compagne de Ronaldo ne manque pas de diffuser, sur les réseaux sociaux, l'image de la famille unie et heureuse. Et de la maman moderne, qui participe à des shows télévisés et à des défilés avec et sans son fiancé, qui fait sa gym avec et sans son fiancé, qui s'occupe de ses enfants avec et sans son fiancé. À la fois indépendante et dévouée, en tous points conforme à ce que souhaiterait Dolores, l'envahissante maman du crack, tenue pour responsable des ruptures avec la plupart des autres ex : Irina Shayk mais aussi Nereida Gallardo, Merche Romero ou quelques autres, toutes soupçonnées par le clan de se servir de CR7 plutôt que de le servir.

Georgina incarne aussi un virage personnel pour Ronaldo, qui vit désormais loin de sa maman, rentrée à Madère. À Turin, il assume complètement l'éducation de ses enfants (avec l'aide de plusieurs employés, quand même), aux côtés de Georgina, la première femme avec laquelle il vit réellement en couple, tel que l'entend le commun des mortels. Irina Shayk, souvent aux quatre coins du monde pour les besoins de son travail, descendait plutôt dans un grand hôtel de Madrid quand elle séjournait dans la capitale espagnole. Le couple Cristiano-Georgina devait se marier en 2020. Mais, plus encore que les contraintes sanitaires imposées par la pandémie de Covid-19, les tourtereaux ont choisi de reporter la cérémonie de quelques mois, pour laisser le temps à Dolores, la maman de CR7, de récupérer complètement de l'AVC dont elle a été victime en mars 2020.

78

UN CONFINEMENT *MADE IN* CRISTIANO

La période pendant laquelle le monde s'est soudainement arrêté, au printemps 2020, mériterait à elle seule un documentaire sur Cristiano Ronaldo. De ces semaines hors du temps pour la population normale, le Portugais a fait une opportunité.

Son confinement personnel commence sur des airs de paradis, installé sur une terrasse au soleil, avec vue plongeante sur l'Atlantique. Six jours après un aller-retour express au chevet de sa maman, victime d'un accident vasculaire cérébral, Cristiano s'installe pour de bon à Madère, le 9 mars, à l'isolement avec le reste de sa famille. Au départ, il venait « gérer » la convalescence de sa maman. Mais l'annonce du contrôle positif au coronavirus de son coéquipier de la Juventus Turin, Daniele Rugani, le convainc de se fixer pour de bon sur son île natale, plus précisément dans la résidence qu'il vient de faire construire à une centaine de mètres de l'hôtel et du musée à son nom. Un investissement estimé au départ à huit millions d'euros, sans doute beaucoup plus élevé à l'arrivée. Il a acheté en 2015 cet ensemble situé en contrebas de la rue où se trouvait initialement le musée CR7. C'est depuis l'une des nombreuses terrasses de l'édifice que Dolores Aveiro, sortie de l'hôpital le 20 mars 2020, publie la première photo attestant de son excellente récupération. « Je suis consciente de tout ce qui m'est arrivé et pleinement consciente que j'ai eu beaucoup de chance », avait-elle écrit sur son compte Instagram au surlendemain de son admission aux urgences.

Entamée sur une énorme frayeur, cette période permet à Cristiano Ronaldo de se ressourcer auprès des siens. Cela fait des années qu'il ne s'est pas posé ainsi au milieu de sa famille, chez lui, dans un espace qui a justement été prévu pour cela : c'est un véritable refuge, avec un étage réservé à son frère aîné, Hugo, un autre à sa maman, le reste pour CR7. Et assez de place pour héberger Katia et Elma, ses grandes sœurs. Dans cet espace, on trouve une salle de sport immense, un Jacuzzi et une piscine au sommet. Tout pour rester en pleine forme à l'abri des regards, avec vue spectaculaire sur l'Atlantique, le va-et-vient des vagues, celui des paquebots de croisière lorsque le monde tourne normalement. À l'époque, Madère ne déplore pas la moindre victime du coronavirus et seulement quelques cas d'infection.

Mais même ce décor de rêve ne suffit pas, sur cet archipel où la température demeure invariablement douce, quelle que soit la saison. Assez vite, Cristiano loue une villa à l'écart de Funchal, avec un espace extérieur suffisamment vaste pour suivre un programme de remise en forme à sa mesure. C'est là qu'il se filme en plein exercice d'explosivité avec Madame, sur la rampe d'accès à l'habitation. Assez vite, aussi, il mobilise les installations du Nacional Funchal via Pedro Talinhas, l'un de ses entraîneurs au sein du club où il a joué deux saisons, juste avant son départ pour le Sporting Portugal. « On était ravis de l'accueillir, explique Rui Alves, le président des "Alvinegros", dont Ronaldo est le socio numéro 7 140. Je ne suis allé le voir à l'œuvre qu'une fois, mais j'ai pu constater à quel point sa discipline quotidienne dont on parle tant était une réalité. Physiquement, c'est un monstre. Et ce n'est pas un hasard s'il a repris si fort. »

Une fois l'ensemble des footballeurs soumis à leur seule discipline personnelle, le monde peut constater combien celle de Cristiano Ronaldo ne ressemble à aucune autre. Chaque jour, le Portugais se présente sur les installations qui portent son nom avec tout le matériel nécessaire, agents de sécurité compris. Le Nacional ne lui fournit qu'un jeune gardien afin de s'opposer à lui lors des exercices de frappe.

Et lorsque la compétition reprend en Italie, il y a un peu lui et les autres, au sein d'une Juventus en roue libre. Le 20 juillet 2020, grâce à un doublé contre la Lazio Rome, il devient le joueur le plus rapide de l'Histoire à marquer 50 buts en Serie A. Là où il avait fallu 68 matches à Chevtchenko et 70 au Brésilien Ronaldo pour atteindre ce total, il n'a fallu que 61 rencontres à CR7. C'est également la première fois qu'un joueur réussit 50 buts ou plus dans les Championnats italien, anglais (84 avec Manchester United) et espagnol (311 avec le Real Madrid). Et lorsque arrive l'objectif majeur de sa saison, le huitième de finale retour de Ligue des champions face à l'Olympique Lyonnais, il est encore en décalage. Son équipe s'impose 2-1 contre l'OL et il réussit un doublé, avec un penalty juste avant la pause et une frappe splendide du gauche, dans la lucarne d'Anthony Lopes, à la 60e. Mais comme la Juventus a perdu 0-1 à l'aller, cinq mois plus tôt, elle est éliminée avant le « final 8 » de Lisbonne. Ronaldo quitte la pelouse en haussant ostensiblement les épaules, le regard fixé vers la tribune officielle, pour bien lui signifier qu'il a fait son travail, lui. « Que puis-je faire de plus ? » semble-t-il demander. Un an plus tôt, il a « sauvé » la Juve en inscrivant un triplé, en huitième de finale retour de C1. Là, un doublé n'a pas suffi. Lui est revenu affûté de son confinement. Pas la Juve, qui a achevé sa saison championne d'Italie mais à bout de souffle. Pourtant, le foot à la mode Covid-19 lui pèse autant qu'aux autres, comme il l'a exprimé lors des Globe Soccer Awards remis à Dubaï en décembre dernier : « Je dois être honnête, jouer dans un stade vide est ennuyeux. Nous, les joueurs, respectons tout le protocole, et la santé est la chose la plus importante de toutes, bien sûr, mais je n'aime pas ça… Je le fais avant tout parce que j'aime le football. Ma passion est toujours le football. Je joue pour ma famille, mes enfants, mes amis, les fans. Mais je n'aime pas ça, c'est tellement bizarre.

J'aime quand les gens huent Cristiano. Quand je touche le ballon, les gens huent, j'aime ça. J'espère qu'en 2021, ils pourront changer les règles et que nous pourrons voir les stades pleins de monde. »

79

LE MICHAEL JORDAN DU FOOT ?

La manière qu'il a de sauter au-dessus des autres et de planer durant des dixièmes de seconde en paraissant dix établit de lui-même le parallèle : dans ses attitudes sur le terrain et dans son rayonnement en dehors, Cristiano Ronaldo ressemble à un Michael Jordan égaré sur une pelouse. Star des réseaux sociaux et du marketing sportif en général, le Portugais est une icône mondiale, comme son aîné, l'immense basketteur des Chicago Bulls. « Il est dans le tiercé indéboulonnable de l'Histoire, cela lui permet d'avoir des revenus issus de son image supérieurs à ceux de Michael Jordan, glisse Frank Hocquemiller, le président de l'agence VIP Consulting. J'évoque Jordan car je lui prévois une après-carrière à la Jordan, avec un contrat avec vie avec Nike, avec des licences CR7 déclinées dans le monde entier. Même s'il est entouré de personnes compétentes, même s'il a un don particulier, ce mec tire tout le monde vers le haut partout où il passe. Pour réussir une telle carrière à tout point de vue, il faut une intelligence redoutable. »

Une sorte d'instinct, un charisme qui en impose. L'influence de Ronaldo peut sembler discrète. À la Juventus Turin comme au Real Madrid ou à Manchester United auparavant, il n'est pas le premier à prendre publiquement la parole. Mais son statut de quintuple Ballon d'or, et plus encore son attitude, le soustraient au commun. En juillet dernier, Jesse Lingard (Manchester United), dans une interview à *Sky Sports*, a lui aussi osé la comparaison avec Michael Jordan. « Il a été dans de nombreux clubs et a remporté de nombreux trophées. Je crois qu'il est une véritable icône du football, le Michael Jordan du football. Quand Ronaldo est arrivé pour la première fois à Manchester United, j'avais 11 ou 12 ans. Nous avons réalisé un DVD sur les techniques de jeu et il (Ronaldo) nous faisait part de ses astuces, ce qui était très enrichissant. » « C'est une très belle image et je suis à 100 % d'accord, abonde Luis Campos, ancien recruteur du LOSC et ancien adjoint de José Mourinho au Real Madrid. En regardant le documentaire consacré à Jordan sur Netflix (*The Last Dance*), j'ai retrouvé beaucoup de points communs avec Cristiano. Notamment cette attitude dans le vestiaire, cette exigence qu'il impose à tout le monde par sa seule implication. » CR7 lui-même serait fan de ce doc sur Michael Jordan, dont il devrait épouser la carrière également dans l'après. Il est sous contrat longue durée avec Nike, et le développement de sa marque personnelle, déjà entamé, en serait le prolongement naturel. Comme pour MJ.

Lors de la remise des Globe Soccer Awards, en décembre 2020, Cristiano a aussi reconnu : « C'est génial quand tu regardes et vois que les enfants veulent être comme toi. Ils se coupent les cheveux comme moi. Ils veulent des compétences comme moi. Quand je vois les enfants par exemple à Dubaï, ils courent et crient "Siii". Cela me rend heureux parce qu'ils reconnaissent mes efforts, mon dévouement, mon travail acharné. Je suis fier quand je vois des trucs comme ça, et ça me motive à continuer. » Ça pourrait durer.

80

LES POURSUITES, QUELLES POURSUITES ?

Cristiano Ronaldo ne résiste pas qu'au temps qui passe. Au cours de sa carrière, il a subi quelques accusations qui auraient pu, a minima, ternir son image, son business et son audience sur les réseaux sociaux. Pourtant, ces affaires potentiellement ravageuses ont plus ou moins glissé sur lui. Là encore, son entourage a usé de toute son influence pour éteindre l'incendie qui couvait.

En novembre 2018, des révélations du *Spiegel* ont relancé l'affaire Kathryn Mayorga. En octobre de la même année, cette Américaine, alors âgée de 34 ans, avait accordé une interview à l'hebdomadaire allemand, dans laquelle elle réaffirmait avoir été la victime d'un viol commis le 13 juin 2009 par Cristiano Ronaldo, à Las Vegas. Selon les documents dévoilés par le *Spiegel*, les avocats du Portugais auraient établi dès septembre 2009 un questionnaire de vingt-sept pages destiné à recueillir la première version de leur client. Ses réponses auraient été sensiblement différentes de celles envoyées aux avocats américains trois mois plus tard, en décembre 2009.

« Elle a dit qu'il n'était pas approprié d'avoir des relations sexuelles car [on venait] juste de se rencontrer :"Il ne vaut mieux pas. C'est la première fois." Mais elle a quand même attrapé ma b... », aurait déclaré Cristiano Ronaldo. Quant à l'acte sexuel en lui-même, l'international portugais aurait notamment affirmé dans la première version que Kathryn Mayorga « s'est rendue disponible. Elle était allongée sur le côté et alitée, et je suis entré par-derrière », ajoutant : « C'était brutal. » Dans cette même version, il aurait précisé : « Elle a dit qu'elle ne voulait pas, mais elle s'est rendue disponible [...] Mais elle a continué à dire non : "Ne le fais pas. Je ne suis pas comme les autres." Je me suis excusé ensuite. » En décembre, à la même question, la réponse de Ronaldo devenait : « Elle était allongée dans le lit. Je suis passé par-derrière [...] C'était brutal. Elle ne s'est pas plainte, elle n'a pas crié, elle n'a pas appelé à l'aide ou quoi que ce soit de ce genre. »

Puis, dans la suite des questions : « Est-ce que Mme C. a jamais élevé la voix, crié ou hurlé ? » Septembre : « Elle a dit non et s'est arrêtée plusieurs fois. » Décembre : « Non. » « Est-ce que Mme C. a dit quoi que ce soit après vos relations sexuelles ? » Septembre : « Après, elle a dit : "Tu es un connard, tu m'as forcée. Tu es un imbécile. Je ne suis pas comme les autres." J'ai dit : "Je suis désolé." » Décembre : « Non. » Le *Spiegel* a également publié des extraits de correspondance électronique entre les avocats, au sein desquels des éléments de réponses de la première version sont cités.

Une affaire relancée, donc, alors qu'un autre nuage sombre s'est installé au-dessus de la tête de Cristiano Ronaldo : selon les révélations des *Football Leaks*, le Portugais aurait caché au fisc espagnol 149,5 millions d'euros issus de ses droits à l'image, grâce à un montage imaginé par la société Gestifute, celle de son agent Jorge Mendes, via l'Irlande et les îles Vierges britanniques.

Durant toute cette séquence qui est intervenue, rappelons-le, juste avant la déferlante #MeToo, Ronaldo et son équipe de communication ont joué la carte de la victimisation : « Bien entendu que tout ça ne m'a pas fait du bien. C'est dur non seulement pour moi, mais aussi pour les gens qui sont à mes côtés : ma famille, mon fils, tous ceux qui travaillent avec moi. Mon fils va à l'école. Il commence à comprendre les choses. Ce qui est sorti me dérange, parce que ce n'est pas vrai. J'essaie de bien faire les choses, d'être transparent [...] Quand on parle de ma vie privée, de mes amis, de l'endroit où je suis allé en vacances, du fait que j'ai ou pas une fiancée, c'est normal, a-t-il ajouté à nos confrères de *France Football*. Mais quand il s'agit de quelque chose de grave comme ça, qui a à voir avec la justice... J'ai mes avocats, le club, les gens qui travaillent pour moi... Quand ils (les médias qui ont sorti l'affaire) parlent de moi, je ne me sens pas bien. Parce que j'ai bien fait les choses. Il y a beaucoup d'innocents en prison. Et moi, je me sens un peu comme ça. Tu sais que tu n'as rien fait de mal, et ils disent que tu as fait quelque chose de répréhensible. La vérité finit toujours par éclater. Tôt ou tard. »

« Le Real Madrid exige le plus grand respect pour un joueur comme Cristiano Ronaldo [...] Son comportement a été absolument exemplaire durant toute sa trajectoire dans notre club depuis 2009 », ajoutait le Real Madrid dans un communiqué, rédigé sous la pression du clan Ronaldo.

« On parle de moi comme d'un délinquant », s'est-il aussi emporté le jour de l'obtention du titre de champion d'Espagne 2017. La stratégie a plutôt fonctionné. Cristiano est rentré spécialement à Madrid en janvier 2019 pour comparaître devant le tribunal. Trois ans après Lionel Messi, il a lui aussi été condamné : 23 mois de prison ferme et 19 millions d'euros d'amende pour fraude fiscale entre 2011 et 2014. Ses avocats avaient négocié un accord au préalable avec la justice espagnole. Le joueur ne purgera pas sa peine derrière les barreaux puisque la loi espagnole permet à un condamné de rester en liberté si sa peine est inférieure à 24 mois et si ce dernier n'a pas d'antécédents judiciaires.

L'affaire Mayorga, potentiellement la plus dévastatrice, demeure une menace. En juillet 2019, la justice de Las Vegas a renoncé à d'éventuelles poursuites, faute de preuves à son encontre.

« D'après un examen des informations présentées, les allégations d'agression sexuelle contre Cristiano Ronaldo ne peuvent être prouvées au-delà de tout doute raisonnable », a déclaré le bureau du procureur du comté de Clark County. Mais, en octobre 2020, l'agence Associated Press annonçait qu'une juge allait prochainement examiner l'accord financier passé, en 2010, entre Ronaldo et Kathryn Mayorga. Cet accord avait abouti à un versement de 375 000 dollars à l'Américaine pour étouffer l'affaire, bien avant la vague #MeToo.

81

LA MACHINE À CASH

Au printemps 2020, le magazine *Forbes*, référence mondiale en matière financière, a intronisé Cristiano Ronaldo, qui restera à jamais le premier footballeur milliardaire en dollars. Depuis, le Portugais a été rejoint par son éternel rival, Lionel Messi, dans une caste où les seuls sportifs invités avant CR7 étaient le golfeur Tiger Woods (en 2009) et le boxeur Floyd Mayweather (en 2017). Au-delà de l'accomplissement sportif, la carrière du Madérien est donc une colossale réussite financière. Daniel Sa, directeur de l'Institut portugais d'administration et de marketing, qui étudie le phénomène depuis plus de dix ans, y voit trois raisons : « Premièrement, d'un point de vue sportif, il a un parcours incroyable, au niveau individuel et collectif. Il est depuis plus de quinze ans dans l'excellence. Deuxièmement, il y a sa vie hors du foot, avec des fiancées célèbres ou aujourd'hui ses enfants, sa famille en général : en dehors du foot aussi, c'est un personnage très intéressant, beaucoup plus que Messi, par exemple. Troisièmement, il est arrivé au moment du boom des réseaux sociaux, et son équipe les utilise très bien. Sa popularité est très bien travaillée. » En 2019, Ronaldo aurait engrangé environ 92 millions d'euros entre son salaire à la Juventus Turin (30 millions d'euros hors bonus) et ses divers partenariats commerciaux.

« Ce n'est pas un hasard si, partout où il est passé, il a tout gagné et aussi tout raflé au niveau sponsoring, explique Frank Hocquemiller, directeur de l'agence VIP Consulting, en août 2020 dans *L'Équipe*. La base de tout, c'est la performance, le travail. Même ceux qui ne l'aiment pas reconnaissent son travail de tous les instants. En image, c'est porteur, cette envie au jour le jour de faire toujours mieux, d'aller plus haut que la veille. Et il a su plus que profiter de l'éclosion des réseaux sociaux. Son business tourne essentiellement autour de ça. Pour un sportif aussi soucieux de son entraînement invisible, ça présente trois avantages : c'est ce qui paie le mieux, c'est ce qui prend le moins de temps, et ça permet de toucher une clientèle ciblée. » « Il a ceci de particulièrement intéressant que beaucoup de ses casquettes le rendent attractif, abonde Sébastien Bellencontre, fondateur de l'agence 4success. Il a une personnalité incroyable, hors normes, ce petit supplément d'âme qui fait qu'on le prend comme référence. Il a gommé ce côté manque d'humilité, et ce qu'il fait en "com" aujourd'hui est quasi parfait, avec une diversité de contenus qui restent toujours très qualitatifs. »

« Les marques ont besoin de Ronaldo, et non l'inverse, résume Frank Hocquemiller. Il est dans le tiercé indéboulonnable de l'Histoire, cela lui permet d'avoir des revenus issus de son image supérieurs à ceux de Michael Jordan. J'évoque Jordan car je lui prévois une après-carrière à la Jordan, avec un contrat avec vie avec Nike, avec des licences CR7 déclinées dans le monde entier. Même s'il est entouré de personnes compétentes, même s'il a un don particulier, ce mec tire tout le monde vers le haut partout où il passe. »

82

LES RÉSEAUX SOCIAUX, SON ROYAUME

L'ascension financière de Cristiano Ronaldo correspond aussi aux années de montée en puissance des réseaux sociaux, outils incontournables de la communication en même temps que vecteurs essentiels de la « monétisation » d'une star mondiale. Un terrain d'expression idéal pour le Portugais, capable de maîtriser sa « com » sans être lisse et de l'adapter au temps qui passe.

« Comme il a su se réinventer sur le terrain, il a su faire évoluer son image, rappelle Sébastien Bellencontre, fondateur de l'agence de communication 4success. Ce qui manque à Neymar, par exemple, ce sont les titres et ce repositionnement : Ronaldo a su avoir 20, 25, 30 puis 35 ans. Chez Neymar, on ne perçoit pas l'évolution. Alors que Ronaldo sait se caler sur les tendances. Il sait qu'on ne peut plus être bling-bling quand on a quatre enfants. Et la différence avec Messi, c'est sa forte personnalité. Il est extraverti. »

Il est taillé pour l'ère des réseaux sociaux, cette nouvelle communication qui fait aussi l'épaisseur du compte en banque, et sur laquelle les sportifs du monde entier sont à sa remorque : en janvier dernier, il est devenu la première personne au monde à dépasser la barre des 250 millions de suiveurs sur Instagram, loin devant la chanteuse Ariana Grande (213 millions à l'époque) et Lionel Messi, dont le compteur était alors bloqué à 174 millions de followers.

Sportif le plus suivi sur les réseaux sociaux, Ronaldo est identifié par toute la population de la planète. « Dans n'importe quel pays du monde, quand vous dites que vous êtes portugais, on vous associe à Ronaldo », rappelle aussi Onofre Costa, l'ancien directeur de la communication de la Fédération portugaise.

Selon un classement établi par l'agence britannique Hopper HQ, sur la base des prix que les entreprises seraient prêtes à payer pour voir leur produit sponsorisé sur le profil social d'une célébrité, CR7 arrivait en troisième position de la « Instagram Rich List 2020 », juste derrière Kylie Jenner et devant Kim Kardashian, avec des « posts » valorisés à 889 000 dollars (environ 754 000 euros) chacun. Ces montants sont très théoriques. Mais ils expliquent, par exemple, pourquoi CR7, sous contrat avec un horloger célèbre, est arrivé en juillet dans un stade de Serie A avec une montre estimée à 1,2 million d'euros, qui dépassait juste comme il le fallait du costume officiel de la Juventus. Le cliché a été repris un peu partout sur la Toile.

Pendant le confinement, Cristiano a été critiqué pour ses quelques entorses aux règles sanitaires, comme sa participation à l'anniversaire d'une nièce en présence d'une bonne dizaine de convives. Mais il a surtout communiqué sur son travail physique au quotidien et sur ses efforts pour aider les soignants. Sur Facebook, il a posté deux messages de prévention qui équivaudraient, selon certaines estimations, à une campagne d'une valeur de 1,5 million d'euros pour l'Organisation mondiale de la santé.

83

CET ARGENT, IL EN FAIT QUOI ?

Avec ses premiers salaires mancuniens, Cristiano Ronaldo avait acheté une maison pour sa mère. Depuis, il a pris une nouvelle dimension, et ce genre de maison, il pourrait lui en offrir quatre nouvelles tous les mois, voire bien plus. Mais pour les investissements aussi, il est resté fidèle à sa famille, et à Madère. C'est lui qui a financé l'ouverture du magasin CR7 tenu par sa sœur Elma, dans les années 2000, et il possède sur l'île, outre cette résidence privée immense sur le port achevée en décembre 2019, plusieurs biens. Dont le musée CR7, installé en contrebas de l'hôtel à son nom, face au quai où s'amarrent les bateaux de croisière en temps normal.

Cet hôtel a été construit en partenariat avec la chaîne Pestana (50 % chacun), dont le fondateur est également originaire de Madère. Il est le premier d'une ligne appelée à s'élargir : lors du premier semestre de l'année 2021, les travaux de construction des établissements Pestana CR7 devaient s'achever à Madrid, Marrakech et New York, avec des dates d'ouverture sans doute reportées au deuxième semestre, en fonction de l'évolution de la pandémie de Covid-19.

L'hôtel de Madrid (sur la Gran Via), le premier à ouvrir hors du Portugal, dans un immeuble des années 1920, représente une mise de fonds de 15 millions d'euros : piscine, gymnase, décoration de chaque étage d'inspiration sportive, et rooftop avec vue panoramique sur la capitale madrilène. Cet établissement de 168 chambres se veut conforme au cahier des charges établi par la star. Tout comme sa version new-yorkaise, sur Times Square, qui devait initialement ouvrir ses portes en 2020.

En tout, le réseau des hôtels Pestana CR7 comptera donc cinq édifices, les trois nouveaux s'ajoutant à ceux déjà existants, à Funchal et à Lisbonne, dans le quartier du Chiado.

Dans les projets initiaux figuraient encore deux destinations, Manchester (ouverture en 2021) et Paris (2023), pour aboutir au chiffre symbolique de sept établissements CR7. Ils devraient être relancés eux aussi.

Georgina, sa compagne, est associée à la marque CR7, qui ne se limite pas à des investissements hôteliers. Cristiano Ronaldo s'est aussi lancé dans le business esthétique, avec un institut de réimplantation capillaire ouvert à Madrid. Le Portugais ne se contente pas d'investir. Il dépense, aussi, et beaucoup : il a toujours rêvé de voitures de luxe, et son garage personnel en témoigne : Rolls-Royce, Lamborghini Aventador, Maserati, Bentley, Porsche, Mercedes… Toutes les grandes marques ou presque y sont représentées. CR7 possède également une impressionnante collection de montres de luxe. Mais dans ce domaine comme dans d'autres, il ne dépense pas forcément autant qu'on pourrait le penser, puisqu'il est sous contrat avec un célèbre horloger helvète. De même, le yacht de luxe sur lequel sa famille se met souvent en scène sur les réseaux sociaux : en fait, Ronaldo aurait l'usufruit du bateau, estimé à 6 millions d'euros, moyennant la publication régulière, sur les réseaux sociaux, de clichés à bord de l'embarcation. Propriétaire de la marque de vêtements CR7, il ne limite pas ses investissements immobiliers à l'hôtellerie, et possède, entre autres, un appartement dans la fameuse Trump Tower de New York. Il fait également construire actuellement une demeure à Cascais, la station balnéaire préférée des Lisboètes.

84

2016, SA PLUS BELLE ANNÉE

Quand il gagne, fin 2016, son quatrième Ballon d'or personnel, cela fait un moment que le doute a été dissipé : l'année a été la meilleure de la carrière de Ronaldo, 31 ans, vainqueur au printemps de la troisième Ligue des champions de sa carrière avec le Real Madrid et de l'Euro en France avec le Portugal, ce pays qui n'avait rien gagné avant lui, sinon quatre médailles d'or olympiques dans toute son histoire. Cristiano est à la fois exceptionnel et à l'arraché dans les moments clés. La finale de Ligue des champions est pour lui une longue souffrance. Touché à une cuisse quelques semaines plus tôt, il est ménagé mais à court de forme : il finit la prolongation diminué par des crampes, et s'il inscrit le tir au but décisif, il n'a trompé personne. *L'Équipe* lui inflige un 3 pour l'ensemble de cette partie où il ne réussit rien de notable, et ce sera le paradoxe de cette saison pleine : seules les finales se seront refusées à lui. Sinon, le déroulé de son année, sans même mentionner l'Euro, ressemble à une marche triomphale. Le 5 mars 2016, il marque avec le

Real un quadruplé face au Celta Vigo (7-1) qui en fait le deuxième meilleur buteur de Liga, avec 252 buts, devant Telmo Zarra mais derrière Lionel Messi. Le 12 avril, le Real retourne la situation à Santiago-Bernabeu face à Wolfsburg : après le 0-2 de l'aller, un triplé de sa star lui permet de se qualifier pour les demi-finales de la Ligue des champions. Le 14 mai, il achève la saison domestique sur un doublé face à La Corogne (2-0) ne permettant pas au Real de coiffer Barcelone, qui finit avec un point d'avance malgré les 35 buts de CR7 en Liga. 2016, c'est aussi sa prolongation record, officialisée le 6 novembre : il est désormais sous contrat avec le Real jusqu'en 2021. Il se réengage également avec Nike, sur un délai non spécifié mais pour un montant évalué à 40 millions d'euros annuels. 2016, c'est, encore, cette forme de sérénité qu'il dégage. Le 9 novembre, en plein derby contre l'Atlético, Koke le traite de « maricon » (« pédé »). Réponse de l'intéressé : « Pédé, peut-être, mais avec plein d'argent, enfoiré ! » Lors de ce même match, il réussit un triplé qui en fait le meilleur buteur de l'histoire du derby madrilène avec 18 buts, un de plus que les légendes Santiago Bernabeu et Alfredo Di Stefano. Le 26 novembre, enfin, son doublé contre Gijon (2-1) lui permet de dépasser la barre des 50 buts sur l'année civile pour la sixième fois d'affilée. N'en jetez plus : « 2016 fut sûrement la meilleure année de ma carrière, tant au niveau collectif qu'individuel, juge-t-il dans *France Football*. Remporter le premier trophée de l'histoire du Portugal, c'était la chose qui manquait à mon CV. Ce fut l'un des moments les plus importants de ma vie. Je n'oublie pas la Ligue des champions que j'ai gagnée avec le Real. L'Euro et la Ligue des champions la même année, c'est quelque chose d'inoubliable. Avec le Real, c'était la onzième C1 du club… La différence, c'est que le Real est habitué à gagner. C'est pour ça qu'il a onze Ligues (ou Coupes) des champions. Le Portugal, lui, n'avait jamais remporté un titre important. Ce n'est pas manquer de respect à la Ligue des champions que de valoriser un peu plus le titre du Portugal. Sur le plan émotionnel, c'est comme quand j'ai gagné mon premier Ballon d'or en 2008. »

85

L'EURO, CE LONG CHEMIN

Quand il rejoint ses coéquipiers dans la toute nouvelle cité du football, une semaine avant le début de l'épreuve, Cristiano Ronaldo croit-il vraiment que le Portugal puisse enfin y arriver ? Et lui, se sent-il la force de porter son pays ? En tout cas, les signaux sont contradictoires, voire inquiétants pour la Seleçao, qui reste sur une phase finale ratée (élimination au premier tour de la Coupe du monde 2014) et peine, depuis des mois, à trouver une animation offensive. Elle compte plus que jamais sur son capitaine, mais celui-ci semble usé par sa saison. Et sa finale de Ligue des champions, achevée avec des crampes, n'a rassuré personne. Après le gain de sa troisième C1 personnelle, il s'est reposé à Ibiza, sur un yacht, avec quelques amis et Paula Suarez, une mannequin colombienne qui ne cachait pas, alors, une certaine proximité avec la star.

Mais Cristiano est un trésor national. « Il m'a dit qu'il était en pleine forme, on peut avoir un super Ronaldo », annonce Antonio Costa après une rapide visite de la troupe, comme pour conjurer le sort du Brésil. Deux ans plus tôt, le capitaine de la Seleçao était arrivé avec une tendinite rotulienne au genou gauche qui avait haché sa fin de saison, l'empêchant de s'entraîner correctement pendant plusieurs semaines. Cette fois, c'est une micro-déchirure à une cuisse qui l'a obligé à se ménager. Entre la victoire contre Villarreal le 20 avril (3-0) et la fameuse finale de C1 (le 28 mai), il n'a disputé que trois rencontres, dont une seule en intégralité : la demi-finale retour contre Manchester City (1-0). Sinon, il a quitté la pelouse à la 78e minute contre Valence (3-2) et à la mi-temps à La Corogne (2-0). CR7 a donc eu le temps de se reposer, de se soigner et de se préparer physiquement. « S'il est si important au Real, vous ne pouvez pas imaginer à quel point il l'est pour le Portugal. Au moins autant, et même plus », reconnaît alors Fernando Santos. Il dispute une mi-temps du dernier match de préparation, contre l'Estonie, le 8 juin, et inscrit un doublé prometteur.

Il y a presque de la légèreté dans ces jours d'avant : la Seleçao a la chance de débuter la compétition après ses principaux rivaux, ce qui laisse le temps à sa star de se préparer, d'autant que son groupe paraît très abordable. Mais dès le premier jour, tout se complique face à l'Islande, l'adversaire *a priori* le moins relevé. Cristiano entame son quatrième Euro, et jusque-là, il y a tout connu : l'échec en finale en 2004, en demi-finale en 2012 et en quart de finale en 2008. Tout sauf le succès ultime ou le désastre. Pour cette édition sur le sol français, il débarque au Centre national du rugby de Marcoussis avec un préparateur physique personnel, Joaquin Juan, un physiothérapeute qui s'est déjà occupé de Pau Gasol ou Radamel Falcao. Fernando Santos articule, comme ses prédécesseurs, son équipe en fonction de son capitaine : un 4-4-2 sans véritable pointe qui déleste Ronaldo du travail défensif et permet de s'affranchir de l'éternel problème de l'avant-centre en sélection. Danny et Bernardo Silva ont déclaré forfait et dégarni un peu plus le secteur offensif. Le premier match, malheureusement, en est la triste illustration : le Portugal concède le nul malgré 27 tirs, contre quatre à son adversaire. Ronaldo, brouillon, obtient un 4 dans *L'Équipe*.

Et il s'enfonce plutôt lors du deuxième, au Parc des Princes, contre une faible Autriche. C'est la 128e sélection de CR7, qui bat le record de Luis Figo. Il obtient le penalty qui peut débloquer la partie mais l'envoie sur le poteau, alors que le gardien a plongé de l'autre côté. Son quatrième échec dans l'exercice, sur ses cinq dernières tentatives : « Je n'ai pas pu marquer ce soir. Je suis déçu car je me sens pourtant bien physiquement, assure-t-il. Je suis sûr que nous arriverons à hausser notre niveau de jeu pour passer en huitième de finale. » Son sélectionneur dédramatise : « Depuis que je suis en charge de cette équipe (septembre 2014), c'est la première fois que nous ne marquons pas. Jusque-là, nous ne marquions pas beaucoup, mais nous marquions tout le temps. Nous nous sommes créé quinze ou seize occasions en deux matches, ça nous laisse penser que le ballon va finir par entrer. »

Les statistiques sont troublantes : le Portugal a tiré 19 fois de plus que l'Autriche, après avoir frappé 22 fois supplémentaires contre l'Islande. Au lendemain de cette deuxième rencontre, la maman de l'idole s'est rendue à Marcoussis avec Cristiano Junior (qui a eu 6 ans). À un journaliste du quotidien madrilène *Marca* qu'elle a croisé en sortant, elle a affirmé : « Notre-Dame de Fatima sera avec nous. Je vais allumer un cierge et nous allons gagner. »

Elle se trompe : la Hongrie, déjà qualifiée au coup d'envoi, ne va pas s'incliner ; mais elle a aussi raison : cette fois, CR7, pour sa 17e apparition en phase finale d'Euro (nouveau record), sauve bien la patrie. Il inscrit deux buts, offre une passe décisive, devient le premier joueur à marquer lors de quatre Euros différents, et obtient un 8 dans *L'Équipe*, après une journée sous haute tension.

Dans la matinée, pendant la courte promenade autour de l'hôtel de mise au vert, il a envoyé dans l'étang tout proche le micro d'un journaliste portugais venu lui demander s'il se sentait prêt à affronter la Hongrie. Le soir, il enchante ce qu'on appelle alors le Parc OL. Bien sûr, il cadre un seul de ses quatre coups francs, portant à quarante son total de tentatives infructueuses dans cet exercice en phases finales. Mais, à la 42e minute, il lance Nani vers l'égalisation, seul moment de grâce d'une première période d'une pauvreté absolue côté portugais. Et il permet à deux nouvelles reprises à son équipe de revenir à hauteur d'une Hongrie en grande réussite (coup franc détourné et reprise déviée de Dzsudszak, 47e et 55e). En enroulant derrière son pied d'appui un ballon donné par Joao Mario (50e) puis en reprenant de la tête le premier ballon de Quaresma (62e), Ronaldo offre une réplique à la hauteur de son statut. Mais il s'en faut de peu pour que la Hongrie n'ajoute un quatrième but (Elek tire sur le poteau à la 64e).

Le Portugal ne maîtrise pas grand-chose, même pas son classement : en gelant la partie dans les ultimes minutes, il croit assurer la deuxième place. En fait, un second but islandais contre l'Autriche (2-1) chamboule tout. Il renvoie la Seleçao au troisième rang et à un 8e de finale face à la Croatie, sans doute l'équipe la plus séduisante du premier tour. « C'était un match un peu fou, sous une forte chaleur, beaucoup de buts, mais à l'arrivée je suis content car pendant la rencontre, nous avons été trois fois éliminés, et à l'arrivée nous nous qualifions quand même », explique Cristiano Ronaldo en recevant son trophée d'homme du match. Les perdants portugais sont monégasques : Joao Moutinho, remplacé à la mi-temps par Renato Sanches, ne débutera plus un match de l'Euro. Tout comme Ricardo Carvalho qui, après avoir coulé avec l'ASM dans ce même stade contre l'OL en toute fin de Championnat, a sombré individuellement. Lui aussi sera relégué, au profit de José Fonte en défense centrale. À l'issue du premier tour, le Portugal est l'équipe qui a le plus tiré au but (70 frappes), mais la Seleçao n'a pas gagné la moindre partie : pour la suite, il doit changer de logiciel.

86

LA CROATIE, CE TOURNANT

Qui croit au destin portugais au matin du huitième de finale face à la Croatie ? Pas grand monde, encore. En plus de tomber sur une équipe en pleine forme, la troisième place oblige la Seleçao à disputer un quatrième match en douze jours, 72 heures après le nul arraché à la Hongrie. Et, pour se rendre de Marcoussis à Lens, elle a dû faire quatre heures de car, entre les bouchons sur l'autoroute et le chauffeur qui s'est trompé d'itinéraire…

Pourtant, le Portugal passe l'obstacle. Au bout d'une rencontre qui est un sommet d'ennui, Cristiano surgit pour mener le contre fatal à la 117e minute. Sa frappe est repoussée par Danijel Subasic, mais Ricardo Quaresma a suivi. Exactement 28 secondes plus tôt, Perisic a touché le poteau. Finalement, les prières de Dolores Aveiro ont peut-être eu un petit effet. Le Portugal semble porté par un je ne sais quoi de différent. Après le coup de sifflet final, alors que tous ses partenaires dansent en rond sur la pelouse, alors que Fernando Santos, le sélectionneur, célèbre la performance de son équipe, Ronaldo a déjà retrouvé un visage impassible pour réunir ses partenaires et leur signifier que le Portugal est loin d'avoir achevé sa mission. Il vient simplement d'écarter la sensation du premier tour, en usant de ses moyens du moment : beaucoup de solidarité et une excellente organisation défensive. Quatre semaines après sa très mièvre finale de C1, CR7 est redevenu CR7, un athlète capable de piquer un sprint au bout de la prolongation pour déclencher son premier tir de la rencontre à la 117e minute, après avoir gaspillé 33 des 70 tirs portugais au premier tour.

« Moche », « dégueulasse » : les manières portugaises sont désormais saluées par la presse internationale, qui retient moins ses coups contre une équipe restrictive au possible. Les critiques touchent les supporters, elles dérangent moins Fernando Santos, qui y trouve un vecteur d'union nationale. Au retour de Lens, pour la première fois, ses joueurs ont été accueillis à Marcoussis par des dizaines de supporters. La forte communauté portugaise installée en France devient, enfin, un avantage. Un peu comme France 98 avec Aimé Jacquet, la Seleçao joue le Portugal contre le reste du monde.

L'équipe, elle, ne dévie plus de la trace incrustée au stade Bollaert-Delelis. Contre la Pologne, à Marseille, en quart de finale, Ronaldo marque le premier tir au but. Avant, il a été plutôt médiocre. Il a frappé à côté alors qu'il avait Joao Mario au centre (56e), a manqué sa reprise sur un centre de Nani (60e) puis carrément manqué le ballon sur une ouverture de Moutinho (85e).

Il n'obtient qu'un 3 dans *L'Équipe*. Son action la plus notable ? Avoir convaincu Joao Moutinho de participer à la séance de tirs au but, dans une séquence qui imprime dans l'imaginaire collectif son leadership incontestable.

Fernando Santos a changé deux défenseurs (Vieirinha et Ricardo Carvalho relégués sur le banc), intégré Adrien Silva au milieu, et laissé la possession à la Pologne. « Si on encaisse trois buts, rien ne me garantit qu'on en mettra quatre », rappelle le sélectionneur d'une formation où l'expérience de CR7 tranche : six des titulaires contre la Pologne (Cédric Soares, José Fonte, Eliseu, Renato Sanches, Adrien Silva, Joao Mario) disputent alors leur première phase finale.

La question concernant les critiques devient un rituel des conférences de presse. « Les critiques nous ont motivés. Si nous étions mauvais, nous ne serions plus ici », réplique le milieu Danilo Pereira, avant d'avouer : « Il est arrivé parfois que nous jouions bien et que nous perdions. Cette fois, nous n'avons pas réussi de match qui en met plein les yeux, mais on a atteint l'objectif. » Tout en feignant de ne pas s'intéresser au débat, Fernando Santos choisit de s'en nourrir : « Ça ne me dérange pas, ni moi ni les joueurs, assure le sélectionneur. Notre objectif est de donner de la joie aux Portugais, tout ce qui se passe en dehors ne me dérange pas. Nous ne sommes pas ici pour être beaux ou laids, nous sommes là pour bien faire. Je m'en fiche d'être le vilain petit canard. Calimero ? Je peux être qui ils veulent. Ce que je veux, c'est continuer ainsi et arriver en finale. Entre beau et être à la maison et laid et être ici, je veux être laid », déclare-t-il au lendemain du quart de finale contre la Pologne. Après le huitième face à la Croatie, il n'avait pas convoqué Calimero, mais son épouse : « Je dis toujours à mes joueurs une chose très simple : en football, pour moi, il n'y a pas de beau ou de laid. Les beaux et les laids, ce sont les hommes et les femmes. Ma femme dit que je suis le plus bel homme du monde et elle sait bien que je ne le suis pas. Je le sais aussi. Cela dépend des yeux qui vous regardent. En football, il y a le bien et le mal. Ou on joue bien ou on joue mal. Et le Portugal (contre la Croatie) a bien joué. Je ne suis pas là pour être joli. Si nous jouons "moche" et que nous gagnons l'Euro, vous croyez qu'un quelconque supporter va y penser quand il sera en train de le fêter ? »

La Seleçao s'est créé un monde à elle à Marcoussis où, même depuis les bâtiments du Centre national de rugby, les joueurs peuvent entendre les chants de leurs supporters, massés par dizaines ou par centaines selon les jours, à 300 mètres de là. « On arrive ici après nos matches à trois, quatre, cinq heures du matin et ils sont là, dehors, pour nous appuyer, rappelle André Gomes. Hier, ils sont restés des heures, là, dehors, à chanter. On doit les remercier pour tout ce soutien. » Quand ils viennent à la rencontre de leurs fans, une semaine avant la finale, certains sont au faîte de l'émotion. Un jeune garçon échappe même de peu à l'évanouissement grâce à la vigilance d'un agent de sécurité et de Pepe, qui l'extirpent de la foule. « Nous sommes venus vous remercier », déclare sobrement Ronaldo avant de regagner ses quartiers, le sourire aux lèvres. Cristiano a marqué (deux fois) au cours d'un seul des cinq matches qu'il a disputés durant cet Euro, mais tout le monde s'en moque désormais. CR7 s'amuse même du feuilleton autour de ce micro qu'il avait jeté dans un bassin avant le troisième match de groupe. Deux plongeurs (Paulo Martins et Antonio Bessone Basto) ont retrouvé l'objet avant la demi-finale, également disputée à Décines, face au pays de Galles de son coéquipier madrilène Gareth Bale, et l'ont mis aux enchères au profit d'une institution s'occupant d'enfants en difficulté, située à Funchal.

Après cinq rencontres, le Portugal a mené au score 22 minutes en tout. Si l'Euro avait été un Championnat, l'un des quatre demi-finalistes stagnerait en milieu de tableau. Privés d'Aaron Ramsey, suspendu, les Gallois se laissent trop gouverner par la peur du contre portugais. Bale tente l'unique frappe cadrée de la première période. Mais, à la 50e minute, Ronaldo s'élève au-dessus du commun des mortels pour égaler, au bout de vingt matches, le record établi en cinq matchs par Michel Platini (neuf buts, durant l'Euro 1984). Trois minutes plus tard, Nani détourne une frappe écrasée de l'attaquant du Real Madrid (2-0, 53e). Malgré l'absence de Pepe (cuisse) et avec, au coup d'envoi, seulement quatre joueurs qui étaient déjà titulaires pour le premier match (Guerreiro, Joao Mario, Ronaldo, Nani), la Seleçao se qualifie en gagnant pour la première fois de l'Euro au cours du temps réglementaire. Ronaldo, qui récolte un 7 dans *L'Équipe*, présente d'un coup un bilan très présentable : avec trois buts et deux passes décisives, il a été présent sur les deux tiers des buts de son équipe.

87

SAINT-DENIS, LES LARMES DE LA DÉLIVRANCE

L'occasion d'une vie. Quand il pénètre sur la pelouse du Stade de France en tête de l'escouade portugaise, le 10 juillet 2016, Cristiano Ronaldo a certainement des tonnes de choses en tête. Mais il pense forcément à ces paroles désabusées lâchées de l'autre côté de l'Atlantique, après l'élimination de la Seleçao dès le premier tour de la Coupe du monde 2014, au pays de l'autre Seleçao.

L'arme ultime du Real Madrid durant la saison entière a eu le temps de mesurer, depuis ses débuts en équipe nationale en 2003, le décalage entre la qualité des intervenants dans les différents camps. Il sait combien la version 2016 de la Seleçao ne possède pas la moitié du talent de sa version 2006, par exemple, quand Figo et Deco étaient encore là, quand Ricardo Carvalho était une référence mondiale à son poste. Au coup d'envoi, quel autre joueur portugais que lui a la carrure pour le très haut niveau ? L'excellent Pepe bien sûr, Raphaël Guerreiro également quand il est en pleine possession de ses moyens, et peut-être Rui Patricio, dont ce sera le grand soir. Sur le papier, le Portugal ne pèse pas lourd. Et son passif face aux Bleus ne présage rien de bon, avec ces défaites qui s'enchaînent depuis 1975, dont celles en demi-finales des Euros 84 (2-3) et 2000 (1-2, but en or), et de la Coupe du monde 2006 (0-1).

Mais Ronaldo tient son moment avec la Seleçao, la chance sans doute unique pour lui de gagner quelque chose avec son pays. Sa nervosité encore palpable lors de la séance de tirs au but, en quart de finale, semble s'être évaporée depuis. Après avoir beaucoup canardé au premier tour (plus de dix tirs par match), il est revenu au rythme plus « madrilène » d'une poignée de frappes par rencontre. Seul joueur de champ portugais à avoir disputé l'intégralité des six matches, il ne dribble plus mais reste, à 31 ans, un formidable athlète. Il a été décisif pour arracher la qualification contre la Hongrie (3-3), la victoire contre la Croatie (1-0 a.p.) en huitième de finale, et celle contre le pays de Galles en demi-finale (2-0). Il a été parfois moyen, voire plus que moyen, durant cet Euro. Mais il a déjà inscrit trois buts dans une épreuve où les arbitres lui ont refusé deux à trois penalties flagrants, selon les pointages. Et sans lui, le Portugal ne serait pas en finale. Sa seconde personnelle, douze ans après l'Euro 2004 à domicile. « Lors de la précédente finale, tout était différent, a-t-il expliqué le mercredi précédent. J'avais 18 ans (19 en fait). J'espère finir celle-là avec le sourire. J'ai toujours rêvé de gagner quelque chose avec le Portugal, le rêve est là. »

Si Ronaldo gagne, il sait bien qu'il rejoindra les plus grands : Maradona, Pelé, Platini ou encore Zidane, qui ont tous conquis un ou plusieurs grands trophées avec leur sélection. Et, surtout, CR7 dépasserait son grand rival, Lionel Messi, qui vient d'être battu une quatrième fois en finale d'une grande compétition lors de la Copa America, a été condamné pour fraude fiscale en Espagne et a même annoncé sa retraite internationale.

CR7 est à un pas de l'éternité. Dans *L'Équipe*, Paul Le Guen assène : « On stigmatise l'individualisme de Ronaldo, mais il fait gagner son équipe et les autres sont reconnaissants. Un état d'esprit se dégage. » Ils sont tous derrière Ronaldo, et la France va le comprendre trop tard.

La finale 2016 de Cristiano commence pourtant comme celle de 2004 s'était achevée : par des larmes. Dès la 25e minute, il doit sortir. L'homme qui avait disputé l'Euro dans son intégralité, qui ne se blesse jamais, est évacué sur une civière après huit ballons touchés. Une misère. Un déchirement. À la 8e minute, il y a ce choc avec Dimitri Payet, qui le laisse longtemps au sol. M. Clattenburg, l'arbitre de la finale, ne sanctionne pas l'excès d'engagement du Réunionnais, qui a percuté le genou gauche du Portugais. Ronaldo, qui se voyait faire gagner la Seleçao et battre le record du plus grand nombre de buts marqués dans un Euro (codétenu avec Michel Platini), insiste. Il parvient même à sauter plus haut que Bacary Sagna dans un duel aérien (13e). Mais il ne pourra pas plus. À la 17e minute, il s'assoit au sol et pleure. Un papillon de nuit se pose sur sa joue, les soigneurs indiquent au banc qu'un changement s'impose, mais CR7 refuse : « Non, je continue. » Il reprend avec un imposant bandage autour du genou (20e), tente de jouer un dernier ballon (23e), mais doit se rendre à l'évidence : il ne peut plus pousser sur sa jambe gauche. Cette fois, il jette son brassard au sol, son corps est secoué de sanglots, et même le Stade de France, aux deux tiers favorable aux Bleus, est emporté par l'émotion. Il est évacué sur une civière qui emporte toute la misère du monde, salué par une petite tape amicale de Didier Deschamps. Est-ce à cet instant précis, quand la menace adverse numéro un sort du jeu, que la France perd cette finale ?

Ce serait une explication partielle. Mais les personnes présentes au Stade de France ce soir-là ont bien perçu ce moment interdit, cette perte de repères provoquée par ce fait de jeu. Quand *L'Équipe* lui demandera si la sortie de CR7 a fait perdre les Bleus, Hugo Lloris répondra ainsi, un mois et demi après les faits : « Non, mais il a cassé le rythme, et ça, c'était très énervant sur le terrain. Cela a beau être Ronaldo, un immense joueur pour lequel on a beaucoup de respect, il a vraiment cassé le rythme du jeu. Et cela a rendu les Portugais encore plus solides puisqu'ils étaient onze à défendre. Cela rappelle qu'un Euro se gagne sur le collectif, pas sur le joueur le plus fort. »

Quand il revient sur le banc portugais, alors que la fin du temps réglementaire approche, Ronaldo n'a rien manqué d'une finale disputée sur une pelouse indigne de l'événement. Il a été remplacé numériquement par Ricardo Quaresma, son copain des années de formation au Sporting Portugal, et l'équipe de Fernando Santos s'est repliée, en 4-3-3, sur un schéma plus frileux que jamais. Attendre, subir, compter sur la classe de Pepe en défense et les arrêts de Rui Patricio, auteur du match de sa vie (il obtiendra un 9 dans *L'Équipe*).

Ronaldo est là pour glisser ses encouragements à l'oreille quand Eder entre. Avant la finale, l'attaquant de Lille a participé à seulement 13 minutes de cet Euro. Il est le « vilain petit canard » des vingt-trois Portugais, selon l'expression de son sélectionneur, qui supporte mal les sifflets récoltés par cet attaquant au parcours de vie formidable, de son abandon à 3 ans jusqu'à cette frappe qui, en début de seconde mi-temps de prolongation (109e), fait l'histoire. « Je t'aime, Portugal ! C'est pour moi, c'est pour toi, c'est pour nous, c'est pour vous, Portugal ! » hurle en français Alexandre Afonso, sur les ondes d'Antena 1, le jour où *L'Équipe* a fait sa une en portugais pour saluer l'histoire commune des deux peuples.

Cela fait un moment, déjà, que Cristiano ne tient plus assis sur le banc. Bien avant le but d'Eder, il était là pour regonfler un à un ses partenaires et embrasser Quaresma avant la prolongation. Dans le dos de Fernando Santos, pour encourager, replacer, hurler ou s'arracher les cheveux après la tête d'Eder repoussée par Lloris (104e) ou ce coup franc de Raphaël Guerreiro sur la barre (108e). « En fait, nous expliquera un témoin assis sur le banc, au départ, c'est le Mister qui l'a appelé. À force de hurler, il n'avait plus de voix et il lui a demandé : "Dis à Quaresma de se replacer comme ça, pas comme ça." »

À 1-0, Cristiano ne s'est plus rassis, multipliant les bourrades dans les côtes de son sélectionneur, se comportant comme son adjoint d'une nuit. Il a oublié cette poche de glace plaquée sur son genou. Au coup de sifflet final, quand tout le banc fonce vers les joueurs sur le terrain, il se retourne et tombe dans les bras de Ricardo Regufe, qui est tout à la fois son ami, son assistant personnel et un membre du staff de la Seleçao.

Même l'arbitre de la rencontre a droit à l'accolade du champion : « Quand je suis allé chercher ma médaille, il m'a pris dans ses bras, témoignera Mark Clattenburg. J'avais été attristé par sa blessure en début de match, parce que nous perdions un grand joueur. Après la finale, j'ai trouvé dans mon vestiaire un maillot dédicacé par Cristiano : "Pour Mark, je vous souhaite le meilleur, Cristiano Ronaldo." C'était un beau geste. »

« J'ai le visage qui brille, c'est normal, j'ai beaucoup pleuré aujourd'hui », sourit Ronaldo un peu plus tard en conférence de presse. Dans le vestiaire du Stade de France, sous les yeux de son frère aîné Hugo, il prend la parole devant la délégation portugaise, et remercie un à un ses coéquipiers au fil d'un discours poignant, à la hauteur du « plus grand moment de (sa) carrière ». Il s'arrête un moment sur son sélectionneur, Fernando Santos, qu'il pointe du doigt : cet homme-là vient d'envoyer CR7 dans une nouvelle dimension.

88

FERNANDO SANTOS, L'HOMME QUI Y CROYAIT DAVANTAGE QUE LUI

Après la victoire portugaise en finale de l'Euro face aux Bleus, le 10 juillet 2016 au Stade de France, Fernando Santos a sorti un petit papier de sa poche pour ne pas oublier ses idées en route, remercier « Dieu, pour m'avoir donné la lucidité, la sagesse et l'humilité afin de guider cette équipe. Un énorme bisou à ma maman, à ma femme, à mes enfants et à mon père qui est près de Dieu, sûrement en train de boire quelques bières avec ses amis. Je les aime beaucoup ». À cet instant, on a cru qu'il aurait beaucoup de mal à aller au bout de son laïus... Il lui restait à avoir un mot pour le président de la Fédération, Fernando Gomes, qui l'a nommé « à un moment où ce n'était pas facile, parce qu'une lourde sanction pesait sur moi ». Mais surtout pour ses joueurs : « Ils peuvent m'appeler le timonier, l'ingénieur, mais ce sont eux qui ont réussi ça sur le terrain, avec beaucoup d'humilité, un esprit de sacrifice. » Le sélectionneur portugais a même salué, en langue originale, ses ex-joueurs hellènes : « À tous les Grecs, merci. Toujours dans mon cœur. » Jusqu'au bout, il n'a oublié personne, durant cet Euro qui aura été une forme de chef-d'œuvre personnel, y compris tactique durant la finale. « Nous avons été simples comme des colombes mais prudents comme des serpents », a résumé celui qui avait annoncé dès le 19 juin qu'il rentrerait le 11 juillet à Lisbonne et « y serait fêté ».

Pendant le gros mois passé à Marcoussis, au Centre national du rugby, Fernando Santos a su user de toutes ses cordes de vieux routier du football. Lors d'une de ces conversations informelles qu'il avait instituées avec quelques confrères portugais, le sélectionneur avait ainsi prononcé trois mots à haute valeur symbolique : « Laissez-moi rêver. » Une reprise du célèbre « laissez-nous rêver » lancé par José Torres, le sélectionneur portugais, pendant la campagne de qualifications pour la Coupe du monde 1986. Le pays entier pensait la cause perdue. Pas lui. Et le Portugal avait disputé le Mondial mexicain, le deuxième de son histoire. « C'est un homme que j'adore, qui a été à mes côtés dans le vestiaire pendant cinq ans (à Benfica, dans les années 1970), a continué Santos. Cette phrase est de lui. La mienne est : "Gagner, gagner, gagner." »

En gagnant à Saint-Denis, Fernando Santos a bouclé sa boucle personnelle : il avait annoncé à ses joueurs en octobre 2014 pourquoi il avait accepté la succession de Paulo Bento : revenir, vingt et un mois après ce premier match amical (1-2, le 11 octobre), à Saint-Denis. « Il y a deux ans, nous avions défini un objectif avec tout le groupe, a expliqué le technicien après le succès

(2-0) contre le pays de Galles en demi-finale. L'idée, à l'époque, c'était de faire le maximum afin de se qualifier pour cette finale de l'Euro 2016 qui aurait lieu sur la même pelouse, au Stade de France. » La perspective pouvait sembler très hypothétique. La Coupe du monde au Brésil s'était achevée au bout de trois rencontres, et la Fédération portugaise s'était résolue à se séparer de son sélectionneur, Paulo Bento, le 11 septembre, après un premier match de qualifications pour l'Euro perdu contre l'Albanie (0-1) au stade municipal d'Aveiro. Fernando Santos était encore sous le coup d'une suspension de huit matches pour avoir, alors qu'il était sélectionneur de la Grèce, dit un peu trop fort aux arbitres de Grèce-Costa Rica (lors du huitième de finale de la Coupe du monde 2014 perdu 1-1, 3-5 aux t.a.b.) sa façon de penser (la sanction sera ramenée à quatre rencontres).

Avec lui, les bannis de l'ère précédente sont revenus (Quaresma, Tiago, Ricardo Carvalho, Bosingwa...), mais le vrai changement n'est pas venu des hommes. Plutôt du système. Dès le premier match au Stade de France, l'immuable 4-3-3 a tendu vers le 4-4-2. Fernando Santos est un adepte de ce système plus élastique, qui lui permet de moduler son dispositif plus facilement. Il a aussi « pratiqué » Cristiano Ronaldo quelques semaines au Sporting Portugal, juste avant le départ du triple Ballon d'or à Manchester United (en 2003). Il veut adapter son équipe à l'évolution de son capitaine. « Dans un 4-3-3 classique, on aurait un problème d'équilibre côté gauche », nous expliquait-il. Le 4-4-2 a donné tout de suite des résultats : le Portugal n'a perdu aucun match de compétition officielle sous Santos. Le nouveau système a aussi défini un profil : avant la demi-finale contre le pays de Galles (2-0), la Seleçao ne s'était jamais imposée par plus d'un but d'écart. Ce Portugal pragmatique est enfin parvenu à se qualifier sans passer par la case barrages (pour la première fois depuis l'Euro 2008). CR7 n'a jamais autant marqué que sous Fernando Santos, avec qui la confiance semble inaltérable.

« Depuis que je suis arrivé ici, Ronaldo a toujours été très performant, nous rappelait le sélectionneur en septembre 2015, avant la réception des Bleus au stade José Alvalade. Vous savez, j'ai été son dernier entraîneur au Portugal, quand il est parti du Sporting pour Manchester United, en 2003. Je le connais depuis qu'il a 18 ans, on a toujours maintenu un lien très fort. » Il fallait cela pour convaincre Ronaldo de changer un peu son jeu. Pour le persuader, surtout, que ce qui lui semblait impossible en 2014, gagner une grande compétition, deviendrait possible deux ans plus tard, avec une équipe présentant sur le papier les mêmes forces et les mêmes faiblesses.

Antonio Fidalgo, le compagnon des premiers matches d'entraîneur de Fernando Santos à Estoril, en D3, témoigne : « Il a une grande force mentale, un grand contrôle de ses émotions. C'est un leader, et il a surtout réussi à transmettre aux joueurs cette conviction qu'ils pouvaient aller en finale. Personne n'y croyait autour d'eux, mais les joueurs, eux, oui. » « Vous savez que je suis croyant et que je crois aux miracles. Mais je n'en ai jamais vu s'accomplir sans que personne ne fasse rien, rappelle Fernando Santos. Cette équipe n'avait peur de personne, mais elle ne se sentait pas plus forte qu'une autre pour autant. C'était notre état d'esprit, et c'est ça qui nous a amenés à la victoire. » Le premier entraîneur portugais à disputer la finale d'une grande compétition, comme il l'avait annoncé au cœur de la tempête des premiers jours (« J'ai prévenu ma famille que je restais en France jusqu'au 11 juillet, et pas en vacances »), était depuis le début certain d'avoir convaincu son capitaine. « Il lui a dit : "Je crois que pour gagner, nous devons jouer différemment", et il l'a convaincu, nous a expliqué un familier de la Seleçao. Ronaldo a compris que l'équipe serait meilleure ainsi. En sélection, tout le monde sait son importance ; son leadership est accepté parce que l'équipe reste malgré tout au-dessus de lui. Ronaldo est spécial et c'est normal qu'on le traite différemment, tellement il est au-dessus des autres. Mais sa relation particulière avec Santos fait qu'il accepte malgré tout de rester joueur, l'entraîneur garde l'ascendant que tout entraîneur doit garder. Ils ont trouvé la bonne distance. »

À l'avant-veille de la finale, nous apercevons Cristiano Ronaldo se faufiler entre deux bâches pour accorder une courte interview au site de l'UEFA : « La France a une équipe fantastique, elle joue très bien. Selon moi, elle est plus favorite que nous parce qu'elle joue à la maison, ce qui constitue un grand avantage. Mais personne ne nous a encore vaincus dans ce tournoi, ce sera un match compliqué pour les deux équipes. Ce serait énorme de gagner un titre avec l'équipe nationale. Je crois que c'est possible, comme mes coéquipiers, comme tout le pays et comme les émigrants ici en France. Nous devons être positifs, parce que je crois que ce sera la première fois que le Portugal va gagner un trophée important. » Ronaldo est bien le premier disciple de Fernando Santos, ce croyant parmi les croyants qui a effectué quelques escapades discrètes jusqu'à la petite église de Marcoussis durant ce mois béni passé dans l'Essonne.

89

POURQUOI IL N'A JAMAIS AUTANT MARQUÉ AVEC LE PORTUGAL

Alors qu'il va fêter ses 30 ans, Cristiano Ronaldo assure, dans *France Football* : « Je veux m'améliorer chaque année. Je sais que je dois encore parfaire des aspects de mon jeu. » La trentaine est généralement guettée, par les sportifs de haut niveau, comme on craint le son du tocsin. L'âge où l'on ne peut plus tout faire comme avant et où le milieu vous regarde comme un sursitaire, un animal traqué par le déclin.

CR7, pourtant, a la trentaine resplendissante. Depuis qu'il a atteint un âge autrefois jugé canonique pour tout attaquant de pointe, il cumule les buts et les titres : trois Ligues des champions, deux Ballons d'or, un Euro et une Ligue des Nations, entre autres. Personne ne peut en dire autant, évidemment. « Si je peux jouer année après année plus de soixante matches par an, c'est parce que je prends soin de moi. Je dors bien, je m'alimente bien. Même dans ces domaines-là, je cherche la perfection », rappelle celui qui est un modèle de préparation individuelle. CR7 n'a pas oublié les conseils de Luis Figo, le précédent Ballon d'or portugais, qui s'est maintenu au très haut niveau jusqu'au terme de sa carrière et a encore été champion d'Italie avec l'Inter Milan, en 2009, année de sa retraite sportive, à 36 ans ! Toujours dans *France Football*, Ronaldo ajoute : « L'âge ne m'empêche pas de dormir. Mais je suis conscient qu'avec les années, il faut savoir parfois ne pas jouer un match pour rester à son niveau. L'expérience m'a fait réaliser ça. »

Elle lui a appris à s'écouter un peu plus, aussi. Même si, dans son cas, cela reste assez relatif. « J'aimerais bien n'avoir aucune douleur, mais c'est impossible, ça n'a pas dû arriver un seul jour depuis le début de ma carrière », concède-t-il, tout en envisageant une évolution statistique : « Qui sait si, dans le futur, mes plus grands exploits, mes plus belles actions, ne viendront pas en tant que passeur et non en tant que buteur ? [...] Peut-être que les années précédentes, j'avais tendance à penser plus à moi, à mes statistiques personnelles. Aujourd'hui, je suis devenu davantage un joueur d'équipe. »

De fait, notamment lorsqu'il est en forme, Ronaldo cherche plus naturellement qu'avant la solution collective. Mais son efficacité est devenue clinique, en club, comme en équipe nationale. Avant l'arrivée de Fernando Santos à la tête de la Seleçao, en septembre 2014, Ronaldo avait inscrit 50 buts en 114 sélections. Depuis Santos, c'est pile un but par cape (51 buts en 51 sélections, au soir de son doublé en Suède, le 8 septembre 2020). Comment expliquer un tel rendement ?

Il ne dribble quasiment plus (une tentative par match en moyenne, contre trois lors de sa première saison au Real), et sa talonnade derrière la jambe d'appui lui permet surtout de gagner du temps. Il a également modifié ses habitudes en salle de fitness pour perdre du volume musculaire. « Son jeu a évolué, c'est une bête dans la surface, a expliqué dans *L'Équipe* Clément Lenglet, alors défenseur central du FC Séville. Si j'avance, il recule. Si je vais à droite, il va à gauche. Il est toujours dans le contre-pied, on a très souvent un temps de retard. »

Il cible plus précisément ses objectifs, aussi, quitte à laisser les titres de meilleur buteur de la Liga à Luis Suarez en 2016 ou à Messi en 2017 et 2018. Il est devenu plus dépendant des autres, quitte à être transparent sur plusieurs matches pour mieux resurgir quand ça compte, comme au printemps, cette période où il a systématiquement scoré en Ligue des champions au cours des cinq dernières éditions.

Cristiano Ronaldo, jadis ailier droit à Manchester, a remporté ses quatre derniers Ballons d'or après avoir plus ou moins quitté son couloir, parfait reflet d'un football où, même pour les joueurs de côté, la solution se trouve à l'intérieur du jeu.

90

ZINÉDINE ZIDANE, ENTRE GÉANTS

Quand il remplace Rafael Benitez et devient, le 4 janvier 2016, le premier entraîneur français du Real Madrid, Zinédine Zidane connaît la première mission de sa feuille de route : rétablir le lien avec Cristiano Ronaldo, star du Real Madrid déstabilisée par le court passage de l'ancien technicien de Valence et de Liverpool. Benitez a voulu faire de Gareth Bale le pendant de Cristiano Ronaldo, il s'est coupé des leaders du vestiaire. Zinédine Zidane va revenir à une gestion plus proche de ce que préconisait Carlo Ancelotti, dont il était l'adjoint lors de la conquête de la fameuse « Décima ».

Gareth Bale est renvoyé sur l'aile droite, avant de progressivement reculer dans la hiérarchie, à force de blessures qui participeront beaucoup à sa relégation madrilène jusqu'à son retour à Tottenham, en prêt, le 19 septembre 2020. Quand, en décembre 2017, dans *France Football,* Zinédine Zidane assure à propos de Cristiano Ronaldo qu'il ne croit pas « lui avoir apporté grand-chose », il cisèle une communication parfaite.

Il existe un immense respect entre deux champions d'exception : « Je pense que l'on se comprend bien tous les deux car j'ai vécu ce qu'il vit, explique le champion du monde 98. J'ai connu sa situation dans un vestiaire. On sait tous les deux de quoi on parle. »

Les deux géants se sont croisés pour la première fois en 2006 à Munich, lors de la demi-finale de Coupe du monde gagnée par les Bleus sur un penalty de Thierry Henry. Ils ont appris à se connaître depuis l'arrivée de Ronaldo à Madrid, depuis que ZZ se prépare à un destin d'entraîneur à la hauteur de ce qu'il a réalisé crampons aux pieds. « J'étais son admirateur, maintenant je l'admire comme entraîneur », dit Ronaldo de son coach après la victoire face à la Juventus en finale de la Ligue des champions 2017.

Une fois, la relation aurait pu déraper. Nous sommes en septembre 2016 et, à quelques jours d'un rendez-vous majeur en Ligue des champions face au Borussia Dortmund, Zidane choisit de remplacer Ronaldo par Lucas Vazquez, à la 72e minute d'un match de Liga à Las Palmas (2-2). Le Portugais l'accepte mal et lâche, en se posant sur le banc, une insulte évoquant *a priori* la maman de son coach. Quelques minutes plus tard, ce dernier assume : « Nous avons un match mardi et j'ai pensé que c'était le moment de le remplacer en vue de ce match. Il veut toujours jouer, mais je dois aussi penser à lui. Il fallait le faire souffler et penser à mardi. »

Ce que personne n'avait osé imposer à CR7, Zinédine Zidane l'introduit tout doucement : Ronaldo va sur ses 32 ans, il ne peut plus enchaîner tous les matches jusqu'au bout. Comme c'est Zidane, comme la confiance entre footballeurs du même univers ne se discute pas, le Portugais y consent. À microdoses, évidemment.

Ronaldo est à gauche du 4-3-3 mais de plus en plus souvent dans l'axe, au gré des permutations avec Karim Benzema. Libre et libéré par un coach qui sait le placer sur le piédestal qui lui revient et rappeler ses qualités de finisseur, « une qualité que je n'avais pas, j'étais davantage passeur ». Il y a autre chose que Ronaldo possède plus qu'aucun autre. « Tous les jours, son ambition m'impressionne. Avec ses quatre cents matches et ses quatre cents buts, il pourrait être moins affamé, continue ZZ. Mais ce n'est jamais le cas. Si, à l'entraînement, il peut marquer dix fois au cours d'une séance, il marquera dix fois. Son envie de toujours vouloir être le meilleur, de toujours marquer, jour après jour, reste assez bluffante. Je ne crois pas lui avoir apporté grand-chose car il a tout vécu, tout connu, tout fait. J'espère juste lui avoir apporté, depuis maintenant presque deux ans que l'on travaille ensemble, de la sérénité. Ce que j'ai essayé de lui transmettre, c'est cette nécessité d'être cool. On rit souvent ensemble dans le vestiaire, surtout qu'il a un rire assez communicatif. Là où il se lâche le plus, c'est dans le bus. Il a toujours sa blague pour le chauffeur ou l'un de mes adjoints. C'est une bonne personne, très souriante et agréable. Il n'a plus rien à prouver ni à démontrer. Il l'a déjà fait tout au long de sa carrière. »

Mais Zidane a vu, aussi, Ronaldo arriver rincé en finale des Ligues des champions 2014 et 2016, à force de trop jouer. Les deux fois, des blessures ont gâché les semaines précédant l'échéance, l'obligeant à freiner pour de mauvaises raisons. Avec ZZ, Ronaldo est intégré à la rotation. Moins que les autres, certes, mais c'est déjà une révolution. « Sa persévérance est sa plus grande qualité, juge alors Zidane. Mais c'est peut-être aussi son plus grand défaut car il en veut toujours plus, il n'est jamais rassasié. Quelquefois, ça peut jouer des tours... »

En 2016-2017, Ronaldo ne participe qu'à 29 des 38 matches du Real en Liga. Ça l'agace, parfois. Mais CR7 finit mieux et pèse en finale contre la Juventus. À la fin, Zidane sait le lui rappeler, à sa façon : « Bravo, Cristiano pour tout ce que tu as fait jusqu'à maintenant. Je suis fier d'être ton entraîneur et c'est bien aussi de le reconnaître publiquement. »

En fin de saison, Zidane appelle un Ronaldo courroucé par les poursuites fiscales dont il est l'objet et par le manque de soutien du club dans ce combat. Pour le retenir à Madrid. Finalement, CR7 quittera la capitale espagnole un an plus tard. Quelques jours après le retrait surprise de ZZ, dans la foulée de la conquête d'une troisième Ligue des champions d'affilée. Jusqu'au bout, les deux géants ont été sur la même longueur d'onde.

91

POUR LEUR ACADÉMIE, LE SPORTING ET LE NACIONAL SE DISPUTENT SON HÉRITAGE

La querelle peut sembler bénigne, résiduelle. Mais elle présente un enjeu : capter l'héritage de Ronaldo au Portugal. En 2020, le Sporting Portugal a fait savoir que l' « académie Sporting », son centre d'entraînement et de formation niché au cœur des champs de chênes-lièges, au sud de Montijo, deviendrait prochainement l'académie Cristiano Ronaldo, du nom du plus grand joueur sorti d'une école de football à l'aura incomparable (avant lui, Paulo Futre et Luis Figo, entre autres, avaient été formés chez les « Lions de Lisbonne »). « C'est avec un grand honneur que le Sporting Clube de Portugal informe que l'Académie du Club s'appellera Academia Cristiano Ronaldo, stipulait le communiqué du club. Le bon fils fait la maison, et la maison qui a fait grandir Cristiano Ronaldo accueille maintenant son nom en l'honneur de celui qui est devenu le meilleur joueur portugais de tous les temps, le meilleur joueur du monde récompensé par cinq Ballons d'or et capitaine de l'équipe nationale. Cristiano Ronaldo a rejoint la famille Leonina en 1997 à l'âge de 12 ans. Le 14 août 2002, à l'âge de 17 ans, il a fait ses débuts en équipe senior contre le FC Inter Milan. L'Académie immortalisera ainsi le nom du plus grand symbole de tous les temps et sera l'inspiration à suivre pour tous les jeunes talents [...] Félicitations au joueur Cristiano pour tout son parcours, merci au Lion Ronaldo pour tous ses efforts, son dévouement, sa dévotion et sa gloire. Lion un jour, Lion toujours ! »

Cette annonce a déclenché une réponse cinglante du Nacional Madère, où le quintuple Ballon d'or a évolué pendant deux saisons, de 1995 à 1997, de 10 à 12 ans. « Un seul campus Cristiano Ronaldo », scandait le communiqué des « Alvinegros », qui rappelait que l'académie du Clube Desportivo Nacional s'appelait « Cristiano Ronaldo Campus Futebol » depuis novembre 2007, date du dixième anniversaire du départ de la star vers le Portugal continental. En décidant d'accoler le nom de Ronaldo à sa propre académie, le Sporting Portugal « contreviendrait au principe fondamental du droit des marques », a estimé le Nacional dans un courrier adressé à son rival lisboète, à qui Ronaldo avait été vendu contre 25 000 euros à l'époque.

L'intéressé, lui, avait émis une seule requête : être présent le jour de l'inauguration officielle de cette académie à son nom. Les terrains, eux, ont été rebaptisés avec les patronymes des principales figures formées au Sporting Portugal.

92

LA LIGA, CE ROYAUME QUI S'EST PRESQUE REFUSÉ À LUI

Neuf saisons en Espagne pour seulement deux Championnats gagnés ? Une misère. Sur l'ensemble de la carrière de Cristiano Ronaldo en Liga, le Real Madrid n'aura été sacré que deux fois, en 2011-2012 lors de la deuxième année sous les ordres de José Mourinho, et en 2016-2017 lors de la deuxième saison commandée par Zinédine Zidane. Un sacré paradoxe pour une équipe qui, dans le même temps, empoche quatre fois la compétition la plus relevée et la plus convoitée au monde, la Ligue des champions (2014, 2016, 2017, 2018). Il y a certes les éléments objectifs : en 2011-2012, pour terminer devant le très grand Barça, le Real doit battre le record de points amassés sur un exercice. Ensuite, quand le club catalan s'avère moins dominant, le voisin de l'Atlético de Madrid se mêle à la lutte.

Et il y a tous ces moments où l'atmosphère tourne à l'aigre, comme lors de l'été 2017, quand les rumeurs de transfert et démêlés judiciaires plombent son quotidien. Fin juillet, Ronaldo est mis en examen en Espagne pour fraude fiscale. Mi-août, son retour à la compétition lors de la Supercoupe d'Espagne contre le FC Barcelone (3-1, 2-0) confirme le malaise. CR7 écope d'un premier carton jaune pour avoir enlevé son maillot, d'un second pour simulation, et bouscule l'arbitre : il sera suspendu cinq matches.

Il contre-attaque sur Twitter : « Les injustices ne m'ont jamais abattu. Et comme toujours, je reviendrai plus fort. » Ronaldo inscrit un doublé contre l'Apoel Nicosie (3-0) en C1 lors de son retour mi-septembre, mais ne marque pas lors des deux matches suivants. « C'est toujours la même chose avec vous (les médias), quand il ne marque pas, vous posez la question, ironise Zinédine Zidane. Il faut rester tranquille. Lui l'est. La saison est longue et il fera la différence, comme toujours. » Mais, avec l'Espagne, il y aura toujours ce malentendu, ce soupçon d'être moins aimé qu'il le devrait parce qu'il est issu du petit Portugal, ce voisin ibère maintenu dans l'ombre. Quelques phrases resteront, comme celle de Jerzy Dudek, ancien gardien remplaçant du Real, dans son autobiographie : « Il préfère que l'équipe gagne 2-1 avec deux de ses buts, plutôt que 5-0 avec les coéquipiers qui marquent. »

Un jour, un confrère lui a demandé : « Aimerais-tu pouvoir sortir de chez toi sans que personne te reconnaisse ? » Réponse de Ronaldo : « J'en rêve, je paierais pour ça si c'était possible. » Depuis sa maison loin de l'effervescence de la capitale madrilène, il a appris à vivre comme isolé du monde, alors que chaque apparition publique le ramenait à sa condition particulière : lors du baptême de son fils, même le prêtre a sorti son smartphone pour lui demander un selfie.

Lors d'un entraînement à Sao Paulo, durant le Mondial 2014, une fan hystérique a réussi à franchir le cordon de sécurité pour se jeter dans ses bras. Renvoyée par les agents de sécurité, elle a confié aux journalistes :

« Il sait que j'existe !

— Que vous a-t-il dit ?

— De me calmer et d'arrêter de pleurer.

— Que lui avez-vous répondu ?

— Je lui ai demandé s'il pouvait me suivre sur Twitter. »

CR7 sera pareillement imperturbable lors de la demi-finale de l'Euro 2016, quand un spectateur interrompra la partie face au pays de Galles, en courant se coller à lui. En Espagne, il a appris à gérer une forme de solitude contrainte : « Dans le football, je n'ai que peu d'amis. Les gens en qui j'ai vraiment confiance ? Quelques-uns. La plupart du temps, je suis seul. »

93

SOTCHI, SA REVANCHE ESPAGNOLE

Le meilleur match de Cristiano Ronaldo en Coupe du monde et même, sans doute, lors d'une phase finale avec le Portugal, a eu lieu au bord de la mer Noire, le 15 juin 2018. Ce soir-là, au Ficht Stadium d'Adler, l'excroissance moderne de la station balnéaire de Sotchi, le triplé du Portugais éclaire la nuit russe. À 33 ans et 130 jours, CR7 devient le joueur le plus âgé de l'Histoire à inscrire au moins trois buts lors d'un même match de Mondial, le troisième Portugais à inscrire au moins trois buts lors d'un même match de Coupe du monde, après Eusébio contre la Corée du Nord en 1966 (quatre buts) et Pauleta face à la Pologne en 2002 (trois buts), et le quatrième joueur à marquer lors de quatre Coupes du monde différentes, après Pelé, Miroslav Klose et Uwe Seeler.

Mais plus que ces faits statistiques qui vous posent une performance, cette rencontre est avant tout un grand moment de football, par la grâce d'un homme presque seul face à une machine. Car, de match, il n'y aurait pas dû avoir. Même tourneboulée par la démission express, quelques heures plus tôt, de son sélectionneur Julen Lopetegui, coupable d'avoir signé quelques semaines auparavant en faveur du Real Madrid, la « Roja » domine l'essentiel des débats. Le terme « dominer » rend mal justice, d'ailleurs, au récital qu'elle donne pendant plus d'une heure.

Mais il y a Ronaldo, donc, qui a obtenu et transformé le penalty qui validait la bonne entame de la Seleçao (4e), et offert un ballon de but à Gonçalo Guedes (22e), à un moment où l'Espagne avait déjà remis le pied sur le ballon (22e). Ronaldo, encore, qui adresse une frappe suffisamment puissante pour provoquer une énorme faute de David De Gea juste avant la pause. Le Portugal atteint la mi-temps avec un avantage d'un but (Diego Costa a égalisé), mais c'est déjà un miracle. La maîtrise espagnole, depuis une demi-heure, est indécente. Elle s'accentue encore au retour des vestiaires, et même CR7 n'y peut rien. Quand Diego Costa inscrit un doublé dans le second temps d'un coup franc (55e), puis quand Nacho place la Seleccion devant sur un but magnifique (58e), le Portugal est comme planté par vents contraires. Mais il a la chance de résister, de ne pas avoir sombré à l'entrée dans le money time. Et d'avoir Ronaldo, bien sûr. Le Madrilène, par sa seule présence et par sa précision technique, maintient le champion d'Europe dans la partie. Il fait même mieux en provoquant, après le penalty, une faute de Gerard Piqué à une bonne vingtaine de mètres de la cage espagnole. Il est sur une série de quarante-cinq échecs dans l'exercice en phase finale, et pourtant il flotte dans l'air de Sotchi que la fin de série est pour ce soir-là. C'est la 88e minute de cette partie devenue irrespirable, et le temps additionnel qui sera accordé ensuite par l'arbitre ne suffira pas à nous faire redescendre, ce soir-là. La frappe de Ronaldo est parfaite. Elle redescend, comme téléguidée, le long du poteau de De Gea, scotché sur sa ligne, et fait basculer cet affrontement dans la légende de la Coupe du monde. « En plus de ses qualités physiques et techniques, il a des capacités mentales incroyables, se félicite Fernando Santos en conférence de presse. C'est pour ça qu'il est le meilleur du monde. Même à 2-3, il a emmené l'équipe derrière lui. » Ronaldo revient à la hauteur de Ferenc Puskas au deuxième rang mondial des buteurs en équipe nationale (84). Il a mis, en un soir, autant de buts que lors de ses trois Coupes du monde précédentes. Il a tout fait tout seul et précipité, on le saura plus tard, la dépression chez les Espagnols, qui seront éliminés dès le premier tour.

« Ce match est un jalon important dans ma carrière », déclare dans la foulée le capitaine, avant d'ajouter, malicieux : « Un de plus. C'est un travail de longue haleine pour arriver à ce niveau. C'est pour cela que je m'entraîne tous les jours, et je veux souligner la réponse de l'équipe, qui n'a jamais baissé la tête. Nous ne sommes pas favoris de cette Coupe du monde, mais nous sommes candidats, nous voulons rester ici jusqu'à la fin. » « Je pense qu'on a surtout eu un grand Cristiano », relativise déjà Bernardo Silva à l'issue de ce nul heureux. « Il a réussi l'exploit de mettre trois buts en Coupe du monde, et ce n'était pas n'importe qui en face, ajoute Raphaël Guerreiro. On sent qu'il est prêt. Après, toute l'équipe est prête aussi, il n'est pas à part, et c'est pour cela aussi que cela fonctionne. »

Ce récital est une revanche personnelle pour Ronaldo, qui n'avait pas encore marqué contre l'Espagne et qui égalise ce soir-là : il avait battu la Roja au premier tour de l'Euro 2004 (1-0), mais avait été éliminé en huitième de finale de la Coupe du monde 2010 (0-1) et en demi-finale de l'Euro 2012 (0-0), aux tirs au but.

Derrière, il connaît moins de réussite. Il donne d'une tête, en début de match, la courte victoire contre le Maroc (1-0), s'attirant ce constat de Fernando Santos, son sélectionneur : « Il est un peu comme le vin de Porto, il sait affiner ses qualités, il est en constante évolution, à l'inverse de ce qui serait normal. Il se connaît très bien, il n'essaie pas de faire ce qu'il faisait il y a cinq ou six ans et, dans deux ans, il ne tentera pas non plus de faire ce qu'il fait aujourd'hui. »

Mais en huitième de finale, le Portugal échoue sur un Uruguay euphorique. La paire Cavani-Suarez marque deux buts venus d'ailleurs (« ils ne sont pas dans les livres de foot », commentera Santos), et Ronaldo quitte la Coupe du monde sur un semi-échec collectif, quatre ans après la déroute de la Coupe du monde 2014 (élimination au premier tour) et deux ans après le triomphe de l'Euro 2016. Comme Lionel Messi, Cristiano Ronaldo n'a jamais inscrit le moindre but en phase à élimination directe de Coupe du monde.

94

LA JUVENTUS, CE CONTRE-PIED

Si Ronaldo dribble de moins en moins sur le terrain, il est encore capable de sacrés contre-pieds. Quelques jours après l'élimination du Portugal en huitième de finale de la Coupe du monde, il prend la planète football par surprise en signant un contrat de quatre saisons en faveur de la Juventus Turin. Depuis le temps que son entourage faisait planer la menace d'un départ du Real Madrid, où la star portugaise ne se sentait pas toujours traitée à sa juste valeur, on avait fini par s'y habituer : tous les ans, l'hypothèse d'un transfert planait ; tous les ans, CR7 restait. Pas en 2018, donc. Pourquoi ? D'abord parce que le club italien reste sur deux échecs d'affilée en finale de la Ligue des champions. Il voit dans le Portugais l'argument massue. Ce joueur qui lui a fait défaut à deux reprises, un buteur de haute stature. Ensuite, la Juventus Turin a les moyens d'aligner les 100 millions d'euros de transfert, une somme considérable pour un joueur de 33 ans et demi.

L'insatiable Cristiano Ronaldo cherche un nouveau défi. Le départ surprise de Zinédine Zidane de son poste d'entraîneur, juste après la conquête d'une troisième Ligue des champions d'affilée, le pousse aussi vers la sortie. Selon son agent Jorge Mendes, le cheminement vient de loin : « En janvier, Cristiano m'a dit qu'il voulait jouer à la Juventus. J'ai pensé en premier lieu que c'était impossible, et je lui ai dit que c'était très difficile mais qu'il n'y avait rien d'impossible. Entre-temps, le Real Madrid croise le chemin de la Juventus Turin en Ligue des champions, et Cristiano Ronaldo est l'artisan numéro un de la victoire merengue face à la Vieille Dame. » La première réunion avec le conseil d'administration de la Juve a eu lieu à Madrid, avant le Real Madrid-Juventus en avril, puis il y a eu davantage de contacts par téléphone et, peu à peu, l'opération est devenue réalisable. »

Après la victoire en Ligue des champions contre Liverpool (3-1), Ronaldo avait lancé un sulfureux « c'était bien de jouer dans ce club », alors même que ses coéquipiers festoyaient encore autour de la Coupe. C'est bien lui qui voulait partir, le Real Madrid l'a ailleurs rappelé dans son communiqué actant le départ du joueur selon « sa volonté et sa demande ». Quand il a rencontré Beppe Marotta, le directeur général de la Juve, et Fabio Paratici, son directeur sportif, pour boucler le transfert de Joao Cancelo, en juin, Jorge Mendes a glissé l'hypothèse Ronaldo dans la conversation. La folie consentie pour satisfaire les prétentions salariales du Portugais indique combien, avec le quintuple Ballon d'or, la Juventus change de dogme. Jusque-là, le salaire le plus élevé de l'effectif avait été consenti pour Gonzalo Higuain

(7,5 millions d'euros), qui était aussi le transfert le plus important de l'histoire de la Vieille Dame (90 millions d'euros de clause libératoire pour l'arracher à Naples, en 2016). Cette fois, Cristiano représente, en tout, une opération à 340 millions d'euros, sur quatre ans, entre les 100 millions versés au Real Madrid et les 60 millions annuels, charges comprises, accordés en salaires à la star portugaise. Un pari que les dirigeants piémontais estiment raisonnable, eux qui ont fait passer, entre 2010 et 2017, les recettes du club de 156 à 539 millions ! Eux qui comptent, aussi, sur la puissance de la marque Ronaldo pour booster celle de la Juve : au moment du transfert de CR7, le 10 juillet 2018, le Portugais compte 74 millions de followers sur Twitter, soit douze fois plus que son nouveau club. Au bout de neuf ans, la rupture avec les dirigeants madrilènes se fait proprement. Dans son communiqué, le Real remercie « un joueur qui a démontré être le meilleur du monde » et lui rappelle que « le Real serait toujours sa maison ». Dans une lettre ouverte, le joueur assure que « ces années au Real ont probablement été les plus heureuses de [sa] vie ».

95

ÉTAIT-IL FAIT POUR LA JUVE ?

Le mariage entre la Juventus Turin et Cristiano Ronaldo, en juillet 2018, était un pari raisonnable. Mais un pari quand même. Et un contrat donnant-donnant : Ronaldo devait apporter au club la Ligue des champions qui lui claque la porte au nez depuis son second succès dans l'épreuve, en 1996. Le club italien devait être le troisième avec lequel CR7 gagnerait cette C1 qui l'a fait roi du monde. Mais alors que le Portugais achèvera bientôt sa troisième saison en Italie, un constat chiffonne les observateurs : d'août 2014 à juin 2019, il a remporté onze finales d'affilée, avec son club comme avec sa sélection nationale. Avec la Juventus, il en a perdu deux en seulement quelques mois : la Supercoupe d'Italie face à la Lazio Rome (3-1) en décembre dernier, puis la finale de la Coupe d'Italie contre le Napoli (0-0, 2-4 aux t.a.b). Un match lors duquel Ronaldo a été, pour *La Gazzetta dello Sport*, « le pire » joueur sur le terrain. « Il réclame les privilèges d'un avant-centre. Il croit avoir le droit de frapper dès qu'il a le ballon et ne se rend pas compte qu'il n'est plus au Real Madrid », ajoute le quotidien aux pages roses. En quelques lignes, voilà résumé le hiatus originel. Cristiano Ronaldo est le pari d'un homme, Andrea Agnelli, le président de la Juventus depuis 2010. Sur le plan économique, son arrivée est un succès retentissant, avec des augmentations des revenus sponsors et des bilans financiers records, mais sur le terrain, tout n'est pas rose. Le quintuple Ballon d'or est certes encore un joueur incroyable à 35 ans, et sa démonstration face à l'Atlético de Madrid en Ligue des champions la saison dernière est encore dans toutes les têtes (3-0). Pourtant, on ne peut pas dire qu'il ait fait passer un cap à la Juventus. Avant lui, les Bianconeri remportaient quasiment tous les titres nationaux et ont atteint deux fois la finale de Ligue des champions, en cinq ans. Avec Ronaldo, la Juventus a remporté un Scudetto et une Supercoupe d'Italie, mais a perdu une finale de Supercoupe d'Italie, une finale de Coupe d'Italie, et s'est fait éliminer en Coupe d'Italie la saison dernière ainsi qu'en Ligue des champions.

L'été dernier, malgré un doublé au retour, Cristiano n'a pu éviter l'élimination de son équipe en huitième de finale de Ligue des champions par l'Olympique Lyonnais. L'équipe autour de lui n'est plus assez forte pour le porter. Il était venu pour sublimer la belle machine assemblée par Massimiliano Allegri, qui avait atteint la finale de la C1 en 2015 et 2017. Finalement, il n'aura collaboré qu'une saison avec lui : au bout d'un exercice, Maurizio Sarri est arrivé sur le banc, avec ses principes de jeu exposés à Naples qui ont moins convaincu à Chelsea et encore moins à Turin. Il ne faudrait pas pousser beaucoup Ronaldo pour qu'il exprime tout haut ce qu'il pense : il se trouve à la Juve dans la configuration qui lui a longtemps pesé en équipe nationale, où il était trop mal entouré. Au printemps 2019, la Juventus a été éliminée par l'Ajax (1-1, 2-1) après avoir ouvert le score à Amsterdam comme à Turin, sans remporter aucune des deux rencontres. Tous les buts turinois (cinq au total), en huitième (2-0, 0-3 contre l'Atlético de Madrid) comme en quart de finale, ont été inscrits par CR7. Le scénario s'est reproduit contre Lyon, donc. Au retour, il a quitté la pelouse de l'Allianz Stadium en haussant les épaules, les mains ouvertes vers le banc turinois ou, plutôt, vers la tribune officielle placée juste au-dessus, dans une attitude qui signifiait ostensiblement : « Qu'est-ce que je peux faire de plus ? » Il a réussi un doublé : le penalty qui a redonné l'espoir à la Juventus juste avant la pause, et une frappe splendide du gauche qui a permis aux Turinois de prendre l'avantage au score (60e).

Mais deux de ses coups francs ont fini dans le mur lyonnais, un troisième a été repoussé brillamment par Anthony Lopes, et sa reprise de la tête sur corner (76e) a filé au-dessus de la cage. Surtout, il a offert une balle de but en or à Higuain après avoir déposé Léo Dubois, sur une action qui résumait le malentendu turinois : autour de CR7, c'est le désert.

Ronaldo a quitté la Ligue des champions 2019-2020 sur un bilan de quatre buts, son plus faible total depuis la saison 2008-2009, sa dernière à Manchester, et a traversé sa troisième saison sous le poids du soupçon d'un couple en phase de divorce. Cristiano était venu pour la Juve d'Allegri. Au bout d'un an, il a hérité du Turin à la sauce Maurizio Sarri et a enchaîné avec l'expérience Andrea Pirlo, entraîneur débutant. De quoi dérouter le plus endurant des champions. Il reste ce bilan de Ronaldo version Juve, en 2020 : 45 matches, 44 buts, 7 passes décisives, vainqueur de la Serie A, et 44 % des buts de la Juventus.

96

RONALDO PLUS FORT QUE LE CONFINEMENT

Le procès en arrogance de Cristiano Ronaldo est quasi constitutif du personnage. La plupart des personnes ayant croisé le Portugais dans un cadre public ont constaté cette manière de se comporter, cette assurance, cette sorte de morgue dans le regard, cette façon de toiser l'interlocuteur, de créer une distance entre lui et le monde.

En octobre 2020, Cristiano a montré une autre version de ce trait de caractère. Il a créé une belle polémique en Italie pour son respect tout personnel des protocoles sanitaires mis en place afin de lutter contre la pandémie de Covid-19. « Il n'y a aucun doute, nous vivons dans un pays merveilleux », a attaqué *Tuttosport* pour qualifier son retour en Italie deux jours après avoir été testé positif lors d'un rassemblement avec la sélection portugaise. Le ministre italien des Sports, Vincenzo Spadafora, s'est ému : « Cristiano Ronaldo a violé le protocole sanitaire » en rentrant dans le Piémont en jet privé.

Dans un live Instagram, le quintuple Ballon d'or a assuré avoir « respecté tous les protocoles » et a dénoncé

« simplement un mensonge », sans jamais mentionner l'homme politique. Le ministre, lui, a rétorqué : « La notoriété et le talent de certains joueurs ne leur permettent pas d'être arrogants, irrespectueux envers les institutions, et de mentir. » Vincenzo Spadafora a ainsi rappelé que les personnalités publiques devaient justement « donner le bon exemple ».

En fait, ce n'est pas le retour à Turin de Ronaldo qui était en cause, mais plutôt son départ pour rejoindre le Portugal. Après le « match fantôme » contre le Napoli, le dimanche 4 octobre, les joueurs de la Vieille Dame ont été placés en quarantaine au centre d'entraînement du club, en raison de deux cas positifs. Les internationaux Cristiano Ronaldo, Danilo, Rodrigo Bentancur, Juan Cuadrado et Paulo Dybala auraient dû attendre leur résultat du lundi avant de quitter l'Italie. Or ils sont partis rejoindre leurs sélections avant d'avoir leurs résultats (tous négatifs).

Ces cinq joueurs de la Juventus ont donc enfreint la loi italienne, une « violation administrative » qui peut être punie d'une amende de 400 à 1 000 euros. L'affaire n'a pas été plus loin, les autorités considérant que les Turinois avaient quitté leur confinement pour une autre « bulle », celle de leur équipe nationale.

Mais elle est révélatrice des sentiments que Cristiano Ronaldo peut inspirer. Ce dernier a soigneusement épuré son image au fil des ans, envoyé le message qu'il était d'abord un immense travailleur. Il reste ce joueur capable de s'affranchir de certaines obligations s'il en ressent le besoin. Le confinement l'a rappelé, entre ses promenades en famille sur la jetée du port de Funchal ou cette virée sur la côte, près de Lisbonne, pour superviser avec Georgina l'avancée des travaux de la nouvelle demeure du couple. Une forme d'arrogance qu'il combat, un peu : « Un jour, j'ai dit que certains étaient jaloux parce que j'étais jeune, beau et riche. C'était une erreur. J'avais parlé après un match où j'étais en colère parce que je n'avais pas marqué. Plusieurs raisons peuvent expliquer le fait que je dise parfois des choses qui ne me plaisent pas forcément après. Comme je l'ai souvent dit, je ne suis pas parfait. Je suis un être humain fait de chair et d'os, comme vous : je pleure, je ris, j'ai mes problèmes. Mais quand j'ai dit ce qu'il ne fallait pas, j'ai toujours demandé pardon aux gens. Avec l'âge, on apprend de ses erreurs. On devient plus mature, dans la vie comme sur un terrain. Alors, des jaloux ? La vie est ainsi faite que des gens en envient d'autres. Mais j'ai l'impression que le public me comprend de mieux en mieux, qu'il se rend compte que je suis quelqu'un qui travaille énormément. Je préfère qu'on parle de ce que je fais sur le terrain, pas de ce que je fais en dehors. »

Un vœu pieux, évidemment. « Je me sens incompris, a-t-il un jour déclaré à CNN. Parfois, c'est vrai, je donne une mauvaise image sur le terrain, car je prends les choses trop au sérieux. [...] Je pense que mon image m'a coûté, par le passé (des votes pour le Ballon d'or). » Andres Villas-Boas, le coach portugais de l'OM, a expliqué, dans une interview au site Laureus : « Je pense que l'ambition ne doit pas être confondue avec l'arrogance. Cristiano Ronaldo est victime d'une forme de lynchage médiatique. »

97

PARIS, AU-DELÀ DU FANTASME

En janvier 2021, Leonardo, le directeur sportif du Paris-SG, a accordé une longue interview à *France Football* sans évoquer une seule fois le nom de Cristiano Ronaldo. Fin du feuilleton ? Peut-être, peut-être pas. Ce qui est certain, c'est que le finaliste de la Ligue des champions 2020 et le quintuple Ballon d'or ont souvent pensé l'un à l'autre. Et que le sujet a bien été évoqué entre le dirigeant brésilien et Jorge Mendes, l'agent du joueur. Pour résumer, la venue ou non du Portugais est une question d'opportunité. Pour que le dossier s'enclenche, il faut qu'une porte s'ouvre dans l'autre sens, c'est-à-dire que Kylian Mbappé ou Neymar quitte le PSG. Ce qui est certain, c'est que Ronaldo n'a pas une envie folle de rester dans le Piémont et que la Juventus n'a pas tant envie que ça de le garder, pour des raisons avant tout économiques. Le départ du Portugais abaisserait de 25 % la masse salariale du club, et il atténuerait le non-amortissement du transfert à 100 millions d'euros de la star, dont la rentabilité a été entamée par la pandémie de Covid-19 : le club a annoncé une perte de 90 millions d'euros sur l'exercice 2019-2020.

Rien n'est limpide dans ces dossiers. Avec le départ de Cristiano, la Juventus perdrait sa tête de gondole vis-à-vis des sponsors, alors que la plupart des contrats ont été indexés sur la présence du quintuple Ballon d'or. Adidas a par exemple passé son obole annuelle de 23 à 51 millions d'euros pour CR7. Ce serait la mise au rebut du business plan mis en place par le président Andrea Agnelli, avec notamment l'entrée en Bourse et le changement de logo.

Et puis, si Ronaldo a été déçu de sa collaboration avec Maurizio Sarri, il a fini l'année 2020 avec 33 buts en Serie A et est plutôt satisfait de l'arrivée d'Andrea Pirlo sur le banc juventino.

Ce qui est certain, c'est que Paris et Ronaldo se sont régulièrement fait de l'œil depuis dix ans. *France Football* avait révélé ce SMS, envoyé par le Portugais à un proche, durant l'été 2012 : « J'ai envie d'aller à Paris. Là-bas, ils m'aimeront vraiment. Les Français seront tellement heureux que je joue dans leur Championnat que les médias feront campagne en ma faveur pour le Ballon d'or. » Nous étions alors en pleine partie de poker façon triangulaire entre le clan CR7, le Real Madrid et le Paris SG, ce moment où Nasser Al-Khelaïfi, le président, nourrissait le flou d'un : « Quand nous voudrons Cristiano, nous en parlerons avec Madrid. » Ou d'un : « Si Cristiano est triste, ce n'est pas parce que nous avons discuté avec lui. » Un an plus tard, le 15 septembre 2013, Ronaldo a prolongé de trois ans un contrat qui arrivait à son terme en juin 2015 (il s'engagera ensuite jusqu'en 2021), redevenant le joueur le mieux payé de la planète. Pour cette annonce officielle, il a débarqué devant les caméras en jean et chemise, plus des lunettes siglées Nike, son équipementier personnel, rival de celui du Real (Adidas). « Nous avons réalisé le rêve de tous les supporters du Real, a déclaré son président, Florentino Pérez. Le meilleur joueur du monde sait que cette maison est et sera la sienne pour toujours [...] Cristiano est et restera éternellement madridiste. » Depuis, le dialogue n'a jamais été complètement rompu, pas seulement lorsque Laurent Blanc, alors entraîneur du PSG, avait échangé quelques mots avec lui après une rencontre de Ligue des champions, sur la pelouse du stade Santiago-Bernabeu, en novembre 2015.

À l'été 2020, après son élimination frustrante en huitième de finale de Ligue des champions, CR7 aurait évidemment été réceptif à une offre parisienne, qui ne viendra qu'à une condition : il faudrait, déjà, que Kylian Mbappé ou Neymar quitte la capitale française. Cristiano a souvent imaginé une association avec Neymar, même s'ils occupent le même espace sur le terrain, et il adore le profil de Kylian Mbappé, qu'il a croisé pour la première fois il y a une dizaine d'années dans les couloirs du centre d'entraînement du Real Madrid. Il est persuadé qu'à Paris, « deuxième ville portugaise du monde », il serait apprécié à sa juste valeur. Sans compter les autres attraits de la capitale ou cette façon de renouer avec l'histoire familiale : sa maman avait travaillé quelques mois comme femme de chambre dans les beaux quartiers, avant sa naissance.

Avec lui, Paris achèterait une marque, un nom, mais aussi un modèle : « C'est un exemple incroyable au niveau mental, rappelle Massimiliano Allegri, qui l'a entraîné en 2018-2019 à la Juventus. Il a gagné cinq Ballons d'Or, cinq Ligues des champions, il gagne énormément d'argent, quelle motivation peut-il avoir ? Mais il se fixe des objectifs. La différence entre gagner et perdre, c'est que pour gagner, il faut des sacrifices et être capable de travailler. Et la différence, c'est le club qui la fait, parce que s'il n'y a pas de règles, il n'y a pas de résultats. »

98

LE PREMIER BALLON D'OR, CHEZ LUI, À MANCHESTER

Ce moment, Cristiano Ronaldo ne l'attendait peut-être pas depuis toujours, mais depuis quelques mois au moins. Et il ne pensait peut-être pas qu'à ça, mais il ne pensait plus à grand-chose d'autre depuis quelques semaines. Jorge Mendes aussi. Pour l'agent portugais, la délivrance intervient le lundi 1er décembre 2008 au matin. La veille, Ronaldo a été expulsé lors du derby de Manchester, sur la pelouse de City, après avoir reçu deux cartons jaunes en neuf minutes. Le premier pour un vilain tacle par-derrière sur la cheville gauche de Wright-Phillips. Le second pour avoir repris à deux mains un corner de Wayne Rooney. United a gagné (1-0) mais Cristiano affiche, depuis quelque temps, une certaine nervosité, comme si l'attente commençait à lui peser. Alors, quand Marc Beaugé, reporter à *France Football* et grand fan de United, envoie le SMS tant espéré au patron de la Gestifute, depuis sa chambre d'hôtel de Manchester, il le rappelle presque aussitôt, ce qui n'est pas dans ses habitudes ; et dit oui à tout, ce qui entre encore moins dans son fonctionnement naturel. Oui, CR7 l'accueillera le soir même chez lui. Et lorsque la délégation de *France Football,* emmenée par son directeur de la rédaction, Denis Chaumier, débarque au domicile du Ballon d'or 2008, elle comprend vite que l'annonce officielle du verdict ne se déroulera pas dans le décorum habituel. Le clan Ronaldo a joué le jeu à fond, préservant au maximum la confidentialité du verdict. Même la maman n'est pas au courant, à ce moment-là : « Je l'appellerai tout à l'heure, dit Cristiano Ronaldo. Ça va lui faire un choc. Simplement se dire que je suis devenu l'égal d'Eusébio et Figo, ça va la bouleverser. »

Outre les proches du joueur qui vivent avec lui à Alderley Edge, sont présents Jorge Mendes, son épouse, et un représentant de Nike, entre autres.

Les journalistes découvrent la décoration légèrement narcissique de la vaste demeure du 53e Ballon d'or, avec coussins brodés CR7, grands miroirs, photos et portraits de l'ailier de Manchester United.

« Vous n'avez pas le Ballon d'or avec vous ? Cristiano va être déçu… » lâche d'entrée Jorge Mendes. L'intéressé confirme : « C'est vrai, je suis un peu déçu de ne pas voir le Ballon aujourd'hui, mais ce n'est pas grave, j'en ai déjà plusieurs », rigole-t-il en exhibant une minuscule balle de foot Playmobil. Il se jette sur la pile de *France Football* posée sur la grande table de salon noire.

Après le court discours de Denis Chaumier, il laisse parler son émotion : « C'est vraiment un des plus beaux jours de ma vie. » « Il était heureux comme un gosse, se souvient Jean-Michel Brochen, alors reporter à *France Football*. Mais très concentré aussi. Pendant le repas, Jorge Mendes parlait beaucoup, lui se préoccupait surtout du match. »

Rogerio, son cuisinier personnel, a préparé un petit festin arrosé de Duas Quintas, un domaine réputé du Douro. Ronaldo ne s'assoit pas en tête de la grande tablée, plutôt dans l'angle. « Je me mets toujours en face de la télévision », explique-t-il. Il a les yeux rivés sur l'écran géant où Liverpool, le leader du Championnat, est tenu en échec 0-0 par West Ham.

« Après, il a commencé à vraiment nous parler, à Marc et moi, qui étions à ses côtés. Ensuite, il nous a emmené dans une autre pièce, plus bas, où il nous a montré une cassette avec tous ses buts de la saison. Il nous parlait de Ben Arfa, de Benzema, de "super joueurs". Il les connaissait très bien, et on a découvert un type très "ballon", très sympa. Il a longtemps eu cette image d'un type arrogant, qui n'est pas fausse. Mais il y a aussi chez lui une vraie gentillesse, une vraie chaleur humaine. Il y a vraiment quelque chose qui se dégage de ce type, qui est aussi un vrai passionné de foot. » On fête l'événement au champagne, du Cristal Roederer évidemment. La soirée s'éternise.

Pour Marc Beaugé, ce repas est le début d'une folle semaine, des deux interviews en quelques jours de la star jusqu'au voyage en jet privé vers Paris, le dimanche matin, puisque la remise officielle du trophée a lieu lors de l'émission « Téléfoot », sur TF1. Cette dernière journée est une forme d'apothéose : à 8 heures, il embarque à bord d'un petit appareil où ses partenaires de voyage sont Diana Law, l'attachée de presse de MU, Jorge Mendes, Alex Ferguson et Cristiano Ronaldo. « Il ne fallait pas dépasser un certain poids et nous étions tous passés sur la balance avant le décollage, se souvient le journaliste. Pendant le vol, pour passer le temps, Cristiano nous dessinait sur un petit cahier. » Mais au lieu d'atterrir au Bourget, le vol est dérouté sur Roissy pour cause de brouillard, et la petite troupe est en retard sur l'horaire, déjà serré. Au point que Marc Beaugé se permet d'interdire à Ronaldo l'arrêt-pipi dans l'aérogare. « Je me souviens lui avoir gueulé un peu dessus : "Non, on n'a pas le temps" », en sourit-il maintenant. Ronaldo n'arrive dans les locaux de TF1 que lors de la première coupure pub de l'émission. Il découvre enfin le fameux trophée. Le lundi précédent, il avait demandé : « Le Ballon d'or, c'est tout en or comme le Soulier d'or, ou juste un coup de pinceau ? » Jorge Mendes en avait profité pour rappeler que son joueur pourrait être le premier de l'Histoire à remporter la même année « le Soulier d'or, le Fifpro Award, le Ballon d'or et le FIFA World Player ».

Après une conférence de presse, Cristiano et sa troupe sont invités par François Morinière, alors directeur du groupe *L'Équipe*, au Plaza Athénée, pour un déjeuner de gala. « Ronaldo était un peu crevé, un peu éteint, il a mangé à une table avec sa famille (sa mère, ses deux sœurs et son frère), se souvient Jean-Michel Brochen. C'était plus le moment d'Alex Ferguson, qui a raconté ses histoires avec la France, ses bouteilles de vin... Pour Ferguson, ça représentait quelque chose, ce premier Ballon d'or depuis George Best. Il adorait Ronaldo, contrairement à David Beckham, avec qui il y a toujours eu ce rapport amour-haine. » François Morinière fait ouvrir une bouteille de Château d'Yquem 1986, l'année de l'arrivée de sir Alex à Manchester United. Le manager repartira avec, en lançant un malicieux « au revoir à la mafia portugaise ».

Après une semaine enivrante et éreintante, Marc Beaugé rentre enfin chez lui, lui aussi. Mais son repos ne dure pas : « Le cousin de Ronaldo m'appelle : "Cristiano veut sortir ce soir, il faut aller où ?" Par je ne sais quel hasard, j'avais le numéro de Jean Roch dans mon répertoire, mais il me répond que le VIP Room est en travaux. "Il faut aller au Queen, c'est cool le dimanche", me conseille-t-il. Je passe chercher Ronaldo et ses cousins à l'hôtel, nous voilà à une table réservée au Queen. On doit y rester une demi-heure, car ce n'est pas hyper confort quand même. Puis on est allés au Bouddha Bar. Ils étaient bien, ils rigolaient en portugais, je faisais comme si je comprenais. À la sortie, ils étaient un peu euphoriques, ils avaient secoué quelques voitures stationnées dans la rue, une alarme s'était mise en route. Il devait être 2 heures du mat. » À 7 heures, Marc Beaugé remmène Ronaldo à l'aéroport. Le numéro de *France Football* consacré à ce 53e Ballon d'or est bouclé, pas sa mission. Il reste la partie très officielle avec cette mémorable photo sur la pelouse d'Old Trafford où il partage la scène avec Jean-Michel Brochen, CR7, Dennis Law et Bobby Charlton, rien que ça ! Et l'officieuse : les pendentifs et boutons de manchette « Ballon d'or », offerts à CR7, ont tapé dans l'œil du joueur et de son agent. Marc Beaugé, qui est aujourd'hui la référence du bon goût vestimentaire au sein des médias français, sera mandaté chez le bijoutier du Ballon d'or, place Vendôme, pour commander une vingtaine d'exemplaires en plus de ces attributs un brin bling-bling. Qu'est-ce qu'on ne ferait pas pour un Ballon d'or !

99

RONALDO DANS L'ŒIL DU PHOTOGRAPHE

Au cours de sa carrière, Cristiano Ronaldo a croisé de nombreux photographes de *L'Équipe* et *France Football*. En 2008, pour la remise du premier Ballon d'or, c'est Pierre Lahalle qui participait à la délégation envoyée spécialement à Alderley Edge, dans la grande banlieue cossue de Manchester. Franck Faugère, lui, a régulièrement « shooté » CR7 le Madrilène, pour le quotidien comme pour le magazine *L'Équipe*. « Ce qu'il a de particulier, c'est qu'il est plein de mimiques. Il joue beaucoup avec son corps, ses expressions, même quand il n'a pas le ballon. Qu'il marque ou qu'il soit loin du ballon, il a en permanence plein de réactions. »

Le photographe a vite capté les rituels du Portugais : « D'abord, il entre toujours en dernier sur le terrain, mais avec un décalage par rapport à l'avant-dernier. Il fait tout pour que la lumière, les projecteurs, soient braqués sur lui. Et puis, à Santiago-Bernabeu, toujours la même célébration après ses buts. Il se dirigeait vers la loge de sa famille, dans un coin du stade, tout en haut. Il fallait être posté là, au poteau de corner du côté du banc du Real, pour saisir ce moment. Même s'il marquait de l'autre côté, il finissait toujours par se tourner vers ce coin et adressait un signe. Un cœur avec ses mains, ou un doigt pointé, ou un sourire tout simplement. »

Pour saisir la bonne photo, il fallait s'astreindre à un autre rituel, nettement moins glamour : « À Madrid, le choix de la place du photographe est déterminé par l'ordre dans la file d'attente, explique Franck Faugère. Pour un match de Ligue des champions à 21 heures, il faut arriver le matin avant 10 heures devant la porte, qui ouvre à 19 heures. » Une journée à attendre, donc, dans l'espoir que Cristiano marque. Mais le modèle en vaut souvent la peine. « C'est un joueur qu'on ne lâche pas quand on l'a dans le viseur. Il est maniéré, il y a quelque chose dans son regard, c'est un peu un acteur : même quand il ne se passe rien, il va te donner un truc, il est très expressif. Il n'est pas comme Neymar, qui s'arrête presque pour faire un geste quand il voit notre objectif, mais il sait qu'on est là, et il en joue. Et puis, il est à la fois élégant balle au pied, esthétique, et au top de sa discipline, ça le rend unique. »

Dans le football moderne, qui installe les reporters en tribunes et les condamne à venir au stade comme on viendrait au théâtre, les photographes ont encore accès à l'action elle-même. Ils partagent de furtifs moments de proximité avec les champions, perçoivent mieux que personne leur langage corporel. Entendent les quelques mots, parfois les insultes, qui disent le climat d'un vestiaire ou la nature d'un athlète. « Ronaldo était au Real comme en équipe nationale, assure Franck Faugère. Tu sens que c'est le boss. Il en impose, il a ce charisme. C'est un grand acteur, ça se ressent très fortement sur le terrain. Il se met en scène en quelque sorte, c'est évident. Il en fait sûrement un peu trop, mais en même temps je ne pense pas qu'il se force. C'est sa nature. » Et c'est aussi pour ça que les photographes du monde entier lui courent après.

100

APRÈS LE FOOT

Luiz Felipe Scolari le voit dirigeant d'un grand club. Les « marketeurs » l'imaginent en réincarnation portugaise de David Beckham, un autre ancien numéro 7 de Manchester United devenu une véritable marque, bien plus qu'une simple icône métrosexuelle. Et Cristiano Ronaldo, comment anticipe-t-il l'après ? Ce moment où il devra renoncer à ce qu'il fait le mieux au monde, jouer avec un ballon ?

Dans *France Football*, en décembre 2017, il a rappelé combien l'univers du cinéma l'attirait : « Oui, j'aimerais bien essayer. Tous les ans, on me propose de participer à des films. Mais avec le foot, je n'ai pas le temps de le faire pour l'instant. »

Ronaldo a un physique, du charisme, une notoriété incomparable. Il aime les États-Unis et tout ce qui brille, entre Los Angeles et Las Vegas. Alors le cinéma, pourquoi pas, évidemment. Mais même cet univers-là ne semble pas assez vaste pour lui.

La probabilité qu'il s'éloigne complètement du monde du football, après l'avoir marqué si profondément, semble faible. Il a conscience du vertige qui l'attend au moment de basculer d'un monde à l'autre : « Vous savez, je suis certain que je passerai par des moments difficiles quand j'aurai raccroché les crampons, affirmait-il, toujours dans *France Football*, en 2017. Le foot reste ma passion. Mais je sais aussi que je continuerai à être un homme heureux. »

En 2019, cette fois dans le quotidien espagnol *El Pais*, il ajoutait : « Je vois le football comme une mission : être sur le terrain, gagner, m'améliorer. J'éprouve une pression supplémentaire. Les gens jugent toujours : il est déjà fini. Il a 33, 34 ou 35 ans, et je devrais quitter (le football). Mais au risque de surprendre les gens : la bête est toujours vivante. »

À nos confrères qui l'interrogeaient sur un possible avenir comme entraîneur, façon Zinédine Zidane, il a répondu : « Je ne l'exclus pas. » Entre ses hôtels, ses lignes de vêtements ou ses cliniques d'implants capillaires, Cristiano Ronaldo a déjà posé de nombreux jalons dans le monde des affaires. La marque CR7 pèse lourd. Pour qu'elle grandisse encore, outre la bonne gestion de ses investissements, le Portugais devra continuer à exister dans son cœur de métier, le football.

Dirigeant, entraîneur, super consultant ou sorte d'ambassadeur, l'éventail des possibilités est large. Il va bien au-delà des frontières portugaises, bien sûr. Jamais star du football n'a été aussi universelle. Ronaldo doit s'inventer un après à la hauteur. Il y pense, bien sûr. Mais il ne l'envisage pas encore complètement. Car il sait ce que cela signifierait : qu'il a plus ou moins renoncé à son présent, qu'il est déjà dans l'après, dans cette petite mort que constitue la fin d'une carrière de haut niveau. Qu'il a renoncé. Un terme qui n'apparaît pas dans son répertoire.

101

MON RONALDO À MOI

On peut avoir du charisme même en short et en claquettes. C'est ma première image de Cristiano Ronaldo. Laszlo Bölöni, qui me fait découvrir le tout nouveau centre d'entraînement du Sporting Portugal, m'abandonne quelques instants pour le tournage d'un spot publicitaire.

« Dites-moi, Laszlo, on m'a parlé d'un jeune hyper doué…

— Tu veux le voir ?

— Je veux bien, oui.

— Attends ici, je vais le chercher. À tout à l'heure. »

Quelques minutes plus tard, l'attraction est là, devant moi. En short et claquettes, donc, Cristiano toise son interlocuteur. Il est six centimètres plus grand que moi selon les données officielles. Onze ans plus jeune, aussi. Mais sa façon de vous aborder crée le rapport de force. Mes premiers cours de portugais ne me permettent pas d'installer un dialogue très fructueux. Nous sommes en juin 2002, Ronaldo Nazario va bientôt mener le Brésil à sa cinquième couronne mondiale, et alors ? « Pourquoi ce serait compliqué de s'appeler Ronaldo ? Je suis très fier de porter ce nom, je n'ai aucun problème à m'appeler Ronaldo, ce nom que mes parents m'ont donné. »

« Alors ? demande Laszlo Bölöni en me retrouvant, un peu plus tard.

— Alors il a l'air sûr de son destin. »

Après le sourire narquois de Ronaldo, j'encaisse celui, plein de malice, de l'ancien recordman de sélections en équipe de Roumanie. Il sait déjà pour ce gamin de 17 ans, et c'est sa façon de me mettre dans la confidence. Un collègue portugais m'avait déjà prévenu : « Il croit énormément en lui, il pense qu'il sera meilleur qu'Eusébio. »

Ensuite, j'aurai régulièrement l'occasion de croiser Cristiano Ronaldo. D'observer cette arrogance qu'il peut dégager en public, de l'aéroport de Clermont-Ferrand à la zone mixte du stade de Lviv lors de l'Euro 2012. Son authenticité, aussi, sur le podium du Palais des congrès de Zurich en 2013, ou dans les couloirs du Stade de France en 2016. J'ai douté de lui, il m'a parfois agacé, d'autres fois il m'a emballé. Je n'ai pas écrit que des articles laudateurs sur cet agaçant jeune homme. J'ai entendu des avis plus ou moins définitifs à son propos, des histoires plus ou moins véridiques sur son comportement de petit caïd de l'île, à Madère. Mais j'ai aperçu, aussi, deux ou trois choses derrière le masque. Une force d'abord. Dans la poignée de main, le regard, la tension positive qu'il installe partout où il apparaît, le Portugais impose quelque chose à son interlocuteur. En retour, les entretiens qu'il a accordés, avec moi en 2008 puis régulièrement avec Thierry Marchand, le grand reporter de *France Football* devenu interlocuteur privilégié au fil de son histoire particulière avec le Ballon d'or, n'ont jamais été neutres. La part de sincérité n'a pas quitté l'ancien gamin de Santo Antonio. C'est ce qui marque quand on le croise et quand on croise ceux qui l'ont croisé.

Mon Ronaldo, c'est ce rendez-vous initial sur une terrasse de café, au-dessus du siège social de son premier club, avec un de ses anciens entraîneurs, ces quelques minutes d'entretien où je capte une phrase sur trois tant le débit de mon interlocuteur est rapide et son accent prononcé. C'est ce contact furtif avec Hugo, son frère aîné, qui assure ne pas connaître Cristiano Ronaldo, et son sourire franc quelques mois plus tard, à cette même table de café où il m'avait éclairé sur les subtilités de la canasta. Entre-temps, j'avais croisé Ronaldo à la sortie du Parc OL, trophée d'homme du match en main, après la demi-finale de l'Euro 2016 gagnée contre le pays de Galles (2-0). Il cherchait un taxi et était finalement rentré jusqu'à son hôtel dans le mini-van que l'agence de location de voitures m'avait alloué ce jour-là. Une demi-heure de trajet au milieu des reporters de *L'Équipe*, entre éclats de rire et petites histoires, grâce aux talents lusophones de l'inestimable Stéphane Kohler. Et puis cet accueil franc et sincère, donc, quelques mois plus tard, sur la terrasse du café de Quinta do Falcao : « Oh, amigo ! »

Il raconte autour de lui cette soirée de juillet (« c'est le Français qui m'avait proposé de faire le taxi après un match. Mais il n'est pas taxi, hein, il est journaliste ! »), se souvient que mes deux garçons sont des fans absolus de Cristiano Ronaldo. Pendant que j'interroge le patron du bar pour les besoins de mon reportage, il passe un mystérieux coup de fil. Le lendemain matin, je comprends : après la visite guidée du musée, son cousin me donne un petit sac. À l'intérieur, un maillot dédicacé du Real Madrid. Le cadeau le plus couru de l'île. Son merci à lui.

Mon Ronaldo, c'est aussi ça, cette intelligence d'avoir compartimenté les choses. L'ancien gamin en échec scolaire a confié ses intérêts sportifs et commerciaux à des professionnels. Sa famille est associée à sa réussite, elle ne la gère pas. Hugo peut distribuer quelques maillots comme il l'entend, il est à l'abri du soupçon de connivence, du calcul. Pas de papa ou de frère agent, comme chez Neymar, Messi ou la grande majorité des footballeurs actuels. Le grand frère reste avant tout le frangin qui a vaincu la toxicomanie. Les sœurs aussi restent à leur place, que ce soit la discrète Elma, du fond de sa boutique, ou la plus volubile Katia, l'ancienne chanteuse « Ronalda ». Et enfin la maman. Formidable, comme toutes les mamans. Et résiliente comme personne. Dolores est revenue de tout. Les coups de son père et de sa belle-mère, l'alcoolisme de son mari, la misère d'une vie longtemps sans horizon, la culpabilité d'avoir tenté de mettre fin à une quatrième grossesse non désirée, le cancer (deux fois), et un AVC. La maman de Cristiano, c'est cette femme qui accepte de discuter quelques minutes devant un café, à Pozuelo de Alarcon, cette mamie dont le visage s'illumine quand on évoque avec elle les pentes vertigineuses de son île (« ah, vous connaissez le plus bel endroit au monde »), et qui s'éclipse seulement pour aller chercher Cristiano Junior à la sortie de l'école. Elle n'est pas en tongs et en claquettes mais presque, et personne ne lui en voudra de se présenter ainsi devant le British Council School. Elle est madame Ronaldo, et toutes les mères ayant des enfants scolarisés dans cet établissement, l'un des plus huppés de Castille, la voient telle une Cendrillon qui, bien après la fin du bal et délestée de ses habits de lumière, serait encore portée par cette énergie qui la soustrait au commun des mortels. Elle qui n'en pouvait plus de sa vie au point de ne pas vouloir la donner a fait un formidable voyage. Moi aussi.

Table des matières

Crédits photographiques

Toutes les photographies du cahier proviennent de Presse Sports sauf :

Franck Nataf/L'Équipe, p. 1 (bas)
Icon Sport, p. 2 (haut)
Panoramic, p. 3 (haut), p. 16
Fèvre/L'Équipe, p. 3 (bas)
Lahalle/L'Équipe, p. 7 (haut)
Stéphane Mantey/L'Équipe, p. 11

Direction : Jean-Louis Hocq
Direction éditoriale : Jean-Philippe Bouchard
Éditeur junior : Maxime Lafon
Couverture : Thierry Sestier
Mise en pages : Nord Compo
Fabrication : Emmanuelle Laine

MIXTE
Papier issu de sources responsables
FSC® C003309

L'éditeur de cet ouvrage s'engage dans une démarche de certification FSC® qui contribue à la préservation des forêts pour les générations futures.

Pour en savoir plus :
www.editis.com/engagement-rse/

Achevé d'imprimer en mars 2021
par Normandie Roto Impression s.a.s.
61250 Lonrai
N° d'impression : 2101021

Imprimé en France